世界主題之旅

Travel from Taiwan

名古屋·靜岡
岐阜·愛知
長野·富山

日本中部深度之旅

U0004920

目錄Contents

あいちけん
愛知縣
Aichi-ken

愛知縣名古屋是進入中部旅行的門戶。

44

しずおかけん
靜岡縣
Shizuoka-ken

泡杯靜岡好茶，欣賞富士山美景。

124

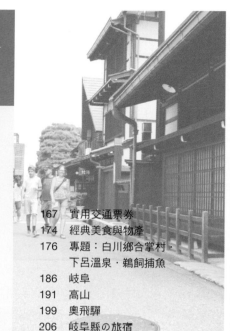

ぎふけん
岐阜縣
Gifu-ken

合掌村、江戶風情的高山，是當地名勝。

164

ながのけん・とやまけん
長野縣
富山縣
Nagano-ken
Toyama-ken

壯麗的立山黑部、黑部峽谷等你來體驗！

208

地圖目錄索引

*中部地區幅員廣大，許多景點無法標註在地圖中，前往方式請參考景點中的交通指引。

中部超豐富自然景觀，你會愛上它！

十幾年前因緣際會之下，第一次前往中部地區旅遊，初次抵達作為中部地區門戶的中部國際機場，不但通關快速也讓人感覺寬敞舒服，前往名古屋車站也只要半小時，比起東京和大阪更為便捷；初次到達中部交通樞紐的名古屋感覺很特別，不像東京的匆忙與時尚、不像大阪的熱情與搞笑、也不像京都的典雅與禮貌，帶點特立獨行又似乎以「中京」為傲的感覺。

也因為第一次造訪中部就留下既特別又正面的印象，之後又陸續去了好幾次，而且每造訪一次都會有新發現與驚喜，這裡不但有鰻魚飯三吃、味噌豬排等美食，有歷史古戰場及傳統鵜飼捕魚，也有世界遺產合掌村及人間仙境上高地，更有鐵道迷絕不能錯過的大井川鐵道及一票難求的湯瑪士火車，當然更不用說遠近馳名的立山黑部了，這些旅程既讓人體驗到日本較不為人知的一面，也讓人更愛上日本。

阿吉也因為愛上中部地區後，開始經常規畫行程並研究各種優惠票券，尤其是立山黑部一帶的交通心得，常在網路上與網友分享及討論，其中光是有關立山黑部套票的問題就將近千則，可見大家對這區交通的疑問相當多，因此書中對於行程的規畫及票券分析有詳細說明，希望讓讀者更順暢的遊玩日本中部。

作為中部地區重要根據地的名古屋，曾被評價為較不具魅力的城市，相較於日本其他地

圖片提供：靜岡市觀光旅遊官網

區，中部地區的知名度明顯較低，不過阿吉實際走訪幾次之後，只能說這真是大家對它錯誤的認知啊！明明就有這麼豐富的觀光資源，比起關東及關西都毫不遜色，不管是美食家、鐵道迷、動漫宅、歷史愛好者或是喜愛擁抱大自然的人，都可以在這裡得到滿足，因此希望這本書的問世，能讓更多人進一步認識並且愛上中部地區，也幫名古屋「洗刷冤情」。

最後感謝太雅出版社的總編輯芳玲、編輯主任焙宜、鈺澐、黃琦等人在撰寫過程中給予指導與包容，讓這本書得以出版，當然也要感謝眾多親朋好友、素未謀面的網友以及日本各觀光協會的協助，使內容更為豐富與精采。

關於作者

阿吉

　　生長於高雄岡山，但對於日本岡山卻更為熟悉！從求學時代就對日本有著無可救藥的迷戀。至今，沒去過、也沒計畫前往日本以外的國家，每年至少前往日本1次以上(直到疫情期間才長達2年都沒前往日本)。

　　生活中脫離不了日本的動漫、電玩、職棒等，也曾擔任電玩雜誌與攻略的兼職譯者，堪稱是資深宅男。退伍後立即前往日本遊學2個月，一圓學生時代的夢想。

　　目前暫時棲息於金融業，因為實在太喜愛日本，又跑去念了與工作沒任何相關的東吳日文研究所，也辛苦地拿到碩士文憑。閒暇之餘會在部落格分享自助旅行經驗，經常分析各種優惠的交通票券，並推薦讀者如何使用以節省交通費。

部落格：archerplus.pixnet.net/blog

粉絲團：www.facebook.com/alpenroutepass

臺灣太雅出版編輯室提醒

太雅旅遊書提供地圖，讓旅行更便利

地圖採兩種形式：紙本地圖或電子地圖，若是提供紙本地圖，會直接繪製在書上，並無另附電子地圖；若採用電子地圖，則將書中介紹的景點、店家、餐廳、飯店，標示於 Google Map，並提供地圖 QR Code 供讀者快速掃描、確認位置，還可結合手機上路線規畫、導航功能，安心前往計畫的目的地。

提醒您，若使用太雅提供的電子地圖，出發前請先下載成離線地圖，或事先印出，避免旅途中發生網路不穩定或無網路狀態。

出發前，請記得利用書上提供的通訊方式再一次確認

每一個城市都是有生命的，會隨著時間不斷成長，「改變」於是成為不可避免的常態，雖然本書的作者與編輯已經盡力，讓書中呈現最新的資訊，但是，仍請讀者利用作者提供的通訊方式，再次確認相關訊息。因應流行性傳染病疫情，商家可能歇業或調整營業時間，出發前請先行確認。

新版與舊版

太雅旅遊書中銷售穩定的書籍，會不斷修訂再版，修訂時，還區隔紙本與網路資訊的特性，在知識性、消費性、實用性、體驗性做不同比例的調整，太雅編輯部會不斷更新我們的策略，並在此園地說明。您也可以追蹤太雅 IG 跟上我們改變的腳步。

資訊不代表對服務品質的背書

本書作者所提供的飯店、餐廳、商店等等資訊，是作者個人經歷或採訪獲得的資訊，本書作者盡力介紹有特色與價值的旅遊資訊，但是過去有讀者因為店家或機構服務態度不佳，而產生對作者的誤解。敝社申明，「服務」是一種「人為」，作者無法為所有服務生或任何機構的職員背書他們的品行，甚或是費用與服務內容也會隨時間調動，所以，因時因地因人，可能會與作者的體會不同，這也是旅行的特質。

票價震盪現象

越受歡迎的觀光城市，參觀門票和交通票券的價格，越容易調漲，特別 Covid-19 疫情後全球通膨影響，若出現跟書中的價格有落差，請以平常心接受。

謝謝眾多讀者的來信

過去太雅旅遊書，透過非常多讀者的來信，得知更多的資訊，甚至幫忙修訂，非常感謝你們幫忙的熱心與愛好旅遊的熱情。歡迎讀者將你所知道的變動後訊息，善用我們提供的「線上回函」或是直接寫信 來 taiya@morningstar.com.tw，讓華文旅遊者在世界成為彼此的幫助。

太雅官方 Instagram
www.instagram.com/taiya.travel.club

如何使用本書

日本中部深度之旅為讀者設身處地預想可能會面對的問題，整理旅人需要了解與注意的相關情報，提供實用資訊：專題、行程推薦、實用交通票券、經典美食與物產、旅宿、旅遊小錦囊、不藏私推薦、旅行‧小知識、行家小提醒等資訊，方便旅人便利前往當地探索。

▶專題

介紹當地最值得遊玩的景點與設施，並添加「旅遊小錦囊」「不藏私推薦」「旅行‧小知識」等建議資訊。

▼實用交通票券

建議可使用的票券與折價票券，如何購買與使用方式。

內文資訊符號

✉ 住址	➡ 如何到達	🕐 營業時間
☎ 電話	http 網址	💲 票價
⁉ 注意事項	⏳ 停留時間	MAP 地圖

7

▼經典美食與物產

推薦在地好吃好玩、具有紀念價值的美食與物品，可作為旅遊的回憶。

日本中部地圖

新潟

新潟縣

黑部峽谷／宇奈月

金澤　富山縣　魚津　　長野

小松機場　　　　富山機場　　輕井澤

石川縣　富山　　　　安曇野

新穗高

白川鄉　　　松本

福井　福井縣　　　上高地

高山　平湯

長野縣

下呂　岐阜縣　　　　甲府

岐阜　　　馬籠　妻籠　山梨縣

犬山

名古屋　　　　　　富士宮

御在所岳　愛知縣　香嵐溪　靜岡縣

名張　津　　　常滑　　　靜岡　清水

久居　　中部國際機場　掛川　島田

伊勢　　　　　濱松　靜岡機場

三重縣　鳥羽

賢島

日本與中部相對位置圖

札幌

仙台

東京

廣島　大阪　京都

博多

N

日本中部風情

黑部峽谷、世界遺產合掌村、日本最美鄉村、
夏季清幽的避暑勝地、賞櫻名所、
原始自然風光……讓人踏上，就迷戀了！

Hot 1 立山黑部

說到日本中部地區最知名的景點莫過於立山黑部，多年來人氣始終居高不下，尤其是每年4月中旬開山期間，壯觀的雪壁總是吸引了大批來自海內外的遊客前來朝聖，而在穿越立山黑部過程中，不斷的換乘各種交通工具，也充滿樂趣。

一生不可錯過的十大祕境

Hot 2 上高地

原本是位處飛驒山脈的祕境，現已為中部地區最富盛名的避暑勝地，8月分平均氣溫為19.7度，在這裡絲毫感受不到夏季的炎熱，從大正池到橫尾綿延10公里，沿著自然散步道行走，可以欣賞區域內保存良好的自然生態原貌。

Hot 3 合掌村

岐阜縣的白川鄉與富山縣的五箇山村落，因為房屋外部要能預防山區豪雪，同時內部要有足夠空間可以養蠶，發展出有如兩隻手掌合起來的獨特造型，故稱為合掌村，在1995年12月被登錄為世界文化遺產，從此聲名大噪，開始湧入大量遊客。

Hot 4 黑部峽谷

位於日本北陸的黑部峽谷，人氣絲毫不比立山黑部遜色，搭乘觀光小火車沿著斷崖峽谷前進，提供了觀賞黑部峽谷絕景的機會。從終點站欅平散步到猿飛峽及深山祕湯，都是黑部峽谷吸引遊客前往的原因。

Hot 5 新穗高

鋪設在飛驒山脈穗高岳的新穗高纜車標高達2,156公尺，分為兩階段搭乘，而第二階段搭乘的纜車為日本唯一兩層設計，搭乘新穗高纜車的12分鐘空中散步，可以盡情地欣賞有「日本屋脊」之稱的北阿爾卑斯山絕景。

Hot 6 高山市區

　　高山市區良好保存了江戶時代的城下町與商家群，又名飛驒小京都，每年吸引許多遊客前來造訪，尤其是號稱日本三大美祭的「4月山王祭」及「10月八幡祭」，每年湧入數十萬遊客，導致高山市區飯店一宿難求。

Hot 7 安曇野

　　安曇野位於長野縣中部，號稱日本最美麗的鄉村，境內有北阿爾卑斯山湧出的清流，所以鄉間處處可見廣闊的水田，也還有日本規模最大的山葵農場，更值得一提的是安曇野為日本美術館最密集的地區，可說是自然與人文萃集之地。

Hot 8 鵜飼捕魚

　　鵜飼捕魚是一種傳統捕魚方法，目前日本僅有13個地區流傳下來，最著名也歷史悠久的地區為岐阜縣的長良川以及與愛知縣交界的木曾川，現在成為當地著名的觀光表演，千萬不可錯過觀賞這擁有1,300年歷史的鵜飼捕魚活動。（圖片提供：岐阜市）

Hot 9 三保松原

　　三保松原是新日本三景之一，位於靜岡縣三保半島，超過3萬棵的松樹沿著海濱綿延約7公里，再加上駿河灣的富士山景色，使得它成為靜岡縣著名景點，同時也是世界遺產「富士山－信仰的對象與藝術的泉源」的構成資產。

Hot 10 伊勢神宮

　　伊勢神宮號稱是日本第一神宮，擁有2000年以上的歷史，是每個日本人一生一定要去參拜一次的神社，分為祭祀天照大神的內宮與祭祀豐受大神的外宮，這裡除了可以體驗日本宗教文化外，周邊的託福橫丁也相當熱鬧。

認識日本中部

▊地理位置

　　日本中部地區位於中央位置，境內多高山地形，著名的北阿爾卑斯山(即立山)也聳立在此，東側與西側為日本經濟文化中心的東京與大阪，北方面臨日本海，南方面臨太平洋。靠近日本海的石川、富山、新潟等縣屬於豪雪地帶；面臨太平洋的愛知、靜岡、三重等縣的氣候則較為溫暖。中部地區共有10個縣，由東海地方、北陸地方、甲信越地方所構成，另有將三重縣列為近畿地區的9縣版本。10縣分別如下：

東海：愛知、岐阜、靜岡、三重
北陸：富山、石川、福井
甲信越：山梨、長野、新潟

▊交通及人口

　　以交通路線來看，山梨與新潟從東京出發比較方便；三重與岐阜從名古屋出發比較方便；靜岡與長野則位處東京與愛知的中間；北陸的富山、石川兩縣，從大阪或名古屋出發所需時間相近，北陸新幹線已開通，所以也可以從東京出發。福井則因為境內鐵道屬JR西日本經營，所以大多從大阪出發前往。2024年3月北陸新幹線延伸到敦賀站，從東京前往福井也更為便利。

　　中部地區人口最多的縣為愛知縣，以縣廳名古屋為中心發展成「中京圈」，與首都圈及近畿圈為日本三大都市圈之一，由於名古屋位處東京與京都之間，因此明治時代產生了對抗東西兩大經濟圈的「中京意識」，從此才有了「中京」的稱號，同時也意味著「東海道的中間點」及「日本的中心地帶」。

▊日本戰國三傑

　　拜日本動漫與電玩日漸普及所賜，大家對於織田信長、豐臣秀吉、德川家康等戰國大將早已耳熟能詳，而這3位將日本從戰國時代導引向天下統一的「戰國三傑」，也都發跡於愛知縣(當時為尾張國及三河國)，愛知縣內有許多昔日的古戰場遺跡，例如桶峽間之戰(現愛知縣豐明市)、長篠之戰(現愛知縣新城市)、小牧‧長久手之戰(現犬山城、小牧城一帶)、關原之役(現岐阜縣關原町)等。另外，每年10月上旬更舉辦盛大的名古屋祭典，紀念「戰國三傑」。

12

日本中部
六縣特色

▌人文自然景觀薈萃

　　本書以中部國際機場入境的行程規畫為主，介紹範圍為愛知、三重、岐阜、靜岡等東海四縣，再加上立山黑部所在的長野與富山兩縣。在這互相比鄰的6縣中，有面臨日本海的富山縣、位處內陸的長野縣與岐阜縣，也有面臨太平洋的三重縣、愛知縣與靜岡縣，這些地區雖然名氣比不上大家愛去的關東與關西，但它不管是自然風景或是溫泉美食方面都絲毫不遜色，雖然說在交通上較為不便，但也正是如此才得以完整保留許多自然與人文景點。

▌富山

　　富山縣位於日本本島中心面臨日本海的位置，氣候較為嚴寒，面積為6縣中最小，但境內有知名度極高的立山(立山側)及黑部峽谷。

▌長野

　　日本8個內陸縣之一，面積為6縣中最大，但境內多為山區地形，故可居住的土地面積較小，境內有立山(黑部側)、避暑勝地上高地、國寶5城之松本城以及妻籠宿等知名景點。

▌岐阜

　　日本8個內陸縣之一，位於整個日本的正中央位置，境內有3大溫泉之下呂溫泉、世界遺產合掌村、有「飛驒小京都」之稱的高山等知名景點。

▌愛知

　　人口為6縣之冠，縣廳所在地名古屋也是中部人口最多的都市，為日本中部的經濟、文化、交通中心，因為境內有中部國際機場，也是整個中部旅行的起點及終點，境內有熱田神宮、鐵道博物館、犬山城等景點。

▌三重

　　位於日本最大的半島——「紀伊半島」東側，雖屬知名度較低的縣，但其實境內觀光資源相當豐富，有一生一定要參拜一次的伊勢神宮、世界遺產紀伊山地靈場及參詣道、赤目48瀑布等景點，還有聞名全國的美食：松阪牛及伊勢龍蝦。

▌靜岡

　　位處東京與名古屋中間，也是知名動畫櫻桃小丸子的故鄉，境內有富士山、三保松原、大井川鐵道、濱名湖等景點。

圖片提供：靜岡縣觀光協會

四季迷人風情

中部地區四季分明，不論是自然風景或人文歷史都相當多元，太平洋側與日本海、平地與高山地區的氣候都有明顯差異，所以造訪中部之前，請務必先確認各個地區的氣候及景觀特色，也方便準備隨身衣物。

春の 櫻花 浪漫情

每年4月上旬開始，日本各地陸續有櫻花盛開，中部6縣交通方便，是日本賞櫻百選的名所，有富山的松川公園、高岡古城公園，岐阜的新境川堤、淡墨公園，靜岡的櫻花之里，愛知的山崎川四季之道、鶴舞公園、岡崎公園、五條川，三重的宮川堤公園等地區。原則上氣候越暖的地區越早開花，所以靠近太平洋的愛知、三重、靜岡等縣在3月下旬就有機會可以賞櫻，至於內陸的岐阜、長野及靠日本海的富山，則要等到4月上旬。每年的盛開時期則依當年氣候而定；另外4月下旬，富山的砥波則有超過100萬朵盛開的鬱金香，相當有名。

夏の 避暑勝地 花火大會

日本夏季(6～8月)天氣炎熱又是梅雨季節，但也是菖蒲花、繡球花及波斯菊盛開的季節，愛知、三重及靜岡等靠近太平洋的地區，受到黑潮影響，夏季非常炎熱，岐阜的多治見還創下日本夏季最高溫的紀錄；最佳避暑地區則是奧飛驒地區的新穗高及上高地，氣候涼爽適合郊外踏青。此外，在7、8月期間，許多地區都會舉辦花火大會，讓炎熱夏季的夜空增添幾分色彩。

秋の 楓紅染滿山

　　秋天(9～11月)一到就邁入賞楓季節，原則上氣候越冷越早楓紅，所以山區的楓紅會比平地來的快，因此立山黑部、上高地、白川鄉等高山地區，10月上旬楓葉就開始逐漸變紅；黑部峽谷到了10月下旬，楓葉會將V字峽谷整個染紅，至於愛知的賞楓名所香嵐溪、靜岡的賞楓名所寸又峽，則要到11月上旬才開始。

冬の 雪×聖誕彩燈×神寺參拜

　　日本冬季約是12～2月，中部山區在11月就會開始飄雪，所以立山黑部及上高地在11月中旬就會封山，位處豪雪地區的白川鄉也因下雪而呈現銀白世界，成為中部地區著名的賞雪名所，另外位於長野縣及岐阜縣的滑雪場，也會在12月下旬積雪量足夠後開始營業。此外，聖誕節及新年期間，在市區到處可見裝飾的美麗彩燈，而新年期間的神社與寺廟則是擠滿了初詣參拜的人潮。

全年節慶活動大紀事

中部地區有許多自古流傳至今的祭典活動與傳統技藝,如果旅行期間適逢這些每年定期祭典活動,請務必要將它排入行程,會讓整趟旅程內容更為豐富。

立山黑部開山
飛驒古川三寺祭
圖片提供／飛驒市式觀光網站
合掌村夜間點燈
高山春之山王祭

16

月分	日期	節慶名	活動內容
1月	週六	下呂溫泉花火物語	每年1～3月的每週六在下呂大橋會舉辦冬季煙火大會,由日本頂級煙火師傅企劃,而且每年主題都會更換並展示煙火新作品,為冬季期間住宿者必看的活動。
	15日	飛驒古川三寺祭	飛驒古川每年1月15日會舉行圓光寺、真宗寺、本光寺的三寺祭典,藉以懷念親鸞聖人的恩情,在各家寺廟點上80公分的大和蠟燭,沿著瀬戶川也有千支燭火搖曳,再加上雪景,整體呈現出極為夢幻的氣氛。
	下旬以後	合掌村夜間點燈	白川鄉每年1月下旬～2月中旬期間的週末,會舉辦夜間點燈活動,在積雪的合掌村呈現夢幻光景,導致此時的民宿一泊難求,確切點燈時間會於每年11月在官網公布。 http www.shirakawa-go.gr.jp/top
4月	上旬	犬山祭	每年4月第一個週末在犬山市所舉辦的祭典,會場有多達13台的山車於城下町行走。
	14、15日	高山春之山王祭	每年定期於4月14、15日在高山市區日枝神社舉辦的祭典,與京都祇園祭及秩父夜祭,並列為「日本三大美祭」。
	中旬	多治見陶器祭	岐阜縣的多治見、土岐等地為昔日美濃燒的地域產業,每年4月第二個週末會在多治見舉辦美濃燒的販售市集。
	中旬以後	立山黑部開山	立山黑部每年於4月中旬開山(確切日期每年不一),高達20M的雪壁,使得開山期間成為立山黑部最熱門的造訪時期。
	下旬以後	上高地開山	上高地於每年4月下旬開山,同時在河童橋舉辦開山祭典,祈求山的安全。
5月	3～5日	土岐美濃燒祭	土岐美濃燒祭是日本三大陶器祭之一,每年5月3～5日在土岐市織部大樓舉行,期間湧入遊客超過30萬。
	上旬以後	黑部峽谷小火車全線通車	黑部峽谷小火車每年4月會先部分通車,到了5月才會全線通車到終點站欅平,每年全線通車時間依積雪狀況而不同。
	11日以後	長良川鵜飼	每年5/11～10/15期間,岐阜的長良川會表演歷史悠久的鵜飼捕魚活動。

黑部峽谷小火車全線通車
後曳橋

黑部水庫觀光放水

長良川花火大會
圖片提供／岐阜市

木曾川鵜飼
圖片提供／岐阜市

名花之里冬華競演

街頭藝人世界盃大賽
圖片提供／靜岡縣觀光協會

月份	日期	名稱	說明
6月	1日以後	木曾川鵜飼	每年6/1～10/15期間，位於岐阜與愛知交界處的木曾川表演鵜飼捕魚活動，而且還有日本首位女鵜匠。
	下旬以後	黑部水庫觀光放水	黑部水庫於每年6月下旬～10月中旬(每年依水量調整日期)，進行超有魄力的觀光放水，為立山黑部著名景觀，也連續數年榮獲日本無料景點第一名。
7月	下旬	長良川花火大會	每年7月的最後一個週六，在岐阜的長良川畔會舉辦中日花火大會，隔一週的8月第一個週六，會再舉辦全國花火大會，總花火數約3萬發，為全國屈指可數的大規模花火大會。
	下旬以後	COSPLAY高峰會	COSPLAY源自於名古屋大須地區，每年7月下旬～8月上旬，在大須商店街會舉辦世界規模最大的COSPLAY活動，在此展開COSPLAY交流，並藉此讓世界認識日本的動漫。
8月	上旬	富山祭	每年8月第一個週末在富山城址公園周邊舉辦，是富山規模最大的祭典，場面壯觀，除了表演各種民族舞蹈，現場也有飲食攤販，相當熱鬧。
9月	1～3日	越中八尾あわら風の盆	代表富山縣的祭典，祭典這3天會湧入20萬餘遊客，觀賞這淳樸小鎮的傳統民族舞蹈。
10月	9、10日	高山秋之八幡祭	每年定期於10月9、10日在高山市區櫻山八幡宮舉辦的祭典，與京都祇園祭及秩父夜祭，並列為日本三大美祭。
	上旬	名古屋祭	每年10月上旬週末於名古屋市區舉辦，為了紀念織田信長、豐臣秀吉、德川家康等戰國三傑，也會有許多人以戰國武將的裝扮，從名古屋車站遊行到名古屋城。
	中旬	大須大道町人祭	每年10月中旬在名古屋大須地區舉辦，因為這裡是日本最早舉辦街頭藝人表演的地方，可以讓遊客近距離觀賞雜耍、舞蹈及默劇等街頭表演。
	中旬以後	名花之里冬華競演	名花之里在每年10月中旬～4月上旬的冬季期間，以數百萬顆LED燈打造出日本規模最大的彩燈活動，傍晚時大量湧入的人潮和燈海一樣可觀。
11月	上旬	街頭藝人世界盃大賽	每年11月上旬靜岡市會舉辦街頭藝人大賽(詳細日期於官網公布)，參賽的街頭藝人來自世界各地，在這場大賽中展現自己獨特的表演。 www.daidogei.com

旅行的
準備與規畫

上網工具

現在大家到日本旅行幾乎離不開網路，一來方便使用Google Map或臨時查詢資料，二來也可以用FB及LINE即時與朋友分享。也因為出國上網這塊商機越來越熱門，許多公司加入競爭，選擇太多的結果把許多人搞得眼花撩亂，歸納起來出國上網工具可分為國際漫遊、分享器、SIM卡，以及eSIM這4種，至於這4種上網工具的差異，可以從便利、價格、速度3面向來探討。

▌國際漫遊：即使臨時出國都能開通

國際漫遊最方便，手機不用更換SIM卡也不用另外攜帶分享器，只要在出國前打電話給電信公司客服人員，就能完成出國期間的國際漫遊設定。如果臨時決定出國而來不及租借分享器，或是到了國外才發現租到「機王」或是SIM卡無法使用，就可考慮開通國際漫遊；不過便利的代價就是費用，雖然目前各家電信業者都有推出優惠方案，但以每日均價來說仍為這3者中最貴。

▌網路分享器：多人共用也不降速

分享器最大的優點就是速度，以目前市面主流4G吃到飽方案來說，分享器價格還

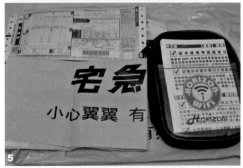

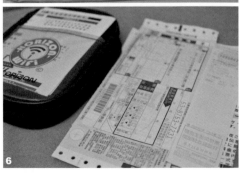

是比國際漫遊便宜，分享器的另一優點是可同時讓多台裝置使用而不降速，除了自己的手機、平板可同時使用外，也可和多位朋友分享，還能共同分攤租用價

格。相較於國際漫遊或SIM卡開熱點與朋友分享，不但速度會變慢，而且手機耗電量快。分享器的缺點是多了出機與還機的手續，有時還會產生寄送費用，而在旅行途中也必須隨時多帶一台機器。

▍SIM卡：價格便宜而大受歡迎

許多人愛用SIM卡因為它的每日均價最便宜，這正是它最大的優點，缺點是使用前需更換SIM卡並進行設定，有時會遇到挑手機或是搞錯SIM卡大小而無法使用的窘境。再者，它的速度比國際漫遊及分享器慢，如果再開分享給同行友人就更慢了；另外，更換SIM卡後將無

8

法接聽來自國內的電話。不過因為它價格最便宜，可以和同行友人分別購買，屆時若分開行動也方便連絡。

▍eSIM：便利的虛擬上網卡

eSIM是疫情期間新推出的上網工具，購買之後會收到一組QR Code，掃描後加入行動方案，入境時切換為eSIM卡就可以上網了，因為不用更換SIM卡也不用再另外帶台分享器連線，是非常方便的上網工具，不過缺點在於僅限iPhone (XR及其以後型號)使用。

▍挑選最適合自己的上網工具

這4項上網工具各有其優缺點，沒有所謂最佳選擇，只有最適合的選擇，所以對遊客來說，最重要的是先了解自己出國上網的需求再來決定。

其實出國上網只是讓旅行更為順利，並作為以備不時之需的工具，與其花許多時間研究出國期間的上網方式與速度，更重要的是多花時間研究日本行程本身。

❶❷❸分享器最大優勢是速度居冠，而且不時會推出刷信用卡享優惠的方案／❹分享器也可以在機場取機與還機，但要注意營業時間／❺❻分享器可以選擇採用宅配寄貨與歸還，有些公司不需額外支付費用／❼如果回國時間已逾營業時間，分享器可以直接放入還機箱中／❽SIM卡因為價格最便宜，所以成為小資旅客的最愛

四種上網方式，特色分析

工具　　　　　特色	便利性	速度	價格
國際漫遊	最方便 **勝**	中等	最貴
分享器	最不方便	最快 **勝**	中等
SIM卡	中等	最慢	最便宜 **勝**
eSIM	最方便 **勝**	中等	中等

好用App快下載

出國上網的主要目的，就是為了能夠使用**Google Map**與各種**App**，讓整個行程更加順暢，以下精選出幾款好用的**App**，對於造訪日本中部一定有所幫助。

交通好幫手

Y！乗換案內

日本YAHOO的乘換案內是最多人使用也是最方便的乘車索引App，雖然是日文介面，但使用方法相當簡單，只要在「出發」及「到著」輸入站名，再按下「檢索」即可查詢，對於不擅長規畫交通路線的人來說，絕對是必載App。

■ App使用步驟圖解

Step 1 申請日本YAHOO帳號再登入

下載後即可開啟使用，但如果能申請日本YAHOO帳號再登入，則可使用較多功能。

Step 2 開啟App檢索

點擊App就進入「通常檢索」，操作方式相當簡單。

Step 3 輸入站名進行檢索

只要在「出發」及「到著」分別輸入站名，再設定日期與時間，接著按下「檢索」就開始查詢。

旅遊小錦囊

如何打上日文漢字？

雖然這個App能直接輸入漢字，但某些中文的漢字和日文漢字是不同的，比方說中文的「豐」橋、「傳」馬町與日文的「豊」橋與「伝」馬町並不相同，如果輸入中文就無法查詢，此時就必須先去日文YAHOO或是Google網頁，輸入「豊橋 日文」，就可以查詢到正確的日文，然後再將它複製貼上，即可進行下一步的查詢。

Step 4 查詢結果排序

查詢結果可以按照「時間」、「轉乘次數」、「車資」進行排序。

A. 時間 / B. 轉乘次數 /
C. 車資

Step 5 查看詳細資料

依據查詢結果，點選想要搭乘的方式，就可以進一步瞭解「乘車方式」、「搭乘時間」、「車資」及「搭乘月台」等資訊。

以右圖查詢「多治見」到「大須觀音」為例：在「多治見」的1號月台搭乘往名古屋方向的JR快速(1番線發)，坐6站到「鶴舞」的2號月台(2番線著)，車資￥580；轉乘「鶴舞」2號月台搭乘往上小田井的鶴舞線地鐵(2番線發)，坐兩站到「大須觀音」的2號月台(2番線著)，車資￥200；總共車資為￥780、轉乘1次、所需時間40分鐘。

查天氣好幫手

tenki.jp

日本的天氣預測一向很準確，只要下載這個天氣預報「tenki.jp」App，就能事先準確掌握整個行程的天氣概況，如果在日本當地開啟時也可以登錄位置情報，點選後就可以看到所在地每小時的天氣、氣溫、降雨機率等資料，掌握整日的氣候。

Step 2 查看全國及各區域天氣

點選Step 1圖示右上方「全國」，即可看到當天日本各地的天氣概況。點擊各城市，就能查詢該城市及周邊10日內的氣候概況。

█ App使用步驟圖解

Step 1 安裝完成即可查看天氣

下載後開啟，進入後馬上可看到所在位置一週天氣，雖然是日文操作介面，但氣候狀況大多是用數字及圖案表示，即使不諳日文的人也能上手。

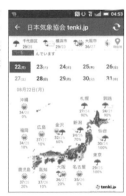

A.全國

Step 3 查詢颱風及地震情報

點選App上方的「地震」可以得知近期地震情報，「天氣圖」可以隨時留意最新的颱風動態。

A.地震

找店家好幫手

ロケスマ

「ロケスマ」App很方便尋找各種店鋪，對於剛到一個陌生地方的遊客來說，這個好幫手可以讓你馬上查詢到食遊住行各種設施，而且還會不斷更新店家資訊。

▌ App使用步驟圖解

Step 1 可查看周邊店鋪

查看周邊各種店鋪，也可直接點選周邊最近的100間店鋪。店家類型分為飲食、購物、服務/設施等3類，可以直接在下方點選，直接跳到該類別。

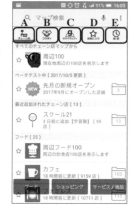

A.店家查詢 / B.合作活動 / C.我的地圖 / D.我的最愛 / E.查詢記錄

Step 2 以地圖查看店鋪位置

點選要查詢的店鋪類型，就能以地圖顯示該類型店鋪的位置。

Step 3 以顏色來區別店家類型

可以從顏色知道店家類型，橘色是飲食類、藍色是購物類，紅色則是服務/設施類，即使到了陌生地區，也能很快就查到周邊各種店家。

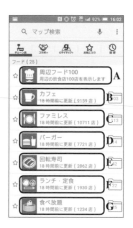

A.周邊店家100間 / B.咖啡店 / C.家庭餐廳 / D.速食店 / E.迴轉壽司 / F.午餐／定食 / G.吃到飽

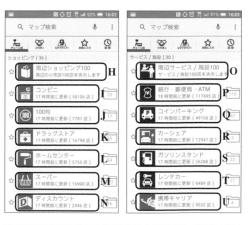

H.附近購物店100間 / I.便利商店 / J.百元店 / K.藥妝店 / L.生活用品 / M.超市 / N.折扣商店 / O.附近服務、設施100間 / P.銀行、郵局、提款機 / Q.計時停車場 / R.汽車共享(會員制) / S.加油站 / T.汽車租借 / U.手機公司

愛知縣專用

名鉄Touch

名鐵是愛知地區重要的交通工具,「名鉄Touch」可以查詢名鐵電車、巴士以及名古屋地下鐵的轉乘方式及時間,還可以查詢名鐵各站周邊地圖及情報。如果只有利用電車,那麼「轉乘案內」App就相當好用,但如果要搭配名鐵巴士,就改用這個App。

▌App使用步驟圖解

　　下載後,開啟App最上方的「列車運行情報」,就可以知道現階段的名鐵列車是否有班次延誤情況。操作介面是日文,對於不懂日文的人來說會覺得有點複雜,但其實會用到的功能就只有車次查詢、車站情報以及預約高速巴士這3項,其他功能主要是提供給日本人使用,可以忽略。

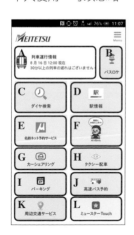

A.列車運行情報 / **B.**巴士站位置 / **C.**車次查詢 / **D.**車站情報 / **E.**網路預約服務 / **F.**線上諮詢服務 / **G.**汽車共享 / **H.**計程車叫車 / **I.**停車場查詢 / **J.**預約高速巴士 / **K.**周邊交通服務 / **L.**會員中心

功能1　車次查詢

　　點選進入畫面的「車次查詢」(ダイヤ檢索),就能查詢如何前往目的地。

Step 1　**輸入資料開始查詢**

輸入上車站、下車站以及預定乘車時間,再選擇交通工具及條件後按下檢索。交通工具有3種可選擇:電車+巴士、電車、巴士。

A.上車站 / **B.**下車站 / **C.**乘車時間 / **D.**電車+巴士 / **E.**電車 / **F.**巴士

Step 2　**查詢結果分上下兩部分**

預設順序是以所需時間排列,上方可以看到乘車方式的費用及所需時間,下方就是第一種交通方式的詳細搭乘方式。

Step 3 可變更交通方式

點選上方其他交通方式，就可以變更到其他的詳細搭乘方式。

功能2 車站情報

點選進入畫面的「車站情報」，就能查詢車站時刻表、車站設備、周邊地圖以及商店情報等資訊。

Step 1 輸入查詢車站

輸入要查詢的車站名稱。

Step 2 查詢結果

出現4項資訊供你點選。

A. 車站時刻表 / B. 車站設備 / C. 車站周邊地圖 / D. 查詢ustar加盟店

功能3 預約高速巴士

點選進入畫面的「高速バス予約」，就能預約中部地區長程移動的預約制巴士，以下以預約名古屋到白川鄉的巴士為例。

Step 1 輸入起訖站

選擇出發地區及終點地區後，按下「檢索」。

Step 2 輸入資料開始查詢

選擇上車站點、下車站點、乘車日期及人數(均為下拉式選單)，按下「便一覽を見る」

A. 乘車站牌 / B. 下車站牌 / C. 乘車日 / D. 人數

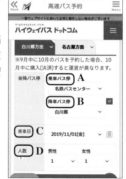

Step 3 班次查詢結果

畫面會出現當日的車次，選擇要搭乘的班次，按下「プランを見る」就可以查看空位狀況，「○」表示尚有空位，「×」表示客滿，選好後，按下「同意して次に進む」。

Step 4 輸入乘車人數

再次確認搭乘人數並選擇座位(可以隨機或自選)，確認後按下「同意して次に進む」。

Step 5 填寫個人資料及信箱

如果不加入會員，就在畫面下方輸入姓名及聯絡資料，按下「会員登錄しないで次へ」。記得查看信箱是否收到預約成功的通知。

A.姓(片假名) / B.名(片假名) / C.電話 / D.電話號碼

LINE 中日翻譯

翻譯就靠它

「LINE中日翻譯」是LINE推出的官方帳號，只要找到它再加入好友，就可以進行各種中日翻譯，不諳日文又臨時需要溝通時，就可以利用它將中文翻譯成日文後，拿給服務人員看。

▌App步驟圖解

Step 1 線上即時翻譯

到LINE官方帳號搜尋「LINE中日翻譯」。

Step 2 安裝完成開啟

點選即可加入，點選「聊天」就能輸入中文進行線上翻譯。

Step 3 輸入中文

LINE中日翻譯要盡量輸入簡單的中文詞句，以免翻譯錯誤而使看的人一頭霧水。

掃QR Code快速通關

　　2022年10月11日起開放國外旅客自由行之後，入境日本前需到Visit Japan Web填寫入境所需的各種資料(電腦版或APP均可)，填妥後就可以得到QR Code，出關時直接出示QR Code掃描就可以節省審查時間。

Step 1 註冊帳號

到 Visit Japan Web 先要註冊新帳號，按下「現在登錄」。

第一次使用要建立新帳號；兩個選項都勾選後按「下一步」。

輸入電子郵件並設定密碼，點選「我是人類」再按下「建立帳號」；再將電子郵件信箱收到的認證碼輸入，完成認證程序。

完成認證後就完成帳號註冊，之後就可以登入Visit Japan Web。

Step 2 登錄使用者

登入後先要建立本人資料。

依序回答相關問題，全部填完後，再來登錄護照資料，可以使用相機讀取或自行輸入。

資料輸入完成後會跳出「前往確認是否需要VISA」，台灣因為以短期觀光簽證(90日)入境不用申請簽證，這裡可直接跳過。

再來登錄同行家人資料，原則上Visit Japan Web是每人個別登錄使用(也就是1人1機)，不過同行者如果有嬰幼兒等無法自行登錄者，就可以登錄為同行家人。

按下「追加」就可以登錄同行家人資料，最多可加10人；輸入護照上的資料就完成登錄了。

Step 3 登錄行程

因沒有申請簽證，選擇「不沿用並繼續登錄」；最多可以登錄5筆行程，常去日本的遊客可以事前建好行程。

旅行名稱可自由填寫，再來是抵達日本預定日、航空公司名稱(下拉式選單)，寫好按「下一步」。

填寫在日本連絡處，即飯店地址，如果有多間住宿飯店，可填最後一間，要留意全部都需填寫大寫的英文及數字，飯店資料可到網站查詢。

Step 4 入境審查準備

登錄好行程之後回到上一頁，再來是點選要填寫的行程。

這裡有「外國人入境記錄」及「海關申報準備」，先登錄外國人入境記錄；用英文填寫基本資料，寫好後按「下一步」。

這裡填寫航班號及停留日數，寫好按「下一步」，再來一樣要填寫日本連絡處的資料。

再來填答提問事項，也就是紙本入境卡填答的問題；填完後就完成外國人入境記錄登錄了。

Step 5 海關申報準備

再來換填寫「海關申報準備」，這裡的程序就是入境時要填寫的黃色申告書。

首先填寫同行家人人數，再來是日本連絡處(即住宿飯店)資料。

再來就是紙本申告書的問題，之前常去日本的遊客應該都不陌生，逐一回答後就完成申告書的填寫了。

Step 6 入境通關審查

兩個都完成後就等於事前將入境記錄卡及申告書都寫好了，入境日本時打開Visit Japan Web APP，點選這趟行程。點選「顯示QR碼」就會出現QR Code，先點選入境審查的QR Code給日本入境審查人員掃描，完成後滑到下方就可以切換為海關申報的QR Code碼。

很快就完成入境手續了。

日本中部旅行，常問Q&A

Q1 如何節省旅費？

A：自助旅行開銷前3名分別是機票、住宿與交通，其中以機票占旅費比例最高，只要能買到便宜機票就能大幅節省旅費；原則上LCC(低成本航空)價格會比傳統航空優惠，不過中部4座機場目前僅有中部國際機場及小松機場有開設台日LCC航班，其中又以中部國際機場的航班較多。

Q2 購買LCC需注意哪些事項？

A：LCC分為夏季航班(3月底～10月底)及冬季航班(10底～3月底)，兩個季節的出發時間及抵達時間略有不同，如果想要利用春節或賞櫻賞楓等重要期間出國，務必要在開賣日就搶票，否則之後票價會更貴；部分紅眼班機在抵達或出發時間並沒有交通工具可進市區，需事先作好交通規畫或在機場附近飯店住一晚。另外，訂LCC時記得投保旅遊不便險，尤其是夏天颱風季節。

Q3 預訂日本飯店時需注意哪些事項？

A：現在有許多訂房網站，有些已有中文化，網站會有取消預訂及收取費用的相關規定，部分促銷方案會註明一經預訂無法取消，在訂房之前務必事先確認，如果有突發狀況而無法入住一定要告知飯店，避免作個「失格的旅人」。如果到旅館或民宿網站訂房，也要留意相關注意事項，尤其是訂房確認及聯絡方式等資訊，以免因對方無法聯絡到當事人而被取消訂房。

Q4 日本設施、飯店及車票都以小學生或中學生作區分，請問是依日本學制還是台灣學制？

A：日本當地許多設施、飯店及車票都是以學制劃分，即使日本開學日與台灣不同(日本4月開學、台灣9月開學)，大部分設施在購票時只要跟售票人員說小孩念小學，原則上不會以國中生票價計算；但飯店因為常有小學生加人不加價的情況，為了保險起見建議事先寫信詢問，另外也需留意JR周遊券是以「年齡」為購買基準。

Q5 請問小孩已滿12歲，但還在念小學，能購買周遊券兒童票嗎？

A：日本國內交通工具費用是以學制來區分買兒童票或大人票，但因日本無法逐一判斷每個國家是幾月開學，所以針對外國遊客是統一採用年齡來判斷，以減少困擾。如果是2月出生的小六生，3月期間到日本國內購買各種交通工具車票時，可以向站務人員說明她是小學生而購買兒童票，但針對外國人發售的周遊券，購買時要看護照，若小孩已經滿12歲，就必須和大人同價。

Q6 請問我該購買何種周遊券？

A：中部地區的JR周遊券都有使用路線的限制，並不是範圍內所有路線均可搭乘，如果想要利用周遊券節省旅費就必須反其道而行，先研究周遊券行經路線及景點，再規畫行程。另外，對於想要搭乘東京－名古屋－新大阪這段東海道新幹線的人來說，全國版周遊券是唯一選擇。

中部幅員廣大，
先搞定行李

中部地區範圍非常遼闊，若是安排基本的5天4夜行程，單走愛知縣境內的景點就有點可惜了，失去見識中部其他風貌的機會。因為中部無法像關東及關西地區那樣採用單一住宿地點，所以往其他景點移動時勢必要更換住宿地點，這時必須優先考慮大行李的問題，才能讓整個行程在移動時更加輕鬆與順利。

基本上，更換住宿地點的大行李處理方式，可分為下列3種，依照行程選擇最適合自己移動的方式。

1件大行李隨身跟著走，行程不往返

很多人選擇拖著行李隨行程移動，好處是在排行程時不用特別考慮飯店往返問題，所以更為彈性也更節省交通時間。這方式最大的限制是在於到達一個景點後，勢必要先將行李寄放在大型寄物櫃，或是先拖去當晚下塌的飯店寄放，才能輕鬆旅遊。雖然也有人會拖著行李在景點移動，只是中部多為山區地形，真的不是很方便，不建議這麼做。

拖著行李在車站或電車移動雖不至於太辛苦，但如果走山區可能就要事先寄放在寄物櫃了

另外，2020年5月20日起，如果攜帶三邊合計161cm～250cm的大型行李搭乘東海道新幹線，必須事先預約指定座位，如果沒有預約將會被收取￥1,000保管費。

2個衛星住宿地點，行李只需移動1次

選定2間主要飯店各住幾天，這種方式適合距離較遠的2個大都市，而且最好是採用不同機場入出境的方式，比方說靜岡機場入境、中部國際機場出境，然後各在靜岡及名古屋市區各住幾天。好處是只會拖著行李移動一次，而且移動時也可中途下車，但缺點是規畫行程時，只能安排住宿地點的周邊景點。

1個主要住宿點，加3天背包換宿

第三種方式是選定1間飯店為主要住宿地點，中途幾天再帶個隨身背包裝上換洗衣物及必備物品，至於大行李可先寄放在這間之後還會再回來的飯店。好處是帶著背包移動會比大行李移動來得方便，而且外宿期間也可以變更飯店。缺點就是外宿期間無法攜帶太多衣物。夏季外宿最多3晚，冬季因衣物厚重大概只能安排2晚。

以上為大行李的3種基本處理方式，當然也可以互相搭配，比方說選定金澤及名古屋為2個衛星住宿地點，從金澤要移動到名古屋時先利用宅配將行李寄送到名古屋，然後途中在高山安排2日外宿小旅行。

處理行李的三大好幫手
飯店寄放

日本飯店原則上在住宿前幾天都可以接受旅客先寄放行李(如果要放一週以上，最好

事先得到飯店同意)，只要確定之後會再回去住宿，事前寄放大行李都不成問題，但如果是Check Out後再寄放行李則以當天為限，不過部分平價商務旅館並不接受旅客寄放行李，需事前向飯店確認。

寄物櫃

最常用來暫時安置行李的就屬寄物櫃(Coin Locker)，在日本各大車站都有各種尺寸的寄物櫃，大型的寄物櫃可以用來寄放30吋的行李箱，花點小錢就可以讓當日行程更輕鬆愉快，相當值得。另外，寄物櫃是以日為單位計算金額，如果要放過夜則需要多支付1日價金。以下推薦方便搜索全國寄物櫃設置地點的網頁，而且也能即時查詢剩餘數量，相當方便。

http www.coinlocker-navi.com

在地區性的JR車站及巴士中心都會有傳統投幣式的置物櫃，為了避免臨時找不到兌幣機，最好事前備妥硬幣

最大型的寄物櫃可放入30吋的行李箱

使用新型寄物櫃步驟

Step 1 選擇「寄物」選項

使用寄物櫃操作介面時，請先選擇螢幕上的「寄物」(荷物を入れる)或「取物」(荷物を取り出す)。

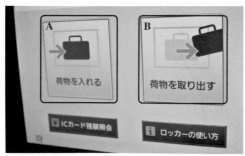

A.寄物 / B.取物

Step 2 放入行李

選好要使用的寄物櫃就會顯示「使用可」，接著再將行李放入。

A.可使用

Step 3　妥善保管QR碼紙張

有別於傳統鑰匙方式，新型置物櫃是採用QR碼取物，務必要把這張紙妥善保管。

Step 4　掃QR碼，取出行李

取物時將QR碼對準操作機讀取，操作介面就會顯示已經解除寄物櫃的鎖，接著就能拿出行李

宅配

　　宅配的運送價格雖然比使用寄物櫃略貴，1件30吋行李箱在中部地區的寄送價格約為￥1,500，但可以直接將行李寄送到下一間住宿飯店，省掉拖著行李找寄物櫃的麻煩，相當方便。而且一定等級以上的住宿飯店，就可以直接請飯店服務人員協助，當然也可以直接找營業所寄送，不過寄達飯店的宅配單上記得要填寫住宿者姓名及入住日期。而且除非是一大早寄送，不然行李通常都要隔日才能送達。黑貓宅急配是日本最普及的宅配業者。

http www.kuronekoyamato.co.jp，查詢運送價格及營業處所

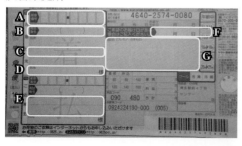

宅配流程

 Step 1

尋找最近的營業所或有代收的便利商店。

 Step 2

將要寄送的行李帶去。

 Step 3

填寫宅配單，包括收件者(住宿飯店)、寄件者、希望寄達日、內容物等資料。

 Step 4

送交服務人員並付款。

A.郵遞區號 / **B.**飯店電話 / **C.**飯店地址　**D.**收件人（住宿日期）/ **E.**寄件者及相關資料　**F.**希望送達日期及時段 / **G.**寄件物品

如何購買周遊券及優惠套票

中部地區發行的優惠票券有JR東海發行的4種周遊券、名鐵與近鐵的乘車優惠券、各種巴士優惠套票(各種票券的使用範圍及價格會在各縣章節詳細介紹)，這些優惠票券幾乎都有使用路線的限制，所以如果想盡量節省交通經費，比較好的方式是先研究各種票券的使用路線，再據以安排行程。

兒童票價：滿12歲以上需依照大人票價收費，滿6歲～未滿12歲兒童為大人票價一半，未滿6歲的幼兒則不收費(也不能占位)，但部分票券的兒童票售價並非半價，也有部分票券未販售兒童票。

發售場所：針對外國人發行的周遊券可在入境前向旅行社購買；而販售對象不限外國遊客的票券，則是到當地交通機構窗口、旅客服務中心或是便利商店售票機購買。

▌可在日本境外購買兌換券的票券

發行公司：JR東海

票券：高山北陸周遊券、伊勢熊野和歌山周遊券、立山黑部高山松本周遊券、富士山靜岡周遊券。

購票方式：這4張JR周遊券可以事先向旅行社購買兌換券(MCO)，抵達日本後，再到JR東海

入境後持兌換券去JR名古屋車站的JR案內所兌換，時間為10:00～17:00

如果JR案內所已關門，則改至售票處的1號窗口兌換周遊券

主要JR車站兌換成周遊券；日本當地購買並兌換的程序會比較繁瑣。

▌必須事先在日本境外購買的票券

發行公司：名鐵

票券：昇龍道高速巴士3日券(分為一般版及松本馬籠駒根版，兩種版本)、5日券

購票方式：這3張名鐵巴士券必須先在日本境外向旅行社或網站購買兌換券，入境後在中部國際機場或名鐵名古屋站等兌換實體票券。

JR東海發行的周遊券可以先在日本境外購買兌換券

換好周遊券如果要預約指定席座位，必須再到售票所窗口劃位

旅遊小錦囊

票券購買後需3個月內到日本兌換

JR周遊券在旅展或網站有時會有優惠價，但必須於購買之日起3個月內到日本兌換，不然就會失效。

34

昇龍道巴士券最方便兌換的場所為中部國際機場的名鐵旅遊廣場

▌日本境外及入境後均可購買

發行公司：近鐵

票券：近鐵5日券&5日券Plus

購票方式：針對外國人發行的這兩張優惠車票，可以事先在日本境外購買，也可以入境日本後再到指定場所購買，但事先購買會比入境購賞優惠¥200，所以如果入境後臨時需要用到這張周遊券，只要多花¥200也能購入。

▌當地窗口或售票機購買

非限定外國遊客才能購買的交通票券，就分別向發行公司、服務中心或售票機購買。例如名古屋地鐵24小時是利用自動售票機購買，名鐵電車的各種優惠票是向各站的人工窗口或名鐵名古屋站服務中心購買，JR東海的立山黑部套票、飛驒路套票等是向JR東海的入口售票口購買，濃飛巴士的各種優惠車票是在濃飛巴士總站服務台購買。

假日使用的地鐵環保一日券另外設有專用售票機，但兒童票需向人工窗口購買

比較特別的是名鐵發行的奧飛驒/上高地套票，不但可以在車站人工窗口購買，也可以在便利商店的售票機購入，但兩種方式都是先購買兌換券，再持兌換券到濃飛巴士總站兌換套票。

名古屋地鐵24小時利用售票機購買

飛驒路套票及立山黑部套票是在JR東海售票窗口購買

四季穿搭

中部地區含蓋範圍廣闊，地形與氣候變化較大，有高山平原、有面臨太平洋的炎熱地區，也有面臨日本海的豪雪地區，所以旅客要依據前往地區決定攜帶的衣物，原則上帶著基本的替換衣服，氣候多變時則採用洋蔥式穿法，以節省行李重量及空間，也可以留點空間到日本再購入衣物或利用飯店設施清洗衣服，減少攜帶衣服數量。

▌春季氣候暖和，帶件薄外套

春天是百花盛開的季節，相當適合到郊外賞花，如果是雪融的初春時期，仍然需要準備保暖衣物，其他時間準備薄外套或長袖襯衫就足以因應，如果到了5月可以穿著短袖。

春天最好還是準備長袖衣服或薄外套

▌夏季相當炎熱，注意防曬

夏季的基本服裝就是盡量輕便，面臨太平洋地區的夏天相當炎熱，務必要準備防曬油以免曬傷，但如果要前往新穗高、上高地或立山黑部等高山地區，即使是盛夏的8月均溫也低於20度，所以外套或長袖襯衫不可少。此外，6～7月期間為日本梅雨季節，7～8月為日本颱風高峰期，事前都要確認氣候狀況並準備相關衣物。

夏天除了熱還是熱，記得要防曬

▌秋季早晚溫差大，注意保暖

秋天氣候涼爽舒適，9月可以延續夏季穿著，但10月以後早晚氣溫開始下降，建議採用多層次穿法以免感冒，如果前往山區，最好也能準備披肩、圍巾或帽子等方便穿脫的衣物。

秋天冷暖變化大，要小心保暖以免感冒

旅遊小錦囊

何謂洋蔥式穿法？

簡單的說就是多層次穿法，既能達到保暖效果又方便穿脫，方便因應多變的氣候，一般來說洋蔥式穿法分為3層，分別是內層的排汗層、中層的保暖層以及外層的保護層，內層主要為乾爽排汗的貼身內衣，中層主要為毛衣或羽絨衣，至於外層最好是能夠防風防雨的外套。

▋冬季嚴寒，採洋蔥式穿法

冬天需採用多層次穿法確實保暖，同時帽子、圍巾、手套等禦寒三寶也不可少，如果是太平洋沿岸平地的降雪機率不大，但如果要前往面臨日本海的豪雪地區或高山地區，防風防雨的外套絕對必備，也要留意鞋子是否能止滑。

冬季前往豪雪地區，禦寒裝備絕對不能少

▋不同地區，攜帶不同的服裝

高山區

即使是夏天，前往山區最好也要穿長袖長褲，而且最好準備方便行走的長褲與鞋子。冬季的山區會下雪，則要特別注意保暖。

海邊

夏季海邊相當酷熱(尤其面臨太平洋的地區)，事前要作好防曬工作，冬天則要嚴防寒風，穿上防風外套前往。

溫泉

如果要外出泡溫泉，最好準備方便穿脫的衣服，另外有少部分溫泉需穿著泳衣入場，所以事先要查清楚並攜帶泳衣。

如果要在戶外泡露天溫泉，務必要攜帶泳衣

秋天期間許多遊客前往賞楓，最好採用多層次穿法

夏天新穗高及上高地的均溫都低於20度，最好隨身攜帶長袖衣物

中部地區國際機場

目前台灣前往中部地區有固定航班直飛的機場為中部國際機場。中部國際機場為國際大型機場，也是旅客進出中部地區的主要門戶，其他機場均為規模較小的地區性機場，如果為了節省交通移動的時間，可考慮從不同機場入出境。

▌中部國際機場

中部國際機場位於愛知縣常滑市的人工島上，為日本三大國際機場之一，於2005年愛知國際博覽會前正式啟用，日文暱稱為「セントレア」(新特麗亞)，並登錄為商標，為日本唯一有暱稱的機場。

航廈

中部國際機場航廈為國內線與國際線一體成型的4樓建築，1樓為迎賓廣場，2樓為抵達大廳，3樓為報到大廳，4樓為藍天城(購物及飲食)，有超過100家的商店，中央廣場會舉辦主題展，還有戶外免費展望台，可以看飛機起降。在航廈2樓的旅客資訊服務中心有提供「空手觀光」(当日配達サービス)的收費服務，只要在11:00前辦妥寄送手續，就能直接將行李寄送到名古屋周邊的飯店，輕鬆展開觀光行程。如果無法在11點前抵達機場又想要下飛機後直接前往景點，或是回程想要先寄放行李再逛一下周邊的常滑散步道及AEON MALL，也可以利用行李暫時寄放服務，等到玩夠了之後再回來這裡領取行李。

中部國際機場的行李暫時寄放服務中心在3樓中央扶梯後方，每輛行李車￥500，營業時間為早上9點到晚上9點，即使搭乘晚上樂桃班機的旅客，也能來得及提取行李之後再到櫃台辦理報到登機。中部國際機場於2019年9月起啟用第二航廈，部分航空公司移到此處起降，從名鐵空港站徒步約10分鐘可抵達二航廈，搭乘利木津巴士在二航廈站下車後，徒步1分鐘可達。

航班

日航、華航、國泰、虎航(LCC)、樂桃(LCC)

交通

■中部機場前往名古屋最方便的交通方式是搭乘名鐵電車，特急約37分鐘到達名古屋，車資￥890，加購u車票￥360可搭乘u-SKY特急，28分鐘即可抵達名古屋，要轉往其他都市都可以在JR名古屋站換車。

■住宿地點在榮或伏見周邊的飯店，可以搭乘利木津巴士減少轉乘地鐵的不便，約55分鐘抵達名古屋市區，車資為￥1,300。

■要前往三重，可以直接搭乘快艇，約45分鐘抵達津市，船資￥2,520。

http 中部機場網站：www.centrair.jp

行家小提醒

疫情之前原本中部地區有富山、靜岡、小松等地區性機場有台北直飛航班，不過疫情過後僅剩石川縣的小松機場仍有直飛航班。小松機場是北陸地區規模最大的機場，也是前往福井與金澤的交通據點，前往中部地區旅遊時，可以搭配不同機場入出境，以節省交通時間，例如從中部國際機場入境，在穿越立山黑部抵達富山後，不再回到名古屋而改由小松機場出境，也可以順便將行程延伸到金澤。

立山黑部

開山雪壁之旅

春季限定

本行程主要為前往中部地區春季最熱門立山黑部開山的雪壁，途中再順道前往松本及高山等地區，是個春季限定的壯觀雪壁之旅。

Day1

中部國際機場
↓ 🚆 搭乘名鐵空港線u-SKY特急(28分鐘)抵達名古屋

名古屋
住宿
若早班機可安排市區景點或郊區犬山

Day2

名古屋
↓ 🚆 名古屋前往松本的特急每小時1班，搭乘時間2小時

松本
停留2～3小時
↓ 🚆 轉搭JR大系線(25分鐘)到穗高站

穗高
停留2～3小時
↓ 🚆 搭乘JR大系線(25分鐘)回到松本站

松本
住宿

Day3

松本
↓ 🚆 搭乘JR大系線(5分鐘)到信濃大町站

信濃大町
轉車
↓ 🚌 搭乘往扇澤方向的巴士(40分鐘)到扇澤站

扇澤
轉車
↓ 🚆 抵達黑部立山入口，搭乘隧道無軌電車(16分鐘)

黑部水庫
停留1～2小時
↓ 🚆 徒步15分鐘到黑部湖，搭乘黑部斜面電車(5分鐘)到黑部平站

黑部平
轉車
↓ 🚠 搭乘立山纜車(7分鐘)到大觀峰站

大觀峰
轉車
↓ 🚆 搭乘隧道無軌電車(10分鐘)到室堂站

室堂
停留2～3小時　在山上住宿

Day4

室堂
↓ 🚌 搭乘高原巴士(15分鐘)到彌陀之原站

彌陀之原
停留1～2小時
↓ 🚌 搭乘高原巴士(35分鐘)到美女平站

美女平
停留1～2小時
↓ 🚆 搭乘立山斜面電車(7分鐘)到立山站

立山
轉車
↓ 🚂 搭乘富山地方鐵道(1小時)到富山站

富山
轉車
↓ 🚆 搭乘JR特急(3小時50分鐘)到名古屋站

名古屋
住宿

Day5

名古屋
↓ 🚆 搭乘名鐵空港線u-SKY特急(28分鐘)

中部國際機場
結束旅程

行家小提醒

1.可使用JR東海發行的立山黑部＆高山＆松本5日周遊券(詳見P.211)，行程也可以改為順時針方向從富山穿越立山黑部，因為開山雪壁期間湧入遊客相當多，各項交通工具均有大量排隊人潮，建議在山上住1晚，時間會比較充裕。

2.此行程是將大行李留在名古屋，攜帶背包外宿2泊方案。如果想要爭取時間也不在意拖著行李，可以第一天抵達名古屋後就直奔松本或高山。

合掌村・上高地
清涼消暑之旅

夏季限定

本行程為夏季前往中部地區最有名的避暑勝地「上高地」，同時也前往位處山區的白川鄉合掌村及新穗高纜車，是個可遠離炎熱平地的盛夏消暑之旅。

Day1

中部國際機場

🚆 搭乘名鐵空港線u-SKY特急(28分鐘)抵達名古屋

名古屋
住宿

早班飛機可安排市區景點或郊區犬山

Day2

名古屋

🚌 名古屋直達白川鄉巴士1天4個班次往返，另有2個班次經由白川鄉前往金澤，採預約制，名鐵巴士中心3樓7號月台搭乘岐阜巴士，搭乘時間2小時30分鐘
http www.highwaybus.com

白川鄉
停留3～4小時

🚌 搭乘濃飛巴士(50分鐘)到高山濃飛巴士中心

高山
住宿

Day3

高山

👣 徒步10分鐘

宮川朝市
停留1小時

👣 徒步5分鐘

三町老街
停留1～2小時

👣 徒步5分鐘

高山陣屋
停留0.5小時

👣 徒步10分鐘

高山
轉車

🚌 5號月台搭乘濃飛巴士(1小時30分鐘)到新穗高ロープウェイ站

新穗高
停留2～3小時

🚌 搭乘往平湯溫泉方向的濃飛巴士(40分鐘)到平湯溫泉站

平湯溫泉
住宿溫泉旅館

Day4

平湯溫泉

🚌 2號月台搭乘巴士(25分鐘)到上高地站

上高地
停留4～5小時

🚌 搭乘往平湯溫泉巴士(25分鐘)到平湯溫泉站

平湯溫泉
轉車

🚌 3號月台搭乘濃飛巴士(60分鐘)到高山濃飛巴士中心

高山
轉車

🚌 3號月台搭乘濃飛巴士(2小時40分鐘)到名鐵巴士中心站

名古屋
住宿

Day5

名古屋

🚆 搭乘名鐵空港線u-SKY特急(28分鐘)

中部國際機場
結束旅程

行家小提醒

1.本行程可使用昇龍道高速巴士廣域5日券(詳見P.168)，但須注意名古屋直達白川鄉的巴士班次較少，因為昇龍道高速巴士廣域5日券無法事前上網預定座位，最好能在第1日就把5日行程所需預約班次全劃好，才不會遇到客滿而打亂行程。

2.想要坐JR的人則可以考慮購買飛驒地區套票+奧飛驒/上高地套票(詳見P.168、172)，不過這組合不含中部機場來回市區，而且第2天從名古屋到白川鄉是先坐JR特急到高山再轉濃飛巴士。

黑部峽谷
賞楓與溫泉之旅

（秋季限定）

本行程前往中部地區秋季賞楓最熱門的黑部峽谷與立山黑部，途中分別在大町溫泉與宇奈月溫泉各住1晚，是個秋季限定的賞楓與泡湯之旅。

Day1

中部國際機場

搭乘名鐵空港線u-SKY特急(28分鐘)抵達名古屋

名古屋（住宿）

早班飛機可安排市區景點或郊區犬山

Day2

名古屋

名古屋前往松本的特急每小時1班，搭乘時間2小時

松本（停留2~3小時）

轉搭JR大糸線(25分鐘)到穗高站

穗高（停留2~3小時）

搭乘JR大糸線(30分鐘)到信濃大町站

信濃大町（轉車）

搭乘往扇澤方向巴士(15分鐘)到大町溫泉鄉站

大町溫泉（住宿）

Day3

大町溫泉

搭乘往扇澤方向巴士(25分鐘)到扇澤站

扇澤（轉車）

抵達黑部立山的入口，搭乘隧道無軌電車(16分鐘)

黑部水庫（停留1~2小時）

徒步15分鐘到黑部湖搭乘黑部斜面電車(5分鐘)

黑部平（轉車）

搭乘立山纜車(7分鐘)

大觀峰（轉車）

搭乘隧道無軌電車(10分鐘)

室堂（停留1~2小時）

搭來高原巴士(50分鐘)

美女平（轉車）

搭乘立山斜面電車(7分鐘)

立山（轉車）

搭乘富山地方鐵道(1小時30分鐘)

宇奈月溫泉（住宿）

Day4

宇奈月

搭乘黑部峽谷鐵道(1小時20分鐘)

欅平（停留2~3小時）

搭乘黑部峽谷鐵道(20分鐘)

鐘釣（停留0.5~1小時）

搭乘黑部峽谷鐵道(60分鐘)

宇奈月（轉車）

徒步3分到宇奈月溫泉站，搭乘富山鐵道(1小時40分鐘)

富山（轉車）

搭乘JR特急(3小時50分鐘)

名古屋（住宿）

Day5

名古屋

搭乘名鐵空港線u-SKY特急(28分鐘)

中部國際機場（結束旅程）

行家小提醒

1. 這個行程可使用JR東海發行的立山黑部＆高山＆松本5日周遊券(詳見P.211)，但前往宇奈月溫泉及黑部峽谷鐵道的交通需另外支付，其中因為立山黑部在秋季人潮不若開山期間那麼多，故採1日穿越立山並直接前往宇奈月溫泉。

2. 立山站1天僅有2班特急直達宇奈月溫泉(普通車需在寺田站轉車)，所以要掌握停留在山上的時間。

合掌村·新穂高
銀色夢幻之旅

冬季限定 🌸

本行程為冬季期間前往中部地區最適合賞雪的合掌村與新穂高，是個可以看到夢幻的銀白大地之旅。

Day1

中部國際機場

🚃 搭乘名鐵空港線u-SKY特急(28分鐘)抵達名古屋

名古屋
住宿

早班飛機可安排市區景點或郊區犬山

Day2

名古屋

🚃 搭乘JR特急(2小時10分鐘)

高山
轉車

🚌 4號月台搭乘濃飛巴士(50分鐘)到白川鄉站

白川鄉
停留3～4小時

🚌 搭乘北鐵巴士往金澤方向(1小時10分鐘、預約制)到金澤站
http secure.j-bus.co.jp

金澤
住宿

Day3

金澤

🚃 搭乘新幹線(22分鐘)到富山站

富山
轉車

🚃 搭乘JR高山本線特急(1小時30分鐘)到高山站

高山

👣 徒步5分鐘

三町老街
停留1～2小時

👣 徒步5分鐘

高山陣屋
停留0.5小時

👣 徒步10分鐘

高山
轉車

🚌 5號月台搭乘濃飛巴士(60分鐘)到平湯溫泉站下車

平湯溫泉
住宿

Day4

平湯溫泉

🚌 3號月台搭乘濃飛巴士(40分鐘) 到新穂高ロープウェイ站

新穂高
停留2～3小時

🚌 搭乘往平湯溫泉方向的濃飛巴士(40分鐘)到平湯溫泉站

平湯溫泉
轉車

🚌 3號月台搭乘濃飛巴士(60分鐘)到高山濃飛巴士中心

高山
轉車

🚃 搭乘JR高山本線特急(2小時10分鐘)到名古屋站

名古屋
住宿

Day5

名古屋

🚃 搭乘名鐵空港線u-SKY特急(28分鐘)

中部國際機場
結束旅程

行家小提醒

1. 本行程可使用高山北陸周遊券+奧飛驒套票(詳見P.167、172)，由於周遊券的有效期間是5日，所以也可以在金澤或富山多待1～2天。

2. 北陸地區冬季如遇豪雪容易影響交通，所以行程盡量不要太緊湊並預留備案。

昇龍道巴士券 省荷包版
玩遍中部名勝之旅

本行程為利用昇龍道巴士周遊券廣域5日版，全程利用巴士走遍中部各知名景點，為最節省荷包的旅行方式。

Day1

中部國際機場

🚃或🚌 搭乘名鐵空港線特急(37分鐘)或機場巴士(55分鐘)

名古屋

🚌 徒步到名鐵巴士中心7號月台搭乘高速巴士(3小時25分鐘，預約制)到松本巴士中心
http www.highwaybus.com

松本
住宿

Day2

松本

🚌 松本巴士中心10號月台搭乘アルピコ巴士(搭乘時間1小時30分鐘)到平湯溫泉站

平湯溫泉
轉車

🚌 3號月台搭乘濃飛巴士(40分鐘)到新穗高ロープウェイ站

新穗高
停留2～3小時

🚌 搭乘往高山方向的濃飛巴士(1小時30分鐘)到高山濃飛巴士中心

高山
住宿

Day3

高山

👣 徒步10分鐘

宮川朝市
停留1小時

👣 徒步5分鐘

三町老街
停留1～2小時

👣 徒步5分鐘

高山陣屋
停留0.5小時

👣 徒步10分鐘

高山
轉車

🚌 4號月台搭乘濃飛巴士(50分鐘)到白川鄉

白川鄉
停留2～3小時

🚌 搭乘北鐵巴士(1小時10分鐘、預約制)到金澤站
http secure.j-bus.co.jp

行家小提醒

1.此行程可使用昇龍道巴士廣域5日券(詳見P.168)，但需注意名古屋直達松本的巴士班次較少，因為昇龍道高速巴士廣域5日券無法事前上網預定座位，最好能在第1日就把5日行程所需預約班次全劃好，才不會遇到客滿而打亂行程。

2.這行程雖然有點急行軍，但幾乎把中部北陸的著名景點給跑遍了(可惜不能去上高地)，對於習慣於坐巴士旅遊的人來說，是可以考慮安排的方式，對於行程超過5日的人來說，即使放棄單程到中部機場仍然相當划算。

金澤
住宿

Day4

金澤
停留3～4小時

🚌 東口2號月台搭乘富山鐵道巴士(60分鐘)

富山
停留2～3小時

🚌 1號月台搭乘富山鐵道巴士(3小時40分鐘、預約制)到名鐵巴士中心
http www.highwaybus.com

名古屋
住宿

Day5

名古屋

🚃或🚌 搭乘名鐵空港線特急(37分鐘)或機場巴士(55分鐘)

中部國際機場
結束旅程

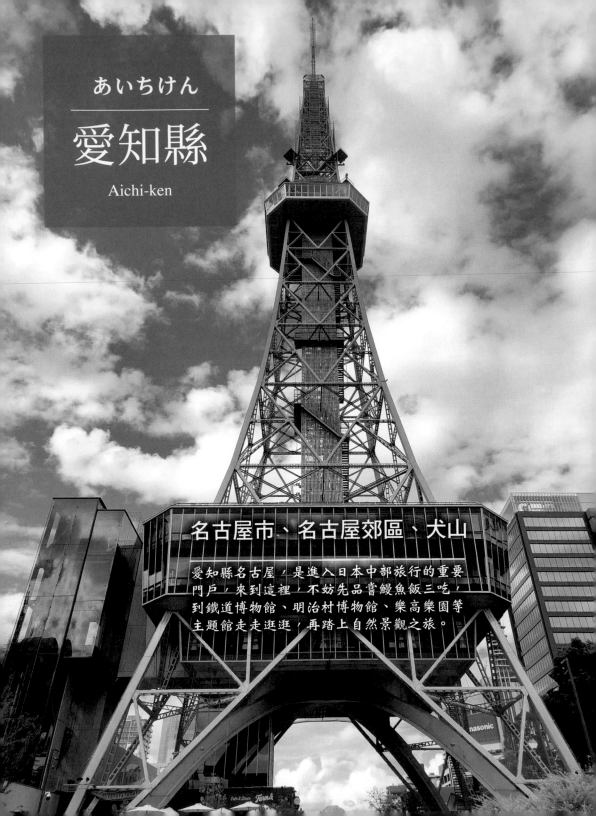

あいちけん

愛知縣

Aichi-ken

名古屋市、名古屋郊區、犬山

愛知縣名古屋，是進入日本中部旅行的重要門戶，來到這裡，不妨先品嘗鰻魚飯三吃，到鐵道博物館、明治村博物館、樂高樂園等主題館走走逛逛，再踏上自然景觀之旅。

あいちけん

愛知縣位於日本本島中央，南方面臨太平洋，夏季高溫多溼又悶熱，冬季乾躁晴朗。縣內有以豐田汽車為首的許多相關企業，為日本的工業大縣，工業產值為日本第一。東部三河地區盛產高麗菜及花椰菜等農作物，畜產與漁獲量也相當可觀。愛知縣內著名的觀光景點多為主題設施，例如鐵道博物館、明治村博物館等。樂高樂園於2017年4月開設在名古屋港區，吉卜力公園於2022年10月開設在愛・地球博紀念公園，吸引了更多觀光人潮前來。

愛知縣為中部地區人口最多的縣，縣廳所在地的名古屋也是中部地區最大都市，所以境內交通相當便利，有中部國際機場、新幹線、JR、地鐵、磁浮鐵道等多項交通設施。另外，比較特別的是愛知縣在日本的知名度出乎意料的低，反而大家常以名古屋來取代愛知縣。

愛知縣

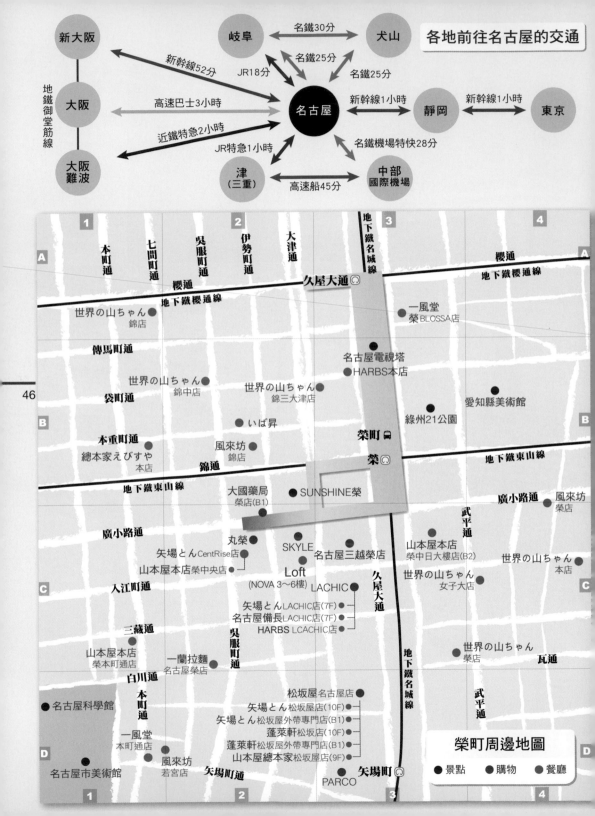

各地前往名古屋的交通

新大阪 ←新幹線52分→ 名古屋
岐阜 ←名鐵30分→ 犬山
JR18分
名鐵25分
名鐵25分
大阪 ←高速巴士3小時→ 名古屋 ←新幹線1小時→ 靜岡 ←新幹線1小時→ 東京
地鐵御堂筋線
近鐵特急2小時
大阪難波
JR特急1小時
名鐵機場特快28分
津（三重） ←高速船45分→ 中部國際機場

榮町周邊地圖
● 景點　● 購物　● 餐廳

名古屋車站周邊地圖

● 景點　● 住宿　● 餐廳
● 購物　● 地標

A 龜島

則武之森

地下鐵東山線
東海道本線
東海道新幹線
名鐵名古屋本線

名古屋市遊都心環狀線

Vessel Hotel Campana 名古屋

名鐵INN名古屋
名古屋站前

名古屋Lucent Tower
矢場とんLucent店(B1)
山本屋本店Lucent店

Richmond Hotel
名古屋新幹線口

B SUPER HOTEL
名古屋站前

SUPER HOTEL
名古屋天然溫泉
櫻通口

世界の山ちゃん
站西3號店

世界の山ちゃん
名站西口店

世界の山ちゃん
站西4號店

東海道本線

世界の山ちゃん
則武店

名古屋站前
MONTBLANC HOTEL

名鐵INN名古屋
櫻通

地下鐵東山線

Comfort Hotel
名鐵INN名古屋
新幹線口

Daiwa Roynet Hotel
新幹線口

JR GATE TOWER

名古屋備長
大名古屋大廈(3F)

大名古屋大廈
(ビルヂング)

山本屋本店
站前店

ROYAL PARK HOTEL
THE 名古屋

櫻通
地下鐵櫻通線

名古屋車站　国際センター

C Bic Camera
JR GATE TOWER店

R&B Hotel
利久
ミート矢澤

Sarabeth's(早餐女王)

Bic Camera
站西店

ESCA地下街

名鐵名古屋

中央塔大櫻
高島屋
山本屋總本家
中央塔大櫻店(1F)
名鐵百貨

矢場とん名古屋店(9F)
山本屋總本家
名鐵店(9F)
Midland Square

名鐵Grand Hotel

相鉄FRESA INN
櫻通口

世界の山ちゃん
名古屋站東口

柳橋市場

三井Garden Hotel
名古屋 Premier

名鐵NEW GRAND HOTEL
VIA INN椿町

風來坊
新幹線口店

三交INN
名古屋新幹線口

三交
INN ANNEX

千里馬藥局

近鐵名古屋

近鐵Pass'e

地下鐵東山線

COMPASS HOTEL
名古屋

VIA INN
名古屋新幹線口

相鉄FRESA INN
新幹線

Daiwa Roynet Hotel
太閤通口

Mode學園螺旋塔

LABI山田電機

廣小路通

世界の山ちゃん
笹島店

名鐵名古屋本線

D 太閤通

Hotel ABC

矢場とんESCA店
名古屋備長ESCA店
風來坊ESCA店
山本屋本店ESCA店
きしめんよしだ

世界の山ちゃん
名站太閤店

東海道新幹線

Daiwa Roynet Hotel
名古屋站前

大國藥局
名站3

Comfort HOTEL
名古屋名站南

世界の山ちゃん
柳橋店

風來坊
名站南店

地下鐵櫻通線

名古屋鐵道1日、2日券

使用期間：常態發行

有效期間：1日、2日

票　　價：1日券￥3,200、2日券￥4,000、兒童半價

販售地點：名鐵線各站(弥富及赤池站除外)及名鐵名古屋
　　　　　站旅遊服務中心

　　名古屋鐵道是名古屋前往鄰近地區經常搭乘的交通工具，部分路線因與JR重疊而產生競爭，所以票價上更為優惠。名鐵發行的1日券可以在當日內自由搭乘名鐵所有路線，在離峰時間(10:00～16:00)也能搭乘特急特別車廂(不能指定座位)，不過1日券￥3,200其實並不便宜，即使從名古屋前往最遠的豐橋車資也只要￥1,110，因此較經濟的使用方式為購買2日券￥4,000，或是改買名鐵發行各種主題景點的套票，也都附有名鐵1日券(詳見P.91)。

↑搭配套票的1日券
在價格上更為優惠

名古屋鐵道交通路線圖

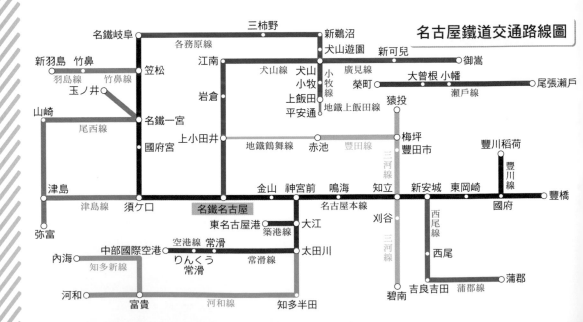

名古屋地鐵24小時券

使用期間：常態發行

有效期間：進站後24小時內有效

票　　價：￥760、兒童半價

販售地點：名古屋地鐵各站售票機

↑在中部國際機場就能買到昇龍道1日券，而且不限購買當日使用

地鐵是名古屋市區的主要交通工具，共有6條路線，其中最常利用的就是東西走向的東山線以及南北貫穿市中心的名城線，兩條路線在榮站交會，轉乘非常方便。

市區景點幾乎都可乘坐地鐵到達，假日及每月8日(環保日)另有發售可搭乘地鐵及市區巴士的環保一日券，特價￥620，因此如要利用地鐵安排名古屋市區一日遊，利用假日也能省下一點交通費，以一趟最低車資￥210來算，只要搭乘3次就值回票價了。持有24小時券的遊客，在名古屋城、東山動植物園等設施，還能享有優惠的價格。

另外，針對外國觀光客，可以在機場或地鐵名古屋、金山、榮的交通服務中心，購買昇龍道1日券￥620，可於1日內自由搭乘名古屋地鐵及市區巴士，一人限購兩張，但僅販售成人票。

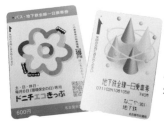

←利用地鐵站的自動售票機就能購得地鐵24小時券及假日使用的環保1日券

名古屋地鐵交通路線圖

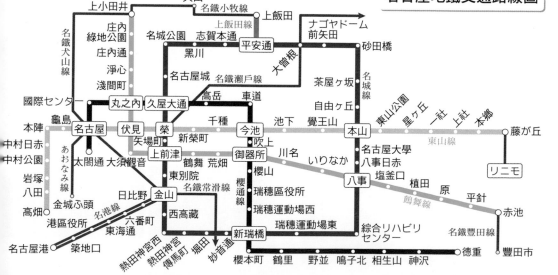

名古屋美食的知名度或許比不上許多人愛去的東京或大阪，但其實名古屋也有許多超好吃的食物，而且不乏排隊人氣名店，本專題將介紹名古屋最有名的5大特色美食及9間推薦店家。

味噌豬排當然是搭配味噌湯

紅味噌豬排 名古屋獨有

味噌豬排是由路邊攤的炸豬肉串演變而來

OPEN!!

味噌豬排可說是名古屋美食的王道，它將名古屋特有紅味噌淋遍整塊剛炸起的豬排，至於醬汁的味道和濃淡則各家不一，不過以大量醬汁淋遍整塊豬排的方式是名古屋特有的吃法。

50

[矢場とん]

成立於1947年的矢場とん是名古屋味噌豬排的代表店，目前已逐漸在全日本擴店；它的招牌餐點是有如草鞋般大小的「草鞋豬排」，豬排本身同時兼具肥肉與瘦肉，瘦肉吸收了特製的紅味噌後吃起來不會覺得太乾，肥肉則是相當有嚼勁，獨特口感讓許多人吃一次就愛上這道名古屋美食。

如果覺得草鞋豬排份量太多，也可以點味噌豬排定食

✉ 名古屋市中區大須3-6-18(本店) 🕐 11:00~21:00(各店不一) 🚇 地鐵名城線「矢場町站」徒步5分鐘；地鐵鶴舞線「上前津」站徒步5分鐘 http www.yabaton.com

里肌丼也是非常有人氣的餐點

位於矢場町的本店是棟非常特別的建物

鰻魚飯

「ひつまぶし」(編注：鰻魚飯。「蓬萊軒」將此註冊為商標。)是名古屋特有的鰻魚飯三吃，第一吃是將鰻魚飯盛至碗內，品嚐鰻魚和醬汁的美味；第二吃是拌入海苔、芝麻、青紫蘇享受清爽的口感；第三吃則是加入蔥花、芥末和高湯作為鰻魚湯泡飯。這種鰻魚飯三吃可說是名古屋獨有的特色，值得大家特別抽空前來品嚐。

將鰻魚切成4等分放入小碗中是名古屋特有方式

Yummy！Yummy！

51

除了ひつまぶし之外，當然也有傳統的鰻魚丼

［蓬萊軒］

這間絕對是名古屋最著名的鰻魚飯店，即使平日前來用餐也可能要排上一個鐘頭，它除了將「ひつまぶし」登錄為商標外，同時還是創業超過140年的老店。蓬萊軒會建議客人把鰻魚飯分為四等分，前三等分照前面所說的三種吃法，第四等分則選擇個人覺得最喜歡的方式來品嚐。

✉ 名古屋市熱田區神戶町503(本店) ⓒ 11:30~14:00、16:30~20:00；每週三及每月第二及第四個週四公休(公休日各店不一) ➡地鐵名城線「熱田神宮傳馬町站」4號出口徒步7分鐘 http
www.houraiken.com

［名古屋備長］

名古屋備長是エスカ地下街的人氣名店，目前也擴店到東京及大阪地區，店名由來是因為招牌鰻魚飯是以備長炭燒烤，再加上職人之技現烤現做，將鰻魚烤得外表酥脆內在鬆軟，獨特食感讓它在用餐時段總是大排長龍。

✉ 名古屋市中村區椿町6-9エスカ地下街內(エスカ店) ⓒ 11:00~15:30、17:00~22:00(各店不一) ➡JR名古屋站太閣通口即達 http
hitsumabushi.co.jp

各家店鋪的調理方式
及醬汁各有不同

外酥內軟下酒菜

手羽先是居酒屋的特
色料理

OPEN!!

日文「手羽先」就是雞翅膀，一般來說日本人不太習慣吃雞翅膀，但它在名古屋卻是著名的美食，原本是可能被丟棄的雞翅膀，店家藉著醬汁和油炸方法製成美味的下酒菜，外皮酥脆的口感和調味料的香味讓人愛不釋手，其中又以「風來坊」和「世界の山ちゃん」這兩間最有人氣。

［風來坊］

風來坊的處理方式是先將前面小翅的部分切除，再用高溫與低溫的油炸過兩次來呈現它獨特的酥脆，最後再沾獨家醬汁並灑上白芝麻，吃起來有點甜又有點辣而且還不油膩，外皮酥脆的獨特口感讓人回味再三，相當適合搭配生啤酒一起享用。

✉名古屋市中村區椿町6-9エスカ地下街內(エスカ店) ⏰11:00~21:00(各店不一) ➡JR名古屋站太閣通口即達 http www.furaibou.com

［世界の山ちゃん］

世界の山ちゃん的手羽先不會切除前面小翅，V字形的雞翅吃起來的感覺比風來坊更有分量，由於它採用了祖傳的祕醬及數種獨特香料，所以多年來也一直人氣不墜，同樣也是啤酒最佳良伴。

✉名古屋市中區榮4-9-6(本店) ⏰17:30~00:45、週日17:00~23:15(各店不一) ➡地鐵東山線榮站13號出口徒步5分鐘 http www.yamachan.co.jp

濃郁湯頭搭配獨特麵條

味噌鍋燒烏龍麵

味噌鍋燒烏龍麵是名古屋獨特的麵類，只用水揉成彈性十足的生麵，放入以豆味噌為主的高湯內鍋燒烹煮，各店家也都精心製作獨特的味噌高湯，不過因為湯頭屬於偏鹹的重口味，所以也有人會另點白飯再用剩下的湯拌來吃。兩間最有名的店家都以「山本屋」為名，但這兩家卻分別獨立經營，沒有任何關係，而且都有提醒客戶「店名容易混淆請注意」的告示。

麵條口感吃起來偏硬

Yummy！Yummy！

烏龍麵會以土鍋煮
滾後端上桌

53

〔山本屋總本家〕

味噌鍋燒烏龍麵最著名的店家，它的特色是湯頭使用岡崎產的八丁味噌和名古屋產的白味噌混合而成，而為了充分吸收味噌的味道，所以獨家特製出口感偏硬的烏龍麵，如果是初次來品嘗的客人還可能誤會是否麵條沒煮熟。

✉名古屋市中村區榮3-12-9(本家) 🕐平日11:00～15:00、17:00~22:00；假日11:00～22:00；週三公休(營業時間及公休日各店不一) ➡地鐵東山線「榮站」徒步7分鐘 http yamamotoya.co.jp

〔山本屋本店〕

一樣以「山本屋」為名，也各自有愛好者，山本屋本店於1907年創業，以真水和小麥粉作成的手打烏龍麵，因為其獨特的彈性及硬度而頗受好評。

✉名古屋市中村區椿町6-9エスカ地下街內(エスカ店) 🕐10:00～22:00(各店不一) ➡JR名古屋站太閤通口即達 http yamamotoyahonten.co.jp

滑溜細平麵條

碁子麵

炎熱的夏天不妨試著品嘗碁子冷麵

蔬菜與天婦羅是碁子麵常見配料

OPEN!!

54

碁子麵的特徵就是細平麵，和味噌鍋燒烏龍麵同屬名古屋獨特的麵類，口味是偏淡的醬油高湯，再擺上油豆腐、青菜、柴魚片等，最大的特色在於麵條的滑溜口感以及通過喉嚨的感覺。價格方面則是相當親民，以¥1,000左右的價格就能吃到炸蝦天婦羅碁子麵，可說是名古屋的平民美食。

〔きしめんよしだ〕

這間是由超過120年老鋪製麵所直營的碁子麵專門店，強調以上等小麥粉及天然鹽所製成，不含任何添加物，共有30種以上的餐點可選擇，其中炸蝦天婦羅的碁子麵是招牌必吃餐點。

✉ 名古屋市中村區椿町6-9エスカ地下街內(エスカ店) 🕐 11:00~21:00 ➡ JR名古屋站太閣通口即達 🔗 yoshidamen.co.jp

〔總本家えびすや〕

店家的手打麵會隨著季節調整鹽分，使用了江戶時代古文書所流傳至今的傳統技法來製麵，麵條以獨特彈性而大受好評，湯頭雖然偏鹹，但獨幟一格的口味正是它受歡迎的原因，人氣餐點是超大炸蝦天婦羅碁子麵。

✉ 名古屋市中村區錦3-2-0-7 🕐 平日11:00~01:00；週六及假日11:00~21:00；週日公休 ➡ 地鐵東山線「榮站」徒步5分鐘 🔗 kishimen.sakura.ne.jp/ebisu.html

全日本唯一！親子同樂的樂高控天堂

名古屋樂高樂園於2017年4月1日在名古屋港區開幕，是世界第8座樂高樂園，也是日本首座樂高樂園。相較於東京迪士尼樂園及大阪環球影城，名古屋一直缺乏這類能夠吸引大量人潮的主題樂園，因此名古屋也投入資金整頓周邊設施，期待樂高樂園的開幕能吸引觀光人潮。

這是來自丹麥的積木玩具公司樂高，第一次在日本打造的戶外型主題設施，整個樂園內的設施與氣氛有別於東京與大阪的室內設施，樂園面積為9.3公頃(比起其他國家的樂高樂園面積並不算大)，園內有雲霄飛車等40種以上的遊樂設施，以及各種利用積木搭建的建築物與作品。

✉名古屋市港區金城ふ頭2-2-1 ☎050-5840-0505 ◐10:00～17:00(依日期有16:00、17:00、18:00三個關門時間) ➡JR名古屋站內搭乘あおなみ線，金城ふ頭站下車徒步10分鐘 ⌛3～6小時 http www.legoland.jp 🚩園區禁帶外食，入園前會檢查 💲分為尖峰、超級尖峰、離峰、超級離峰共4種票價(詳細請至官網查詢)，成人為19歲以上、兒童為3～18歲，提早在官網預購有優惠價格

超級尖峰				尖峰		
	當日購買	提早預購			當日購買	提早預購
成人	￥7,400	￥6,700		成人	￥7,100	￥6,400
兒童	￥4,800	￥4,300		兒童	￥4,600	￥4,100
離峰				超級離峰		
	當日購買	提早預購			當日購買	提早預購
成人	￥5,300	￥4,800		成人	￥5000	￥4,500
兒童	￥3,900	￥3,500		兒童	￥3700	￥3,300

8大精采主題館等你玩

樂高樂園的定位是親子同樂的主題樂園，尤其是12歲以下兒童，所以雖然有雲霄飛車等刺激性的遊樂設施，但整體來說，大多數的設施都是適合年紀較小的兒童。園內共分為8個不同主題的區域。

樂高天堂區 1 Brick Topia

旅遊小錦囊

購票方式多元，請預先購買

樂高樂園的門票購買方式分為現場、官網、代理業者、日本7-11售票網或售票機等方式，因為現場購票及換票的人潮很多，除非是突然決定，不然不建議現場購票；官網購票的優點是有早鳥折扣，取票方式也可以列印電子票入場，不用再去現場兌換；代理業者購票的好處是價格有折扣，日期及退款較有彈性，不過須在現場兌換門票；至於日本7-11的售票網或售票機對外國遊客較不方便，所以較少人使用。

這裡是個可以使用樂高積木自由發揮想像力的場所，也是樂高樂園初登場的區域，有一進樂園就能看見的旋轉木馬、可以自由製作小車參加比賽的體驗區、靠自己拉著繩索往上升的昇降座椅、得寶積木區、旋轉咖啡杯、樂高創作學習工場、樂高忍者世界、高達50公尺的樂高展望台等。

樂園通常都會出現的旋轉木馬，樂高樂園也不例外

冒險設施區 Adventure 2

可以全家共同體驗樂高的冒險樂趣,有自由落體設施(不會很刺激)、小小飛行員、失落的王國冒險、水上遊艇(S.Q.U.I.D.)、深入海底的潛水艇遺跡探險等,其中的潛水艇探險可以半沉入水中,觀賞水中各種樂高設施及魚群,是此區的人氣設施(無身高及年紀限制)。水上遊艇是控制方向盤在水面上轉圈移動(身高限制105公分),外圍遊客可以按下「深水炸彈」進行水花攻擊,也是頗受歡迎的熱門設施。

❶沒有身高及年紀限制的深海潛水艇是人氣設備,不過乘船時不能拍照/❷迷你自由落體設施不會過度刺激,但身高限制為90公分以上/❸水上遊艇曾被零星水花潑及但又不會太溼,有消暑效果/❹樂高汽車需年滿6歲才可駕駛,體驗完畢後可另外付費製作樂高兒童駕照/❺樂高飛機只要80公分以上就能搭乘,屬於較不刺激的設施/❻樂高消防車在操作前,要先進到現場噴水後再折回,雖然有趣但也頗累

樂高城市區 Lego City 3

用樂高積木建構而成的區域,可以搭乘樂高飛機、駕駛樂高汽車及樂高船、操作樂高消防車並噴水滅火、還有超過300席的4D電影院(要注意開演時間)等。人氣設施為樂高汽車及樂高船,排隊人潮也較多,樂高汽車須滿6歲才能駕駛,如果是3~5歲的幼兒只能駕駛旁邊的迷你汽車。

騎士王國區 Knight's Kingdom 4

有著各種極限體驗設施，包括迷你雲霄飛車、樂高乘龍雲霄飛車、迴轉汽車及迴轉飛行機械等。此區的人氣設施為雲霄飛車，年紀較小的遊客可選擇迷你雲霄飛車(身高限制為90公分以上)，年紀或膽子較大的遊客可選擇乘龍雲霄飛車，但身高限制為105公分以上。

❶迴轉飛行機械是繞圓圈並升降的設施，身高限制為90公分以上／❷年紀或膽量較小的人可以先試著搭乘迷你雲霄飛車／❸騎士王國區的迴轉汽車也有身高105公分以上的限制／❹海盜船射擊可與場外遊客及場內其他船互相以水槍攻擊／❺前後左右搖晃的海盜船，身高限制為90公分以上

海盜體驗區 Pirate Shore 5

有著各種與海盜相關的設施，包括前後左右搖晃的刺激海盜船，也可以搭乘海盜船出航並發射水砲射擊海盜。炎熱夏天的人氣設施就屬全身會弄溼的海盜船了(無身高及年紀限制)，不但可和場外遊客互相噴水攻擊，也能與其他海盜船交叉攻擊，記得穿上雨衣再登船就萬無一「溼」了，即使未搭乘海盜船，光是在外圍玩噴水攻擊也相當有趣。

樂高工廠區 Factory 6

可參觀樂高積木的製作過程，也有規模相當大的樂高商店，可以在此買紀念品回去。此區屬於比較靜態的區域，如果偏好動態設施的遊客，可以留待最後有時間再來參觀。

東京車站

名古屋城

〔用樂高蓋名勝〕

京都東寺五重塔

不藏私推薦

各區的推薦設施，阿吉個人會建議冒險設施區的深海潛水艇(Submarine Adventure)、樂高城市區的樂高汽車(Driving School)及樂高船(Coast Guard HQ)、騎士王國區的乘龍雲霄飛車(The Dragon)、以及海盜體驗區的海盜船射擊(Splash Battle)。

7 迷你樂園區 Miniland

使用了超過1,000萬個樂高積木，製作出東京、大阪、京都以及名古屋等地區的迷你場景，而這些令人驚豔不已的樂高積木場景當然是日本限定，對於喜愛樂高積木的人來說絕對會在此佇足許久。

8 忍者世界區 NINGAGO WORLD

新開幕的主題園區忍者世界裡設置了各種忍者相關遊樂設施，有驚險刺激的飛行忍者，也有世界其他地方的樂高樂園都還沒有，在日本首次登場的忍者迴轉機械及忍者天空大師，園區內也販售各種原創的忍者主題餐飲和點心。

樂高樂園的年齡設定較偏向幼童，身高超過90公分大概能玩一半以上的設施，超過105公分就幾乎全部都能遊玩，很適合家中有小學生及樂高迷的人前來，園區有不少設施都與水有關，因此容易被水潑溼，在炎熱的夏天有很好的消暑效果。園區面積不比迪士尼和環球影城，各項設施排隊也不會太久(幾乎不會有等待超過30分鐘的設施)，花個一天時間應該相當足夠，不過還是盡量利用平日前來較能避開人潮，而且人氣設施最好一入園就去排隊，因為中午過後遊客會逐漸變多。

SEA LIFE名古屋水族館(シーライフ名古屋)

✉名古屋市港区金城ふ頭2-7-1 ☎050-5840-0505
🕙10:00〜17:00(依日期不同,分別於17:00、18:00
關門) 💲當日購買成人￥2,500、兒童￥2,100,網
路提前購買成人￥1,800〜￥2,000、兒童￥1,400〜
￥1,600,購買樂高樂園聯票能享有更多折扣 ➡JR
名古屋站內搭乘あおなみ線,金城ふ頭站下車徒步
10分鐘;樂園樂園大門對面 ⏳1〜2小時 🌐www.
visitsealife.com/japan

❶隱藏在真魚之中的樂高
/❷進入珊瑚礁之海的迷
你隧道/❸水族箱的魚群
之中混有樂高人物/❹展
示著潛水所需的各種裝備

SEA LIFE是世界知名的水族館集團,強調體驗、學習並兼顧環保,它與樂高樂園合作,在樂園對面的樂高飯店1、2樓,打造一個充滿歡樂又色彩繽紛的SEALIFE名古屋水族館。不僅是日本第一座SEA LIFE水族館,也是世界唯二緊臨樂高樂園的水族館,館內除了可以看到海底世界之外,也能看到各種巧妙的樂高配置。

SEA LIFE名古屋依主題劃分為11個區域,有木曾川為主題的生態區、浦島太郎為主題的龍宮場景、觸摸水中生物的體驗區、珊瑚礁之海、海馬的角落、深海之港、水母之海、沉沒船,以及聲光場景區等,各個水族箱中還放置了樂高積木的人物及建築,相當有趣。雖然水族館面積並不大,卻是個很特別的親子同樂景點。

如果購買樂高樂園+SEA LIFE名古屋聯票,只需要加購價￥500〜￥700,但因為樂高樂園就要逛上一天,如果想要同一日逛完,至少要留1小時給水族館,不然就需隔日再來(聯票規定水族館原則上隔日使用),推薦重度樂高迷逛完樂高樂園後,入住樂高飯店,隔天一早再接著逛水族館。

土岐 Premium Outlet
長島 Jazz Dream

日本Outlet雙璧
滿足血拼樂

日本中部地區的Outlet選擇比起關東或關西地區來的少，但許多旅客還是會專程跑一趟，滿足盡情購物血拼的樂趣，如果以名古屋為考量主要有二間可以選擇，一間是Premium集團的土岐Outlet，另一間則是三井集團的Jazz Dream長島，這兩大集團Premium為美商，三井集團為日商，併稱為日本Outlet雙璧。雖然這兩間都不位於愛知縣，但從名古屋出發的車程都是約1小時。

土岐Premium Outlet

✉ 岐阜県土岐市土岐ヶ丘1-2 ☎ 0572-53-3160 🕙
10:00～20:00 ➡ 名鐵巴士中心(4樓23號月台)及榮
綠洲21 (8號月台)搭乘直行巴士(約60分)；JR多治
見站南口3號月台搭乘東鐵巴士(約30分)；JR土岐
站前搭乘東鐵巴士(約15分) ⏳ 3～5小時 🌐 www.
premiumoutlets.co.jp/toki/

　　土岐Outlet位於岐阜縣土岐市，最近一次於
2014年11月擴大規模後店鋪數突破180間，由
於Premium為美商，所以品牌以歐美系居多，
不過也有不少日系中價位品牌，比較特別的
是這裡有Outlet較少見的Bose、Nikon等3C品
牌。由於土岐Outlet位處山丘環繞的郊區，占
地面積廣大，有點類似在山區散步的悠閒感
覺，加上店鋪空間也較寬敞，整體來說逛起來
較為舒適。

❶美系品牌Timberland在Outlet的折扣也很優惠／❷土岐
Premium Outlet內部寬敞，逛累隨時有地方能坐下休息／
❸名鐵巴士中心4樓有直行巴士直達土岐Outlet／❹Outlet
的迪士尼商店擠滿購物人潮

行家小提醒

另外特別提醒一下，日本在疫情過後許多商店
已經不再免費提供塑膠袋或紙袋，所以如果來
OUTLET沒有自備購物袋，就必須額外付錢購買。

Jazz Dream長島

✉三重県桑名市長島町浦安368 ☎0594-45-8700
🕙10:00～20:00 ➡名鐵巴士中心4樓22號月台及
榮(綠州21)10號月台有名鐵直達巴士(約50分鐘)；
JR或近鐵桑名站轉三重交通巴士(約20分鐘)到長島
溫泉站下車 🕐3～5小時 🌐mitsui-shopping-park.
com/mop/nagashima

Jazz Dream長島位於三重縣桑名市，店鋪數多達300間，是全日本店家最多的Outlet，因為三井集團為日商，所以日系品牌居多，當然也有許多歐美系品牌，此外還有agete、BVLGARI等其他Outlet較少見的精品品牌。由於包括Jazz Dream長島在內的整個長島度假村還有主題樂園、海水浴場、麵包超人博物館及湯あみの島(露天溫泉設施)等設施，而且附近也有名花之里，是個可以玩上一整天的好去處。如果在名鐵巴士中心3樓售票處購入名花之里或湯あみの島套票，也會附贈優惠折扣券。

選Outlet依品牌喜好及行程決定

這兩間位於名古屋郊區的Outlet各有特色，很難說哪間具有絕對優勢，雖然Jazz Dream長島的店鋪數較多，但逛Outlet更重要的是有自己喜愛的品牌才能買得盡興，至於大家最關心的價位問題，其實也沒有明顯差異，最好可以在舉辦促銷活動時前往，原則上週末或假日Outlet比較常舉辦促銷活動，這就要出發前密切注意官網訊息了。

日本Outlet雙壁，PK大對決

	土岐Premium Outlet	Jazz Dream長島
店鋪數	183	300 勝
交通便利性	約60分、班次少	約50分、班次多 勝
交通費(直達巴士)	單程￥1,000 勝	來回票￥2,300
品牌特色	歐美品牌居多	日系品牌居多
建物	1層(店面較大)	2層(店面較小)
免稅店數量	少	多 勝
美食餐廳	26	21(有矢場とん)
周邊景點	無(但可順道前往妻籠馬籠)	主題樂園、麵包超人博物館、湯あみの島、名花之里 勝

磁浮列車
鐵道館
リニア鐵道館

經典列車展示及體驗

大人小孩、鐵道迷都瘋狂！

64

リ　ニア鐵道館是由JR東海所設立，2011年於名古屋港區金城埠頭開館，因為交通便利再加上豐富多元的展出內容，很快成為名古屋的著名景點，開館不到1年，入館人數就突破100萬人次，它的超人氣來自於以下介紹的7大特色。

✉名古屋市港區金城ふ頭3-2-2 ☎052-389-6100 🕙10:00～17:30、每週二休館(週二如遇假日則隔天休)、12/28～1/1休館 💲￥1,000、小學～高中￥500、3歲以上未就學幼兒￥200 ➡JR名古屋站內搭乘あおなみ線，金城ふ頭站下車徒步2分鐘 ⏰3～4小時 🌐museum.jr-central.co.jp ❓あおなみ線為第三部門鐵道，地鐵1日券及JR周遊券都無法搭乘，現場直接買票即可

❶❹❺實體展示讓人可以近距離接觸車輛／❷相當具有歷史的車輛內部／❸新幹線軌道檢測車「黃博士」

特色 1
一睹熱門實體火車風采

　　超具臨場感的實體車輛,遊客不但可以近距離欣賞這些曾經風靡一時的新幹線與在來線車輛,而且許多車輛都可入內參觀,進一步瞭解車輛內部構造,還能合影紀念。

3台名留鐵道史的必看車輛

第一輛是C62型蒸氣機關車,它在1954年寫下蒸氣機關車的世界最快紀錄時速129公里,漫畫《銀河鐵道999》就是以它為藍圖;第二輛是955型新幹線試驗電車,它在1996年創下當時世界最快電車紀錄時速443公里;第三輛是超電導磁浮列車MLX01-1,它在2003年山梨縣的磁浮實驗路線寫下當時鐵道世界最快紀錄581公里。

66

C62型式蒸氣機關車　955型新幹線試驗電車

超電導磁浮列車MLX01-1

日本最大鐵道模型場景

館內有日本最大規模的鐵道模型場景,場景以「鐵道24小時」為主題,進行鐵道模型的行走並附加各種聲光效果,每20分就會循環1次鐵道24小時,模型的各種場景及人物表現都非常細緻,主要是東京到大阪間沿線的代表風景及建物,包括這棟鐵道博物館、長島樂園、大型戶外演唱會場地及名古屋城等。

新幹線行經東京市區的模型

體驗超真實模擬駕駛

館內有超真實的3種模擬駕駛,分別為在來線模擬駕駛(￥100)、在來線模擬車掌(￥500)及新幹線N700模擬駕駛(￥500),其中在來線模擬駕駛採現場排隊制,另兩種都要參加抽選才能體驗,1天有6次參加抽選機會,抽選券就附在入場券上,必須在指定時間投入抽選箱,抽中就可以在指定時段付費進行體驗。

現場排隊就能體驗在來線模擬駕駛

特色 5
7大展示區，一次逛足

7大展示區，包括體驗學習室、兒童鐵道遊戲區、映像區、超電導磁展示室、收藏展示室、鐵道構造解說區以及歷史展示室。在鐵道構造解說區還能購票體驗，並輸入搭乘區間、乘車號次及名字後列印出車票留作紀念，也展示了新幹線高速鐵道技術運行的原理及構造，以及新幹線列車的底盤架構。

兒童遊戲區都是鐵道玩具，吸引許多小朋友進入遊玩

鐵道構造解說區以實體鐵道設備讓遊客瞭解原理

特色 6
列車上享用復刻鐵路便當

提供的餐點是各個年代的復刻版鐵路便當，而且鐵道館戶外還設置一輛列車讓遊客可以入內用餐。雖然列車是靜止不動，但在裡面享用鐵路便當真的更有感覺，不過用餐時間的座位相當熱門，最好提早進來卡位。

在裡面用餐真的有吃鐵道便當的Fu

戶外用餐車輛為JR117系電車

特色 7
各式鐵道紀念品

賣場有許多獨創又具特色的鐵道商品，尤其是各項新幹線相關及鐵道館限定的商品，對於鐵道迷來說是絕對不能錯過的最佳紀念品。

名古屋鐵道館是個值得前來又適合親子同行的景點，不管是否為鐵道迷都能充分體驗鐵道館的樂趣，但對於有興趣想要嘗試模擬駕駛的人，也許避開假日人潮會好一點。

名古屋市區

名古屋為愛知縣的縣廳所在地，也是中部地區政治、經濟、文化、交通的中樞，在全日本都市人口中排行第四位，僅次於東京、橫濱、大阪，以名古屋車站周邊及榮的人口密度最高也最熱鬧。

名古屋是日本有名的酷暑地區，夏天相當炎熱，冬天則為乾燥晴朗，寒暖差距極大。此外，名古屋也有職業棒球中日龍隊及職業足球名古屋鯨魚隊等運動隊伍，每年也會在市區舉辦國際馬拉松大賽。

名古屋車站有JR在來線各線在此交會，也是東海道新幹線的主要車站，此外還有臨海高速鐵路(あおなみ線)、地鐵櫻通線及東山線，以及鄰近的名鐵名古屋站及近鐵名古屋站，是中部地區最重要的交通轉運站。

一日行程

起點
地鐵名古屋站

名城線到「熱田神宮西」

熱田神宮
建議停留1小時

蓬萊軒用餐
建議停留1小時

地鐵櫻通線到「久屋大通」
轉名城線到「名古屋城」

名古屋城
建議停留1～2小時

終點
地鐵名古屋站

名城線到「上前津」

東山線

大須觀音 觀音通
建議停留1～2小時

榮地區
建議停留1～2小時

名城線到「榮」

名古屋車站周邊

名古屋站周邊最重要的建築物為JR中央塔大樓，樓高245公尺為名古屋車站地標，大樓內有高島屋、TOKYU HANDS、書局、MARRIOTT飯店、美食街及商店街等設施，不管是住宿、美食、伴手禮或購物都很方便。

名古屋站東側的櫻通口及廣小路口，有許多轉乘的交通工具，每日來往人潮相當多，有名鐵百貨、近鐵Pass'e、LABI家電量販店等商業設施，也有Midland Square、Mode學園螺旋塔、名古屋Lucent Tower、大名古屋大廈等複合商業設施大樓。

百貨商場林立，人潮絡繹不絕

樓高46層的JR GateTower於2017年4月開幕，內部進駐許多知名商店及美食餐廳，9樓及10樓的Bic Camera為東海最大級店鋪，15樓也有

❶名古屋車站非常顯眼的3棟大樓／❷❸車站內的金鐘與銀鐘為許多人集合地點／❹名古屋市區也有類似UBIKE的租賃自行車「でらチャリ」／❺外觀相當特殊的Mode學園螺旋塔／❻名鐵百貨前的「娜娜醬」人形會不定期更換衣服，也是著名地標／❼JR GateTower有初次引進名古屋的利久牛舌及ミート矢澤等美食，吸引許多人潮

69

❶柳橋市場離名古屋車站相當近，又有名古屋市區廚房之稱／❷ESCA地下街有許多名古屋知名美食／❸KOMEDA的招牌餐點為「冰與火」蛋糕／❹KOMEDA是起源於名古屋的連鎖咖啡店，ESCA地下街也有分店

全日本最高的星巴克，吃喝玩樂都可在此獲得滿足，成為名古屋的超人氣綜合商場。

從櫻通口步行6分鐘可到達柳橋中央市場，這裡是擁有百年歷史且深具人情味的商店街，又稱為「名古屋市區的廚房」，也有遊客會來此享用老鋪食堂的早餐或午餐。

名古屋西側的太閣通口因為距離新幹線出口較近，又稱為新幹線口，有Bic Camera家電量販店、預備校(為日文，是指較大規模的補習班)與補習班、歷史悠久的商店及居酒屋等，繁榮程度不及東側；相較於東側多為大型飯店，西側以商務旅館及平價旅館居多，不過近期陸續有大型飯店開幕。

日本最早的地下街

名古屋站周邊的地下街非常多，這是因為早期名古屋車站前的交通十分混亂，為了緩和交通擁擠並顧及行人安全，因此規畫出行人專用的地下街，其中Sun Road還是日本最早的地下街。

名古屋車站地下街按區域來分有多達5個地下街，其中櫻通口有Sun Road、Unimall、Meichka、Gatewalk等地下街，為聯絡JR車站、地下鐵或巴士站的地下通道，有許多餐飲、伴手禮、服裝時尚等商店，整個就是巨大的購物商場。

ESCA地下街的經典美食

位於太閣通口的ESCA地下街約有80間店鋪，雖然店鋪數及來往人潮不比櫻通口的地下街，不過這裡卻有許多名古屋必吃的美食名店，例如炸雞翅元祖風來坊、碁子麵よしだ、味噌鍋燒烏龍麵山本屋本店、味噌豬排矢場町、ひつまぶし名古屋備長等，所以如果住宿飯店位在太閣通口，這裡是個方便品嘗名古屋美食的好去處。

除了這些美食之外，ESCA地下街還有著名的咖啡連鎖店COMEDA，其中必吃的招牌甜點為「シロノワール」(冰與火)。要留意的是地下街店家營業時間通常只到晚上8點，飲食店則各家不一，最晚到晚上10點。

則武之森 | ノリタケの森

名古屋市區的都會綠州

ノリタケ是日本著名的陶瓷廠商，為了紀念創立100週年，在名古屋車站附近的發源地，建立了「則武之森」這個都會中難得的綠州。

入園即可看到的紅磚建物群就是日本近代陶業發祥之地，它於1904年設立後開始生產各種食器，是日本第一個陶器工場，直到後來因生產體制改變而停止生產食器。

南北兩區設施，各具特色

園內設施分為南區的商業區及北區的自然區，商業區的建物有博物館、森村・大倉紀念館、餐廳、食器專賣店及見學工場。在森村・大倉紀念館裡可以免費參觀各種企劃展，很適合親子共同前來參觀，在見學工場可以看到職人作業的模樣，也可以體驗陶器製作的過程。

北區的自然區有煙突廣場及保有自然原貌的生態池，而生態池附近也保留一座古窯，這是代表則武之森歷史的珍貴建物。煙突廣

場有則武之森的地標：6根煙囪，這6根煙囪曾經高達45公尺，不過後來切割為10公尺保存下來。經濟產業省將這6根煙囪與紅磚建築、森村・大倉紀念館，認定為近代化產業遺產。

另外，旁邊的AEON MALL則武店是距離名古屋市中心最近的大型購物中心，內部的旭屋書店1、2樓階梯之間展示了一個直通天花板的超大型書架，再加上巧妙利用鏡子的反射效果，讓它看起來非常壯觀。

71

✉愛知縣名古屋市西區則武新町3-1-36 ☎052-561-7290 ⏰10:00～17:00(商店及藝廊為18:00)、每週一公休(週一如遇假日則隔天休)、年末年初休園 💲入園免費(工場見學￥500) 🚇地鐵東山線龜島站2號出口徒步5分鐘 ⏱1～2小時 🌐www.noritake.co.jp/mori 🗺P.45／A2

❶則武之森內有公園、餐廳、工廠、博物館等設施／❷可以透過裝飾紅磚牆面的食器來瞭解它的歷史／❸6根煙囪四周爬滿植物，留下歷史的痕跡／❹這座古窯位於自然區中不顯眼之處

榮地區

百貨、美食、裝置藝術、交通匯集地

❶聳立在久屋大通公園的名古屋電視塔／❷從電視塔可以觀賞榮地區夜景／❸榮地下街很寬敞，也擺設了公共藝術作品／❹知名的甜點HARBS本店就在榮／❺唐吉訶德榮本店的規模相當大／❻綠州21是個很特殊的立體公園

72

　　榮是以東西向的廣小路通與南北向的大津通交會處為中心點，以此展開的區域就是名古屋最繁華的商業區，以地鐵東山線分為榮北與榮南，榮北有久屋大通公園、立體公園綠州21、名古屋電視塔、愛知縣美術館等靜態設施，榮南則百貨公司林立，來往人潮較多，其中松坂屋、丸榮、三越併稱為名古屋的3M(3間百貨公司名稱開頭都是M)，另外還有PARCO、LACHIC、LOFT等大型購物中心，再加上熱鬧又寬敞的地下街，給人的感覺除了購物還是購物。

　　榮的三大地標為名古屋電視塔、SUNSHINE榮、綠州21，其中最特別的就屬綠州21這座斜面立體綠草公園，上方有個名為「水的宇

宙船」的大型水池，地下設有各式各樣的商店與餐廳，夜晚的綠州21更顯得漂亮。此外，日本女子偶像團體SKE48就是誕生於榮，名稱取自於「榮」的日文發音，表演舞台也是在榮的SKE48劇場。

　　榮的交通相當便利，地鐵東山線與名城線在此交會，榮北的久屋大通站及榮南的矢場町站都在徒步範圍內，同時也是名鐵瀨戶線的起點，對於選擇在此住宿的旅客來說，也有巴士可以直達中部國際機場、土岐Outlet及Jazz Dream長島，唯一缺點就是如果要搭乘JR，必須坐地鐵到金山或是名古屋再轉乘。

名古屋城
日本三大名城之一

名古屋城與大阪城、熊本城並稱日本三大名城,是名古屋的景點與地標。江戶時代初期,德川幕府因為清州城的問題而決定建築名古屋城,位址選定織田信長誕生的那古野城舊址,下令日本各大名協助,由築城名手加藤清正負責難度最高的天守台石垣,1615年本丸御殿完工後成為尾張德川家的居城。

經典古城與現代觀光的新舊交織

名古屋城最為人所津津樂道的就是屋頂上兩隻金鯱,當時為了展示幕府權力,所以比其他城堡的金鯱更為豪華,築城時使用了1940枚慶長大判(江戶期間的金幣)打造這一對金鯱,高約2.74公尺,不過因為財政困難而歷經3次改鑄,使得純金含量逐漸減少,之後於二次大戰的名古屋大空襲中連城帶鯱都被燒毀,僅有3座櫓和3座城門倖免於難,現在看到的名古屋城為昭和34年重建。

❶天守閣上的金鯱原為避火的符咒,後來成為權威的象徵/❷名古屋城前新設的打卡場景/❸名古屋城具有優異的軍事功能,現為名古屋的象徵/❹金鯱橫丁有不少名古屋的人氣餐廳/❺逛名古屋城之前,不妨先來名城公園內的星巴克喝咖啡

重建的天守閣為5層大天守與2層小天守連結而成,外觀完全仿照原貌重建,地下1樓展示實體大小的金鯱模型,1~5樓展示著名古屋城的各種相關資料,7樓為展望室,可以眺望名古屋市區。

2017年4月在名古屋城旁開設了星巴克名城公園店,是名古屋第一座公園內複合商業設施,而2018年春天,名古屋城周邊開設「金鯱橫丁」,內部有許多飲食店及土產店等和風商店街,也為前來逛名古屋城的遊客提供更多的新景點。

✉愛知縣名古屋市中區本丸1-1 ☎052-231-1700 ⊙09:00~16:30(天守閣到16:00)、12/29~1/1休城 💲¥500、中學生以下免費,另有販售德川園聯票¥640 ➡地鐵名城線名古屋城站7號出口徒步5分鐘 ⏱1~2小時 🌐www.nagoyajo.city.nagoya.jp ❓持有地鐵1日券可優惠¥100

大須觀音、大須商店街
新舊文化魅力的熱鬧下町

大須觀音正式名稱為「北野山真福寺寶生院」，本尊為聖觀音，和淺草觀音及三重的津觀音並稱為「日本三大觀音」，在1324年作為北野天滿宮的別當寺，創建於岐阜縣羽島市大須附近，在1612年修建名古屋城時才被移建到現在的位址，之後歷經火燒及名古屋大空襲兩次燒毀，於昭和45年重建至今。

江戶商店街的下町風情

大須商店街是以大須觀音為中心的商店街群，從江戶時代迄今已有400多年的歷史，超過1,200間店鋪的商店街充滿下町風情與活力，雖然離名古屋市區不遠，但卻和鄰近的繁華商店街及百貨公司林立的榮形成強烈對比，感覺頗類似東京的上野、淺草與秋葉原三者的融合體，有著各式各樣的店家又能接觸到異國風情，而且這裡是COSPLAY發源地，可以看到COSPLAY御宅文化。

名古屋的電器街

以銷售電腦及周邊配備為主的阿美橫大樓在大須商店街開幕之後，已和東京秋葉原、大阪日本橋並列為日本三大電器街(也是三大御宅街)，儘管名古屋車站及榮陸續開設大型電器量販店，但對於許多人來說，提到家電、電腦以及動漫周邊產品，大須商店街的地位仍然屹立不搖。另外，商店街還有許多二手服飾店及當鋪，其中轉賣許多名牌包、精品首飾及家電等

高級二手商品的「コメ兵」，既是大須地標也是買物天國。

活動豐富多元，逛街有樂趣

大須商店街的年度活動相當多，2月舉辦大須節分寶船遊行、7月舉辦世界COSPLAY高峰會、8月舉辦夏日祭典，10月有大道藝人祭，讓旅客可以在逛街之餘還能體驗歷史與文化的風情。

商店街內離大須觀音不遠處有間名為「水曜日的愛麗絲」(Alice on Wednesday)的特色店鋪，令人摸不著頭緒的店名據說是取自「Alice Wonderland」的諧音。店面入口小到大人要彎腰低頭才進得去，店內空間不大，分為「紅色女王之間」與「白色女王之間」，紅色女王之間販售飾品小物，白色女王之間則販售食品，商品價格相當平實。

❶商店街內有Seria百元店，這裡有許多獨特的商品／❷Cou Cou是日本連鎖￥300均一店，好逛程度不輸給百元店／❸大須觀音漂亮的紅色建築成為紀念的攝影場所／❹コメ兵在大須觀音有好幾間店鋪，各店的販售主題都不同／❺有別於市中心的獨特下町商店街氣氛／❻大須觀音在新年期間會湧入大量的初詣參拜人潮／❼水曜日的愛麗絲店面非常有特色

✉愛知縣名古屋市中區大須2-21-47 ☎052-231-6525 ⏰06:00～19:00(商店街多到20:00，各店不一) 💲自由奉獻 🚇鶴舞線大須觀音站2號出口徒步2分鐘；地鐵名城線上前津站12號出口徒步10分鐘 ⏱1～3小時 🌐 www.osu-kannon.jp

旅遊小錦囊

路線怎麼逛最順？

前往大須觀音&大須商店街的交通方式是坐地鐵到大須觀音站，參拜完後再逛大須商店街，之後再從上前津站離開，當然也可以反向行走。若是要逛街購物，建議採大須觀音站到上前津站的路線，買好東西就可直接坐上地鐵回飯店，不用折回或是帶著一堆戰利品逛街。

1

熱田神宮

逛神宮，順道品嘗蓬萊軒鰻魚飯

❶熱田神宮因為保存草薙劍而頗有人氣／❷七五三節時，有許多人前來參拜並祈求小孩健康成長／❸到蓬萊軒品嘗鰻魚飯是許多遊客前來熱田神宮的主要目的

熱田神宮在中部地區的地位僅次於伊勢神宮，主祭神為熱田大神，主神以外也奉祀天照大神、素盞嗚尊、日本武尊、宮簀媛命、建稻種命等神明，神宮擁有廣大的神域，並收藏了名劍及日本書記等重要文化財，而其中最有名的就是日本三神器之一的草薙劍。

相傳在戰國時代，織田信長為了對抗今川義元入侵，曾在熱田神宮祈求戰勝，之後突襲今川義元本陣並跌破大家眼鏡地拿下勝利，此為史上有名的桶狹間之役，而織田信長獲勝後，來此奉獻了日本三大塀之一的信長塀。

然而，對許多旅客來說，逛熱田神宮其實只是次要目的，主要目的是前來品嘗名古屋最有名的鰻魚飯名店蓬萊軒本店，而蓬萊軒另外一間神宮店也在本店附近，但不管是哪間店，用餐時間必定大排長龍。

✉愛知県名古屋市熱田区神宮1-1-1　☎052-671-4151　🕐自由入內(寶物館09:00～16:30)　💲自由奉獻(寶物館￥300)　➡地鐵名城線熱田神宮西站2號出口徒步7分鐘；名鐵名古屋本線神宮前站徒步3分鐘；JR熱田站西口徒步8分鐘　⏳1～2小時　http www.atsutajingu.or.jp

2

3

4

熱田神宮的交通方式

旅遊小錦囊

前往熱田神宮的交通方式有3種，其中以名鐵神宮前站最近，至於JR熱田站與地鐵熱田神宮西站則差不多。要利用哪種交通工具則取決於當日其他行程。附近餐廳主要都在神宮南側，如果想順道遊白鳥庭園，以地鐵熱田神宮西站4號出口最近。

覺王山

覺王山離名古屋市區約15分鐘，參道周邊有幽靜的日泰寺、大正期建造的懷舊建築，也有一些相當有風格的雜貨店及小物店，以及值得一訪的咖啡店及甜點店，與市區商店街的感受完全不同，逛起來有點類似東京自由之丘的感覺，也因為此區兼具懷舊及現代感，吸引不少遊客特地前來。

必訪景點1

日泰寺
泰國國王贈與佛舍利而創建

日泰寺是日本唯一不屬於任何宗派的寺院，「日泰」指的是日本和泰國，明治33年時，為了安置泰國國王贈與佛舍利(釋迦的遺骨)而創建。內部中央安置的釋迦金銅佛本尊是泰國政府當時和佛舍利一併贈與給日本，不過實際安置佛舍利之處並不在日泰寺境內，而是離本堂有點距離的「奉安塔」。

日泰寺周邊平常都相當幽靜，但在每月21日舉辦弘法緣日時會擁入許多人前來參拜，而屆時參道周邊會有日用雜貨、生鮮食品、野外屋台等近100個攤位共襄盛舉，熱鬧非凡。

✉名古屋市千種区法王町1-1 ☎052-751-2121 🕐05:00～17:00 💲自由奉獻 ➡地鐵東山線覺王山站1號出口徒步7分鐘 ⌛0.5～1小時 🔗www.nittaiji.jp

❶入口處醒目的五重塔於平成9年建立／❷銅像旁有一株泰國皇太子親手種植的樹

必訪景點2

揚輝莊
庭園造景綠意盎然

位於日泰寺周邊巷弄內的揚輝莊建造於大正～昭和初期年間，是松阪屋初代社長的別邸，後來將南、北園的聽松閣、揚輝莊座敷、伴華樓、三賞庭及白雲橋等5棟建物修復後開放參觀，同時也是名古屋市指定有形文化財。

✉名古屋市千種区法王町2-5-17 ☎052-759-4450 🕐09:30～16:30 💲南園¥300、北園免費入園 ➡地鐵東山線覺王山站1號出口徒步10分鐘 ⌛0.5～1小時 🔗www.yokiso.com

❶北園的白雲橋是代表性景點／❷北園內有豐彥稻荷神社／❸南園的聽松閣原本作為迎賓館，外觀具有別墅風格

東山動植物園

動物園因型男猩猩夏巴尼而爆紅

❶植物園的大溫室被列為重要文化財／❷型男猩猩夏巴尼是東山動植物園近年爆紅的人氣明星（圖片提供：陳凱開）／❸東山天空塔是東山動植園的地標／❹在東山動植物園入口就能明顯看到東山天空塔／❺身為招牌明星的無尾熊，其實不容易看到牠醒著的模樣／❻園內的北極熊也是人氣動物之一／❼園區多採開放式，可以讓遊客近距離觀看動物

位於名古屋市區東山公園內的東山動植物園於1937年開館，是中部地區著名的動植物園，近期因為超人氣動物明星「夏巴尼」爆紅，全年度的入園人數成為全日本第二位，僅次於上野動物園。

東山動植物園占地相當廣大，是日本最早公開展示無尾熊的動物園，無尾熊也因此被譽為鎮園之寶。西部低地大猩猩「夏巴尼」因為長相俊俏又有豐富的肢體語言，得到「型男猩猩」的稱號，甚至還推出寫真集及DVD，成為網友及女性遊客瘋狂討論的話題。另外在每週日14:00，可以讓遊客親自餵食長頸鹿、大象、袋鼠等動物，名額有限，當日10:00會在各獸舍前發放整理券。

園內除了動物園外，這裡還有植物園、遊樂園及東山天空塔，植物園內有高達7,000種的植物，依據自然生態加以整備設計成散步道，以及白川鄉移築過來的合掌造。此外，園內的溫室為開園時建造，是日本現存最古老的溫室，當時還有「東洋第一水晶宮」的稱號，現在是國家指定重要文化財。形狀有如鉛筆模樣的東山天空塔，標高214公尺，可以從展望室遠眺整個名古屋市區，而且周邊完全沒有高層建築物，夜景相當漂亮。

✉愛知県名古屋市千種区東山元町3-70 ☎052-782-2111 🕐09:00～16:50、週一休園(週一遇假日則隔日休)、12/29～1/1休園 💲￥500(天空塔共通券￥640)、中學生以下免費 ➡地鐵東山線東山公園站3號出口徒步3分鐘；地鐵東山線星ヶ丘站6號出口徒步7分鐘 ⏱2～3小時 🌐www.higashiyama.city.nagoya.jp ℹ持有地鐵1日券可優惠￥100

名古屋港水族館

親子同遊的好去處

❶從展望台眺望名古屋港／❷大水槽內多種水中生物共棲的場景相當漂亮／❸南館3樓南極之海為企鵝水槽／❹北館的海豚表演為水族館必看／❺已經退役的南極觀測船／❻小朋友在海洋博物館內體驗當船長的樂趣

名古屋港水族館於1992年開館，分為北館與南館，是日本屈指可數的大型水族館(以總樓層面積計算，前三名分別為名古屋港水族館、大阪海遊館、鳥羽水族館)。

北館以海豚表演為最大賣點，也有小白鯨、虎鯨等表演活動，所以入館前務必要查好各種表演的時間，而開演的同時還會進行水面上及水面下的現場轉播，設備相當專業；南館有南極之海、赤道之海等5個水域的生物，最熱門的是3樓的企鵝館，裡面有4個種類、超過100隻的企鵝，還有散步秀、餵食秀等表演。

建議買共通券，一次玩遍4館

名古屋港水族館至少要排個半天才能逛得盡興，如果時間充裕的話也可以直接購買4館共通券，除了水族館之外，還有南極觀測船、展望室及海洋博物館。南極觀測船是將活躍於昭和40年代的富士號原船作為博物館保留下來，讓旅客入內參觀了解當時航海士如何進行南極觀測。展望室則位於南極觀測船旁的名古屋港大樓7樓，可以眺望整個名古屋港。海洋博物館則位於名古屋港大樓的4樓，裡面以名古屋港為主題，介紹名古屋港的歷史、功能及各個人員工作內容等，也有立體場景和模型讓人體驗港口的臨場感。

✉名古屋市港區港町1-3 ☎052-782-2111 ⏰09:30～17:30(暑假到20:00)、每週一休館(黃金週、7～9月、元旦、春假等連假無休，週一遇假日則隔日休)。冬季09:30～17:00(12/24到21:00) 💲￥2,030、中小學生￥1,010、4歲以上幼兒￥500(4館共通券￥2,440、中小學生￥1,210、4歲以上幼兒￥500) ➡地鐵名港線名古屋港站3號出口徒步5分鐘 ⏳3～4小時(4館都逛則需停留4～6小時) http www.nagoyaaqua.jp ❓持有地鐵1日券可優惠￥200，若是購買4館共通券已享優惠，就不能再折￥200

到日本，就是要買藥妝

　　名古屋市區的藥妝店不像東京那樣在上野、澀谷、中野及吉祥寺等地區都有便宜店鋪，也不像大阪心齋橋有許多藥妝店群雄爭霸，雖然在名古屋市區隨處可見AMANO、松本清、スギ等藥妝店，依照阿吉個人經驗，名古屋車站周邊有兩間藥局就幾乎可以搞定所有藥妝，會讓你的藥妝行程相對單純許多。

千里馬藥局：交通便利、種類齊全

　　位於JR名古屋站太閣通口的千里馬藥局，受到許多旅遊網站及部落格極力推薦，從太閣通口出來徒步2分鐘，左方獨棟綠色5層樓的建物就是千里馬藥局，相當顯眼好找。

　　藥局1樓為飲料零食區，營業時間到21:00，而2～3樓為藥妝雜貨區，營業時間到20:30，由於來店購買的華人太多，所以店內也有會說中文的店員，不用擔心語言溝通的問題，不過必須注意的是店內一律付現，不能刷卡；另外千里馬藥局也有提供藥妝免稅服務，免稅櫃台設在2樓，所以在各樓層購買的藥妝最後是統一在2樓結帳並辦理免稅。

從太閣通口出來左方的綠色建物就是千里馬藥局

大國藥局：每月設有折扣日

　　大國藥局(ダイコク)在名古屋市區共有3間店面，分別是名站店、榮店及SUNSHINESAKAE店，3間店都有藥妝免稅制度，其中名站店還設有百圓店。每月10日及25日會有5%折扣，每月的3日及20日則有點數5倍回饋，搭配會員卡使用，部分商品還有機會比免稅價更便宜，

大國藥局名站店位於名鐵巴士轉運站南館的1樓

名古屋市區的3間大國藥局都有免稅服務

不過大國藥局如果要免稅，就不能再使用會員卡。

大國藥局榮店的位置從森之地下街9號出口出來，看到星巴克後再過馬路的新榮大樓B1就是了

兩間藥妝價格各有勝負，找順路的買即可

依照阿吉個人多年比價經驗，千里馬和大國藥局的藥妝價格可說是互有勝負，並沒有哪間店獲得絕對性優勢，而且即使同是大國藥局，也會因為不同分店而有不同的主打商品與折扣，如果時間不多就選1間順路的店鋪一次買齊就好，但如果想要徹底省錢，可能要花點時間比價一下。

到日本購買藥妝是許多遊客的既定行程

芳珂與DHC哪裡買？

通信販售的芳珂與DHC，可以在名古屋車站周邊的名鐵百貨、高島屋或是ユニモール地下街找到店面；如果是喜歡逛AEON MALL的人，不妨考慮去名古屋郊區的AEON MALL木曾川店，可以一次搞定芳珂與DHC這兩間通信販售的藥妝店，就不用再花時間去車站附近尋找這2間店了。

> 芳珂也是許多遊客必買藥妝

> DHC如果單次購買超過￥8,000還會送贈品

木曾川AEON MALL離名古屋約30分鐘車程，相當方便

名古屋郊區

名古屋市郊區的常滑、長久手、足助、犬山等地區，也擁有豐富的觀光資源，相當值得前往參觀，例如愛知縣最有名的賞楓名所香嵐溪，或是野外民族博物館及明治村等這類需要廣大面積的室外主題樂園，都位於名古屋郊區。儘管交通不比市區便利，但愛知縣的鐵道相當發達，主要交通工具除了JR之外，還有日本三大私鐵之一的名古屋鐵道，再加上為數頗多的區域性私鐵，利用鐵道再搭配巴士，就能安排郊區一日往返的行程。

常滑

常滑位於愛知縣西部的知多半島西岸中央，是日本著名的陶瓷器產地，自從中部國際機場啟用後，交通便利性因此大為提升，也因為離中部國際機場很近，成為遊客會順道前來參觀的區域。

窯業是常滑的主要傳統產業，「常滑燒」為日本六座古窯之中歷史最悠久也是規模最大者，市區中心仍保留了紅磚煙囪及昔日窯業的特有景觀，在經過整頓之後成為陶瓷器散步道，區域內的登窯、土管坂等景觀都能讓人感受到傳統產業的風情，此外也有前衛作家在藝廊展示作品，在歷史悠久的陶瓷老街之中展現新的氣象。

❶散步道的起點為陶瓷器會館／❷當地兒童的陶藝創作

必訪景點1

常滑陶瓷散步道

やきもの散步道

招財貓領航的懷舊窯廠街道

　　從名鐵常滑站徒步5分鐘即可到達散步道的起點陶瓷會館，途中會看到許多招財貓，所以這條道路又稱為招財貓通，其中最引人注意的就是從牆上往下看的巨大招財貓(寬6.3公尺、高3.8公尺)，不僅是常滑的地標，當地居民也把它視為守護貓，甚至還集體選出「とこにゃん」的名字。

　　常滑的陶瓷器散步道分為較輕鬆的A路線與路途較遠為B路線，可以在觀光案內所或網站取得散步地圖。散步道沿途及交叉路口都有指示牌，部分路段較為狹窄而且有上下坡，但整體來說不論是A路線或B路線都很容易行走，沿途有咖啡店可以讓遊客稍作休息，也有陶瓷器店，可以邊散步邊尋找自己喜愛的物品。

　　散步道A路線全程約1.5公里，沿途經過迴船問屋瀧田家、土管坂、登窯廣場&展示工房館、登窯等，約1小時可走完。B路線全程約4公里，沿途經過INAX生活博物館、窯的廣場及資料館、常滑陶之森、民俗資料館等，約2.5小時可走完。從這兩條路線的設施及店鋪來看，A路線所需時間較少，沿線的陶瓷器店、藝廊及飲食店較多，B路線所需時間較多，而且以陶瓷器體驗工房及資料館為主，所以B路線適合非常熱愛陶瓷器的人，如果時間有限又想走訪這條陶瓷老街的歷史風情，建議選擇A路線。

☎0569-34-8888(觀光協會) 💲自由參觀 ➡名鐵常滑站徒步5分鐘(剪票口出來直行，看到散步道案內板左轉) ⏳1.5～3小時 🌐www.tokoname-kankou.net

83

❶沿路隨處可見貓的陶瓷器作品／❷散步道上利用燒酎瓶及窯工具堆砌而成的牆面／❸常滑陶瓷散步道的地標就是這隻大型招財貓／❹從車站出來即可看到前往散步道的路標／❺散步道上有許多磚造煙囪等景觀

必訪景點2

AEONMALL常滑

りんくう常滑站

大招財貓在門口向你招手

❶一進商場就看到世界上最大的招財貓／❷招財貓位於美食區的正中央／❸一出車站即可看到AEONMALL／❹在免稅櫃台可以辦理退稅服務及領取優惠券／❺牧原鮮魚店因為海產新鮮價格實惠，所以用餐時間常常大排長龍

2015年11月在距離中部國際機場及常滑都只有一站距離的りんくう常滑站，新開設了購物中心AEONMALL常滑，為中部地區規模最大的AEONMALL。設有免費接駁巴士往返中部國際機場，便利的交通讓它成為許多旅客在剛下飛機，或即將回國前的最佳購物地點。

AEONMALL常滑的看板就是入口處高達7公尺的大型招財貓，它是世界最大級的招財貓，因為店家希望它可以為造訪常滑的遊客帶來許多福氣，所以取名為「多福」，人氣極旺的多福也是許多遊客爭相合照的對象。

AEONMALL常滑的賣場面積為4個東京巨蛋大，有多達160間店鋪，其中美食區因為有許多知名店家入駐，用餐時間會吸引大量人潮，需要排隊等候。

✉愛知縣常滑市りんくう町2-20-3 ☎0569-35-7500 🕐10:00～21:00(AEONSTYLE為09:00～22:00) 💲免費入內 ➡名鐵りんくう常滑站徒步1分鐘 ⏳2～4小時 http tokoname-aeonmall.com

旅遊小錦囊

免稅服務，分綠標和紅標

店家有提供外國遊客最關心的免稅服務，AEONMALL的免稅店分為綠色及紅色標籤兩種，綠色標籤店鋪為單店免稅，也就是必須在該店家購買達到免稅金額就可以臨櫃辦理退稅，紅色標籤為統一免稅，只要在所有紅色標籤店鋪購買達到免稅金額，可以到退稅櫃台辦理退稅。

香嵐溪
東海地區最著名的賞楓名所

香嵐溪是位於愛知縣豐田市足助町巴川的溪谷，屬於愛知高原國定公園，以楓葉及豬牙花聞名，每年11月中下旬香嵐橋附近會呈現整片的楓葉景象，吸引許多旅客前來觀賞，自11月上旬起還有為期一個月的夜間點燈活動，從日落到晚上9點為止，可以欣賞到與白天截然不同的夢幻景色。

除了著名的楓紅季節以外，香嵐溪也是山野草的寶庫，3月下旬到4月上旬期間，粉紫色的豬牙花盛開布滿整個山野，呈現紫色夢幻的景觀，也告知遊客們春天即將來臨。此外，夏天的初綠及冬天雪景，都可以看到不同風貌的香嵐溪。

✉愛知縣豐田市足助町宮平34-1 ☎0565-62-1272(觀光協會) ➡名鐵東岡崎站搭乘巴士(約70分鐘)、香嵐溪站徒步5分鐘 ⏳2～4小時 http asuke.info/korankei ❓要注意回程末班巴士時間，11月賞楓旺季會加開巴士班次

❶❸染紅的楓葉與香嵐溪谷形成美麗的景觀╱❷香嵐溪附近的鰻魚飯老鋪「川安」，只有當地人才知道的美味

> **旅遊小錦囊**
> ### 前往香嵐溪的交通方式
> 前往香嵐溪的交通方式有好幾種，可以搭乘名鐵到東岡崎或豐田市站，再轉搭往足助方向的名鐵巴士；也可以在猿投站、淨水站、四鄉站(愛知環狀鐵道)，轉搭社區巴士足助線；如果從名古屋出發，到東岡崎站轉名鐵巴士最方便(須留意回程巴士末班時間為17時50分，在賞楓季節會增加巴士班次)。

吉卜力主題公園
ジブリパーク
宮崎駿動畫迷必訪的新聖地

❶青春之丘的建物是《心之谷》的地球屋／❷貓事務所是青春之丘唯一可以拍攝內部的建物／❸《天空之城》裡天空之庭的機器人士兵／❹草壁之家原本入口處的購票所重新設計為DONDOKO處／❺龍貓咖啡廳吧台／❻借物少女艾莉緹的床下之家

占地190公頃的愛·地球博紀念公園面積比日本最大的主題樂園豪斯登堡的152公頃還要大，吉卜力工作室會選上這裡就是看上它的面積廣大，另一個原因是因為愛·地球博的主題和吉卜力的理念一致，吉卜力公園所規畫的五大園區將座落在公園各處。

園區1 青春之丘：回味電影場景

青春之丘是最接近車站的園區，不用搭園內接駁車，到達愛·地球博公園後稍微走一段路就可以到達。高30公尺的建物是出現在《霍爾的移動城堡》裡的電梯大樓，是將觀眾導入吉卜力公園世界的建物。

園區前面的建物是《心之谷》登場的地球屋，這是修理及販賣手錶與古典家具的店鋪，忠實還原電影場景，此外登場的還有《貓的報恩》中的貓事務所。整個青春之丘園區約30分鐘可以逛完。

園區2 吉卜力大倉庫：展現企畫展示

從青春之丘徒步約5分鐘即可抵達吉卜力大倉庫，這是屋內型設施，裡面有各種企畫展示室、170席的電影展示室、遊樂空間等設施，也會有商店街及美食街，是整座吉卜力公園的重點，喜愛宮崎駿的遊客至少需留半天時間在此。

吉卜力大倉庫分為3個企畫展示，其中最有人氣的區域就是「吉卜力動畫人物名場面展」，裡面有《神隱少女》《風之谷》《崖上的波妞》等13部作品的14個動畫場景，像是無臉男坐在電車內、《天空之城》的希達浮在空中、波妞在海上奔跑等各種名場景。

第二個是曾在三鷹之森展出而頗受好評的「美食繪展」增補改訂版企畫展，容為宮崎駿各部作品所出現食物的詳細說明，可惜裡面並不能拍照。第三個則是散步在倉庫各處的「滿滿的吉卜力展」，像是湯婆婆的館長室、《天空之城》的機械人兵、《借物少女艾莉緹》的小人世界等。此外，倉庫內也有餐飲店大陸橫斷飛行、紀念品店冒險飛行團，不管是哪個區域都會湧入許多遊客。雖然吉卜力大倉庫是採分時段入場，不過因為不清場，所以中午過後人潮會越來越多，最好安排在上午前來。

園區3 DONDOKO之森：與龍貓不期而遇

DONDOKO之森則是原本公園內的草壁之家及周邊重新整備而成的園區，旁邊還新增以龍貓為外型的木製遊具DONDOKO堂，從吉卜力大倉庫走過來約20分鐘，坐接駁巴士前往會比較輕鬆。

草壁之家就是《龍貓》中小月和小梅姐妹與父親居住的房屋，原本是在2005年國際博覽會為了喜愛《龍貓》的觀眾所創立的展示設施，因為展出期間大受歡迎而保留下來。這棟實體的草壁之家場景是設定在媽媽出院之後，一家人過著幸福團圓的生活，也就是動畫故事結束後的1年。

這次重新整備之後，除了會追加電影中出現的裡山散步道，還增加了單軌電車、木製遊具、休息處，而且也販售許多限定商品。從草壁之家要前往DONDOKO堂，可以選擇搭乘小電車，也可以走散步道。

園區4 魔法公主之里：走入電影世界

魔法公主之里是2023年11月新開幕的區域，從吉卜力大倉庫徒步約10分鐘，這個區域以電影《魔法公主》為場景，重現主角所居住的村落及煉鐵所「達達拉城」，其中的「達達拉城」將做為體驗學習設施，而燒炭小屋則是休息所。

園區5 魔女之谷：體驗魔法異界

魔女之谷則是於2024年3月16日最後開幕的區域，這個區域呈現的建物是在電影中有出現魔女的《魔女宅急便》與《霍爾的移動城堡》這2部作品，除了遊樂設施之外，也有規畫休息空間及餐廳。

✉愛知縣長久手市茨ケ廻間乙1533-1 ☎0570-089-154 ⏰10:00～17:00 (假日09:00～)、週二休館 💲依園區而定 🚆東部丘陵線(リニモ)愛‧地球博記念公園站；名鐵名古屋巴士中心4樓24號月台有直達巴士(約40分鐘)，到達公園後，徒步5～20分鐘 ⌚半天～1日 http ghibli-park.jp

> 旅遊小錦囊
>
> ### 在園區內的交通方式
>
> 搭乘東部丘陵線到愛‧地球博記念公園站，出站後就是公園北入口，下車後走到青春之丘約5分鐘，從青春之丘走到吉卜力大倉庫約5分鐘，如果要再從吉卜力大倉庫走到DONDOKO之森則要20分鐘。
>
> 5個園區之中就屬DONDOKO之森距離其他園區較遠，如果同行者有老弱婦孺走起來會有點辛苦，不過公園內設有免費接駁巴士，行經公園內各個重要場所，距離公園北入口最近的搭乘地點是地球市民交流中心。
>
> 巴士路線分東路線及西路線，東路線的出發點為地球市民交流中心，平日每小時2班車，假日增加為3班，適合用來作為其他園區前往DONDOKO之森的移動方式；西路線每小時1班車，離車站比較近的乘車場所為北1駐車場，行經大觀覽車，但沒有經過吉卜力公園的園區，這2條公車會在公園西口交會，所以可以在此轉乘。

搭乘園內免費接駁巴士前往最遠的DONDOKO之森

前往公園的購票方式

吉卜力公園每日限制入園人數5,000人，目前入場方式和三鷹之森龍貓博物館相同，都是採用指定時段的事前預約制，所以如想一次參觀所有園區，必須掌握好各場館的時間，並且事先預估每個園區的停留時間。

目前訂票是採用先搶先贏方式，訂票系統則是利用Boo-Woo及LAWSON的Loppi這2種訂票系統；未來可能會開放給海外旅行業者購票方式。

チケットは日時指定の予約制です。

Step 1 網路訂票

如要事前在海外購票，必須利用Boo-Woo系統在網路上訂票，已是LAWSON的會員就可以直接用LAWSON帳號密碼登入，如果沒有會員就必須選「新規會員登錄」。不過現在新規會員登錄需要日本手機認證，如果沒有日本友人幫忙，就無法順利加入會員並訂票。

登入會員之後就選擇要參觀的園區及日期，2024年3月16日全部園區開幕後的入場券分為：吉卜力公園散步券￥1,500 (假日￥2,000)、吉卜力公園大散步券￥3,500 (假日￥4,000)以及吉卜力公園高級大散步券￥7,300 (假日￥7,800)等共3種，散步券包含青春之丘、DONDOKO之森、魔法公主之里及魔女之谷等4個園區的入場券，大散步券再加上吉卜力大倉庫，高級大散步券則是再加上地球屋、草壁之家、歐其諾的家、霍爾的移動城堡及魔女的家；如果要訂大散步券或高級大散步券，必須先決定吉卜力大倉庫的入場時間。

Step 2 在2個月前預訂

門票必須在前2個月預訂，也就是如果要訂2024年3月1日的門票就必須在1月10日的下午1點(台灣時間)在網路預訂；因線上排隊購票的人非常多，所以必須在線上等候；進入訂票畫面會依日期分為不同區間，按下要預定的區間。票券分為實體票和電子票，因為國外手機收不到電子票，所以要選實體票。

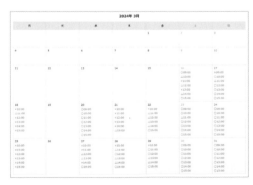

Step 3 選定日期

進到下個頁面會秀出選擇日期區間的剩票情況，○表示可訂票、△表示剩票不多、×表示票已售完；週六、日會多一場早上09:00場次，但即使如此還是一票難求，而且週六、日人潮會更多，所以還是儘量選擇平日時段。

Step 4 取票及支付方式

再來是選擇取票及支付方式,紙本票券只能便利商店取票,所以不用選,取票期限到入園當日;支付方式則是選信用卡,因為其他方式對外國遊客來說都比較複雜;最後就是輸入信用卡基本資料(可使用海外信用卡),然後按「お申し込みを確定する」。

Step 5 預約號碼與QR Code

這樣就完成訂票程序了,畫面會提供一組預約號碼,取票期限為入場當天的晚上11點為止;完成訂票後,除非臨時閉園等特殊因素之外,否則不能辦理退票。同時信箱也會收到預約完成的確認信件,會有取票相關資訊,記得要點連結去官網把QR Code列印出來,這樣在Loppi取票時手續會更簡便。

Step 6 取票手續

事先在網站完成訂票之後,等抵達日本就可以到LAWSON的Loppi機票取票,最晚在入園日當天都還可以取票,進入系統後選擇中間的QR Code。

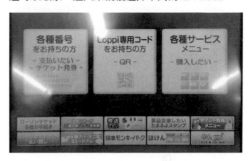

Step 7 領取實體票

將預訂完成列印出來的QR Code放在機器下方掃描,掃描完成後就會出現訂票資訊,再按右下方的橘色鈕(APPLY),然後就會列印出取票單據,拿著取票單據給便利商店的店員就會交付實體票券,不用再支付任何費用。

注意事項

1.Boo-Woo是事前線上購票再取票,LAWSON的Loppi是到便利商店機器現場買票。**2.**票券分為實體票和電子票,因為國外手機收不到電子票,所以要買實體票。**3.**付款方式分為超商付款和信用卡付款,可以刷國外信用卡,再到超商領實體票,取票期限到入園當天為止。如果選擇超商付款就必須在購買後5日內去超商付款並取票,逾期未付款就喪失資格。**4.**每月10日開放2個月後的門票預訂,所以2024年3月份門票於2024年1月10日開放搶票。**5.**每月27日為愛知縣民日,開放給愛知縣民優先預購。**6.**每人每次限購6張。

犬山

犬山位於愛知縣西北方，以犬山城及城下町為中心，因具有歷史風情而有「尾張小京都」的稱號，市內主要交通為名鐵電車，小牧線、犬山線及廣見線3條路線在犬山站交會，為犬山市的交通中樞。當地名產為五平餅，是一種將粳米壓成扁平狀，再燒烤加味的鄉土料理。

犬山的景點以國寶犬山城最有名氣，木曾川沿岸還有日本猿猴公園、博物館明治村、野外民族博物館等主題樂園，在木曾川的夏天還有鵜飼表演活動，也吸引許多遊客前來觀賞；每年4月第一個週末，以犬山城下町為中心舉辦犬山祭，會出動13台山車，為重要無形民俗文化財。

一日行程

起點
名鐵名古屋站

東口轉乘巴士，搭乘「往明治村巴士」20分鐘

明治村
建議停留3～4小時

巴士20分鐘

犬山城
建議停留1小時

名鐵犬山線25分鐘

名鐵犬山站
東口轉乘巴士

終點
名鐵名古屋站

徒步20分鐘

名鐵犬山線28分鐘

木曾川鵜飼
建議停留1～2小時

犬山遊園站

徒步5分鐘

好用 主題套票

犬山主要的觀光設施為犬山城、木曾川鵜飼、明治村博物館、野外民族博物館等，名鐵針對這些觀光設施都有發售主題套票，而且除了犬山城之外的3個景點入場券外，套票還搭配原本售價￥3,200的名鐵1日券，相當划算。這4張名鐵發行的套票都可以在名鐵各站(弥富、赤池站除外)或名鐵名古屋站服務中心購買。如果在抵達中部國際機場當日即購買使用，還能馬上用來搭乘機場－名古屋這段交通(如搭乘u-SKY要再購買特別車輛券)，以下就來介紹這4張名鐵主題套票，可以自由搭配。

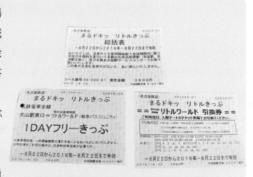

購買搭配名鐵1日券發售的套票，可以節省不少交通車資

木曾川鵜飼套票

票券售價：白天與夜間路線￥4,000 (兒童￥2,100)、附餐點路線￥6,000 (兒童￥4,000)

使用期間：6/1～10/15(事先預約制)

購票地點：名鐵各站(弥富、赤池站除外)或名鐵名古屋站服務中心購買

套票內容：名鐵電車1日自由乘車券+鵜飼觀覽乘船券+犬山城折扣券+商店優惠券+飲料

木曾川鵜飼觀覽乘船券為￥3,000(旺季期間)，加上基本交通車資就接近這張套票售價，而且還附贈犬山城折扣券、商店優惠券以及飲料(啤酒或綠茶2選1)，不過要留意的是這張套票是採事先預約制，白天路線需在使用當日11:00前預約、夜間路線需要使用當日17:00前預約，附餐點路線則需在使用前2日18:00前預約。對外國旅客來說就是在抵達日本後，至名鐵各站洽服務人員預約，再於使用當日購買取票。套票附贈的商品優惠券必須到犬山站或犬山遊園站兌換指定店家的商品優惠券，然後才能到犬山城下町的指定店家使用。另外，這張套票也有夜間附餐點的路線，以及白天附餐點路線，可以一邊在船上享用犬山知名老鋪料理店的3層便當，一邊觀賞鵜飼表演活動。

野外民族博物館套票

票券售價： ¥4,100、兒童¥2,300

使用期間： 全年發行，每年4/1會改版

購票地點： 名鐵各站(弥富、赤池站除外)或名鐵名古屋站服務中心購買

套票內容： 名鐵電車1日自由乘車券+犬山站至博物館巴士+野外民族博物館入館券+民族衣
裝1回體驗券或¥1,000商品券(2擇1)

　　野外民族博物館入場券為¥1,800，再加上名鐵電車及巴士來回車資，已經值回票價，何況還有民族衣裝1回體驗券或¥1,000商品券，可說是參觀野外民族博物館的必備套票。

明治村套票

票券售價： ¥4,100、兒童¥2,450

使用期間： 全年發行，每年4/1會改版

購票地點： 名鐵各站(弥富、赤池站除外)或名鐵名古屋站服務中心購買

套票內容： 名鐵電車1日自由乘車券+犬山站至明治村巴士+博物館明治村入村券+交通工具乘車券(3擇1)+商品兌換券

　　博物館明治村入場券為¥1,700，再加上交通工具乘車券及特定商品兌換券(飲料及可樂餅等)，未含交通費就已經接近售價，一樣也是超划算的套票。值得注意的是，這張套票會在不同期間搭配各個主題發售，售價及內容都會有些許不同。

犬山城下町套票

票券售價： ¥1,380(名古屋出發)、無兒童票券

使用期間： 通年發行，每年使用期間會略有不同

購票地點： 名鐵各站(弥富、赤池站除外)或名鐵名古屋站服務中心購買

套票內容： 往返犬山名鐵乘車券+犬山城入場券+商品優惠券

　　這張套票能利用的名鐵電車，僅限於出發站往返犬山，適合時間不多、又只想逛犬山城的人，如果時間較充裕要搭配犬山其他景點，建議購買前述3種套票，再單買犬山城入場券會更划算，至於商品優惠券的兌換方式及使用店家和鵜飼套票(P.91)相同。

犬山城

具有最古老天守閣的國寶

❶犬山城周邊舉辦的戰國武將裝扮祭典活動／❷❺犬山城周邊有針綱神社及三光稻荷神社／❸古老建築風格的犬山城／❹犬山城與姬路城、松本城、彥根城及松江城並列為國寶五城／❻犬山的吉祥物為「わん丸君」

　　沿木曾川而建造的犬山城是日本五大國寶城之一，因為景觀類似中國長江沿岸的白帝城，故有白帝城的別名，雖然規模無法和名古屋城相比，但它的天守閣是從日本戰國時代所留存下來，為日本現存天守閣中最古老的一座，於1935年被列為日本國寶。犬山城也曾是日本唯一由私人管理的城堡，並從2004年4月起交由財團法人「白帝城文庫」管理。

　　犬山城的天守為外觀3層、內部4樓的複合式望樓型構造，聳立於木曾川南岸的模樣令人印象深刻。內部保留了以前的風貌，1樓是倉庫，2樓是武器間，3樓是破風間^{編注}，4樓為展望台，各個樓層以陡峭的樓梯連結，內部展示盔甲、地圖及犬山城歷史等相關資料。

　　從犬山站徒步到犬山城途中會經過城下町商店街，在這裡可以嘗到五平餅、太郎糕等當地美食(可使用套票的商品優惠券)；而且犬山城下町可說是愛知縣最適合和服體驗的景點，此處有犬山日和及犬山小町等兩間店家提供和服出租，可以穿著和服悠閒地在城下町及犬山城周邊散步。此外，每年4月第一個週末舉辦的犬山祭及賞櫻季，也都吸引大量遊客前來參觀。

✉愛知縣犬山市犬山北古券65-2 ☎0568-61-1711 🕐09:00～17:00、12/29～12/31休城 💲¥550、中小學生¥110 ➡名鐵犬山站或犬山遊園站徒步15分鐘 ⏳1～2小時 🌐inuyama-castle.jp

★編注：破風為城堡屋頂三角形的部分，破風間即為該部分內部房間

博物館明治村
重現明治時代建物、美食及懷舊火車

　　博物館明治村位於犬山市的野外博物館，主要展示明治時代的建物以及蒐集明治時代的歷史資料，在1965年開村時只有15件建物，到了現在已經有60餘件建物。明治村園區占地100萬平方公尺，為日本室外主題樂園面積排名第三(第一是九州豪斯登堡、第二是同樣位於犬山的野外民族博物館)。

　　明治村內的國家重要文化財計有10棟建物，其餘建物也幾乎都有登錄為有形文化財。村內設施有郵局、釀酒業、病院、裁判所、劇場、學校、教會、燈塔等，幾乎包含當時明治時代社會及文化各個層面的風貌。另外，明治村內並非全部都是明治時代的建物，比方說帝國旅館是大正年間的建物，川崎銀行則為昭和年代竣工的建物。

　　明治村內也有能品嘗當時美食的餐廳及販賣部，如大井牛肉店的牛鍋、明治洋食屋的蛋包飯、碧水亭的和食等，其中人氣最高的就屬帝國飯店前的「食堂可樂餅」，它以重現明治時代的口味而大受歡迎。

園區精華路線

　　明治村因為園區廣大，如果要逛遍每棟建物可能要花上一整天，但如果只逛國家重要文化財的10棟建物及兩項歷史資料產業，從入口處

的三重縣政府為起點,大概需要2小時。

　　三重縣政府→東山梨郡役所→東松家住宅→鐵道寮新橋工廠・機械館→吳服座→宇治山田郵局→札幌電話交換局→菅島燈塔附屬官舍→品川燈台→西鄉從道邸→聖約翰教室

超值園區交通工具1日券

　　園內也有重現明治時代的蒸汽火車、京都市電、懷舊巴士等交通工具,在村內行駛以節省遊客時間。其中蒸汽火車為日本最古老的火車頭之一,曾行駛於東京新橋至橫濱之間;京都市電則是1895年誕生的日本最早電車,搭乘這兩種交通工具單次為￥500;也可購買SL與市電1日券￥800。如果要在明治村逛上一整天,可以直接購買交通工具1日券￥1,200,可享無限次搭乘村內所有交通工具。

❶聖約翰教堂的哥德式外觀,是美國建築師以羅馬樣式為基準所設計／❷京都市電是日本最早的電車／❸鐵道紀念物:蒸汽火車頭／❹三重縣政府仿當時東京大手町內務省廳舍建設／❺金澤監獄的大門

✉愛知縣犬山市字內山一番地　☎0568-67-0314　🄫09:30～17:30(8月10:00～17:00、11月09:30～16:00、12～2月10:00～16:00)　💲￥2,000、大學生￥1,600、高中生￥1,200、中小學生￥700　🚌名鐵犬山站東口轉乘「往明治村」巴士(約20分鐘),明治村站下車;名鐵巴士中心4樓23號月台及榮(綠州21)8號月台,有名鐵巴士直達明治村　⌛3～4小時　http www.meijimura.com　❓7/25～9/5每週二、12/11～12/26每週一&週二、12/31及1/9～12為休館日;休村口每年會變動,務必先上官網確認

可搭直達巴士或使用套票前往
　　　旅遊小錦囊

　　有兩種交通方式可前往前往明治村。
比較方便的方式:從名古屋名鐵巴士中心或榮搭乘直達巴士。
比較省錢的方式:購買名鐵發行的明治村套票,利用附贈的名鐵1日券搭乘到名鐵犬山站轉搭巴士,如果有剩餘時間還能搭乘名鐵前往其他景點。

野外民族博物館

リトルワールド

一天環遊世界，嘗遍世界美食

野外民族博物館又名小小世界(Little World)，於1983年開園，不但是日本最初也是世界少有的民族學博物館，園區是向世界各地購買民宅再進行移築作業，目前共有23國33棟展示屋，占地面積123萬平方公尺，為日本室外主題樂園面積排名第二。

各國特色展示屋及民族服裝體驗

小小世界一進園所看到的第一個國家及展示場為日本的沖繩與北海道，順著園內環狀道路走，依序為台灣、北美、祕魯、印尼、德國、法國、義大利、坦尚尼亞、南非、尼泊爾、印度、西非、泰國、韓國等，而在這23個國家之中，最讓人倍感親切的當然就是台灣的三合院農家，不但可以體驗民族服裝(不過都來到日本了，幹嘛還要花錢穿台灣農家衣服呢)，也有販賣台灣飲料與食物，讓人感覺似乎真的處於台灣。在野外展示場，可以品嘗到祕魯、義大利、印度、台灣、德國、韓國等7家專業餐廳料理，而且不同季節還會舉辦各種活動。

小小世界的訴求為1天就可以環遊世界，在野外各個展示場不但可享受道地的料理和手工藝品店，而且在10個展示房屋內還可付費體驗各種民族服裝，並在該館內拍照留念(不能走到別館)。在本館展示室裡收集了世界70個國家的民族資料，展出的資料約有6,000項。

〔各國特色建築〕

韓國貴族的兩班之家

熟悉的台灣農家

世界文化遺產
義大利阿貝洛貝洛之家

土耳其伊斯坦堡之街

善用園區巴士輕鬆遊逛

野外民族博物館的園區相當廣大，環繞園區的道路全長約2.5公里，如果不耐走或天氣不佳時，可以考慮搭乘園內巴士(1日券￥500)，班次頻繁停靠站也多，可以讓遊客以輕鬆方式逛遍整個園區。

小小世界占地面積廣大，但名氣明顯不如東京迪士尼或環球影城，而且從「小小世界」這個名稱很容易讓人先入為主，誤以為是類似「小人國」的主題設施，但實際走過就會發現它其實和「小人國」截然不同，是個親子同樂也可以逛上整天的旅遊景點。

✉ 愛知縣犬山市今井成澤90-48 📞0568-62-5611 🕐09:30～17:00(12～2月10:00～16:00) 💲￥1,900、國高中生￥1,200、小學生￥800、3歲以上幼兒￥400 ➡名鐵犬山站東口轉乘「往小小世界」巴士(約20分鐘)，小小世界站下車；名古屋「名鐵巴士中心」及榮有直達小

前往小小世界的交通

不想轉車的話可以從名古屋「名鐵巴士中心」或榮「綠州21」搭乘直達巴士。但比較省錢的方式是購買名鐵發行的野外民族博物館套票，利用名鐵一日券搭乘到名鐵犬山站東口轉乘巴士前往，而且套票除了交通及入場券外，還附贈館內商品券￥1,000、民族衣裝1回體驗券(原價￥500)及園內巴士乘車券(原價￥500)，相當划算。

建議不要與明治村安排同一天

在行程安排上可以考慮和犬山城或觀賞鸕鶿飼排一天，但儘量不要和明治村排一天，因為不但淪為走馬看花，而且對體力是一大考驗。

小世界巴士 🚌2～4小時 http www.littleworld.jp ℹ7月第二週的週一～五、12～2月每週三、四、12/31、1/6～1/10皆為休館日

德國巴伐利亞之村

延伸地區

三重縣

Mie-ken みえけん

三重縣位於日本最大的紀伊半島東側，面臨太平洋，在地區分類雖有被歸屬於近畿地區的版本，但不論是經濟、文化或交通都與名古屋的關係更為密切。三重縣形狀呈現南北狹長，因此擁有很長的海岸線，加上山岳及盆地而形成複雜的地形，導致縣內氣候多變。

三重縣的觀光資源相當豐富，有一生一定要參拜一次的伊勢神宮、世界文化遺產熊野古道、Ｆ１方程式賽車舉辦地：鈴鹿賽車場、複合性設施長島樂園等。也因為受惠於境內高山與海洋等自然資源，農業及漁業盛行，還有鮑魚、龍蝦、松阪牛等特產品。三重縣境內各城市主要利用JR及近畿鐵道，連結東西兩大都市名古屋與大阪。

| 名張 | ←近鐵特急30分→ | 津 | ←JR特急50分→ 近鐵特急35分 | 桑名 | ←JR特急20分→ 近鐵特急15分 | 名古屋 |

近鐵特急18分 ／ JR特急15分

松阪

巴士20分

巴士50分

長島度假村

近鐵特急15分 ／ JR快速25分

各地前往三重的交通

| 伊勢 | ←JR快速17分→ 近鐵特急15分 | 鳥羽 | ←近鐵特急30分→ | 賢島 |

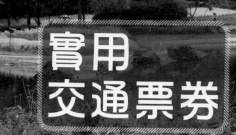

實用交通票券

使用期間：2016年7月15日起

有效期間：連續5日

票　　價：大人￥16,500、兒童半價

販售地點：這張伊勢熊野和歌山周遊券可以先在海外向旅行社購買兌換券(MCO)，然後3個月內到JR東海或JR西日本主要JR車站兌換；入境日本購買並兌換的程序會比較繁瑣。

　　這張周遊券可以搭乘名古屋到大阪範圍內JR在來線的特急、快速及普通車的自由席，還能使用6次指定席(關西機場HARUKA僅能搭乘自由席)，另外也能乘坐特定區域的三重交通巴士、熊野交通巴士，以及關西地區最紅的貴志川線去看貓站長，甚至可以在和歌山站、紀伊田邊站、白濱站使用租借腳踏車「站輪君」(僅限12歲以上成人)。

　　使用這張周遊券從名古屋－新宮－大阪這樣繞紀伊半島一周就要6小時，即使改走關西本線也因為沒有特急又不能坐新幹線，至少也要花4個小時，所以比較適合的使用方式是採名古屋與大阪不同機場進出，或是乾脆紀伊半島走一半就折回。

圖片提供：詹曜瑋

伊勢熊野和歌山周遊券交通路線圖

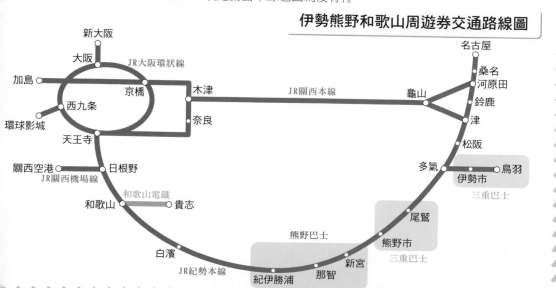

近鐵5日券Plus／KINTETSU RAIL PASS plus

使用期間：2016年10月1日起

有效期間：連續5日

票　　價：¥4,900(日本境內購買¥5,100)、兒童半價

販售地點：可透過日本境外旅行社或近鐵官網或購買兌換券再去日本當地兌換，如果要入境後購買，可以在中部國際機場的名鐵TRAVEL PLAZA或關西國際機場的關西旅遊資訊服務中心購買，也可以在近鐵名古屋、津、奈良、難波、上本町、阿部野橋、京都等大站，或是名古屋、難波及京都的BIC CAMERA購買。

這張近鐵5日券Plus可以搭乘近畿鐵道及伊賀鐵道全線、三重交通巴士、鳥羽海鷗巴士、奈良交通巴士(奈良公園、西之京、法隆寺、明日香、室生、山之邊之道區間)，以每日均價¥980來說相當優惠，不過如果要搭乘特急需要再另購特急券。

另外這張5日券也有發行一般版，售價¥3,700(日本境內購買¥3,900)，差別在於，一般版僅能搭乘近畿鐵道及伊賀鐵道全線，無法搭乘巴士。

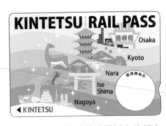

↑使用5日券搭乘鐵道可以直接插卡進自動匣門(圖片提供：近畿鐵道公司)

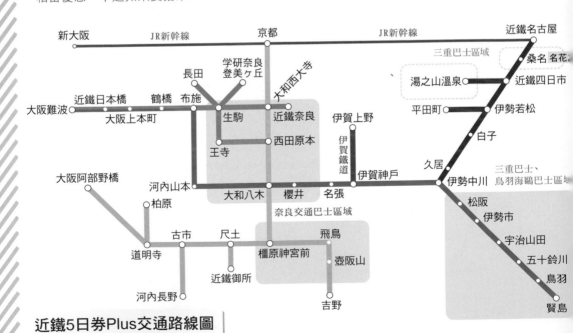

近鐵5日券Plus交通路線圖

伊勢鳥羽志摩超級護照／伊勢鳥羽志摩Super Passportまわりゃんせ

使用期間：2月11日～12月29日(每年會不同)

有效期間：連續4日

票　　價：￥10,200、兒童￥5,700

販售地點：這張「超級護照」可以在近鐵主要車站、阪神神戶三宮站、近畿日本Tourist‧
JTB等日本旅社購買，發售日為乘車日前1個月。

交通路線圖：同「近鐵5日券Plus」

「超級護照」使用範圍包括京都、大阪難波、近鐵名古屋等出發站來回特急券各1張，加上可自由搭乘伊勢志摩地區各種交通工具，回程免費行李1件寄送飯店服務(有限定合作飯店)，以及多達20個觀光設施的入場券(各設施1次為限)。20個觀光點詳列如下：

松阪地區：本居宣長紀念館、松阪商人之館、松阪市立歷史民俗資料館、文化財中心土偶館、齋宮歷史博物館

伊勢地區：伊勢參拜資料館、伊勢河崎商人館

二見地區：賓日館

鳥羽地區：鳥羽水族館、御木本真珠島、鳥羽灣觀光船、馬賽美術館(マコンデ美術館)

志摩地區：志摩西班牙村、伊勢志摩溫泉「ひまわりの湯」、近鐵旅館「アクアパレス」及「ともやまの湯」、賢島遊覽船、愛洲之館

光是以上入場券就值回票價，尤其是在「近鐵5日券Plus」改版後，這張可說是取代它成為前往伊勢鳥羽志摩地區必備的法寶。

> 超級護照是可以暢遊三重地區的超值優惠票券

> 可以使用多項觀光設施及來回特急券各1張，為超級護照的最大優點

經典美食與物產

三重縣的海產代表
伊勢龍蝦

　　三重縣可説是海產的寶庫，而其中最能代表三重縣的海產就是「伊勢」龍蝦，因為在伊勢地區的海域龍蝦捕獲量最多，故因此得名；伊勢龍蝦是日本高級食材之一，體長約20～30公分，重量將近1公斤，料理手法有生魚片、燒烤、鍋物、煮湯等，相當多樣化。每年10～4月為伊勢志摩地區的解禁期，這個期間前來伊勢志摩品嘗新鮮的伊勢龍蝦，也是旅行主要的重點。

圖片提供：
伊勢志摩觀光會議機構

肉界的藝術品
松阪牛

　　松阪牛是三重縣松阪市近郊所培育，未生產過的黑毛和種雌牛，為日本食肉格付協會評為最高等級的A5，除了是日本三大和牛之一，也是高級牛肉的代名詞，精緻的肉質與美味的脂肪完美融合，又有「肉的藝術品」稱號；料理方式主要為炭烤及壽喜燒，也有天婦羅等較獨特的料理方式，不過一客高級松阪牛吃下來所費不貲，要有荷包失血的打算。

生食、燒烤、油炸皆合適
的矢牡蠣

　　牡蠣含有豐富蛋白質、鋅質及鈣質，所以有海中牛奶之稱，為相當受喜愛的海鮮，而的矢牡蠣為三重縣的矢灣生產的知名牡蠣品種，漁獲期為10～3月，肉質柔軟鮮美又帶有甜味，料理方式主要為生食、燒烤及油炸，為前來三重的遊客必吃美食之一。

三大名牛之松阪牛肉質優美但價格不便宜

的矢牡蠣肉質鮮美又軟嫩

值得品嘗的肥美大鮑魚
志摩鮑魚

鮑魚屬於名貴的海中食材，營養價值極高，為鳥羽志摩海域盛產的海鮮，也是伊勢神宮的奉納品，肉質細嫩鮮美不膩，同樣也是三重知名的海產之一，許多漁夫開設的料理民宿，晚餐都有供應自家採集的鮑魚。

志摩鮑魚是伊勢地區相當有名的海產(圖片提供：伊勢志摩觀光會議機構)

晶瑩剔透的高貴珍珠
御玉本珍珠

自從御玉木幸吉在英虞灣成功養殖珍珠之後，鳥羽志摩就成為珍珠的著名產地，當然珍珠也成為當地名貴的伴手禮，只是價格不斐，所以要準備充分的銀兩。

御玉本珍珠雖是三重地區特產，但價格並不便宜(圖片提供：伊勢志摩觀光會議機構)

103

三重縣最佳伴手禮
赤福

赤福餅是三重著名的和菓子商品，原本為伊勢託福橫丁老店的商品，現在於各大JR車站、百貨公司、休息站及機場都能買到，為日本中京圈人氣伴手禮第一名；「赤福」原本是店名，它的真實身分為紅豆麻糬，因為不添加防腐劑，所以保存期限只有2～3天，如果要買回來當伴手禮，最好是回國當日再購買。

赤福是中部地區人氣No.1的伴手產品

麵條粗，口感有嚼勁
伊勢烏龍

伊勢烏龍是伊勢地區著名的鄉土料理，因為麵條極粗，所以煮的時間也較久，一般烏龍麵約煮15分，而伊勢烏龍要煮上1個小時，麵條吃起來很有嚼勁，更特別的是會淋上以黑色醬油為主的調味汁，也因為呈現黑色容易讓人誤以為很鹹，不過除了醬油還有加入鰹魚、海帶及各店獨特高湯，不但不鹹還別有一番味道。

黑色湯汁的鄉土料理伊勢烏龍，其實沒有想像中那麼鹹

名花之里 ｜ なばなの里
日本最大冬季燈海

名花之里是位於三重縣桑名市的植物園，屬長島觀光開發公司營運的長島度假村其中一項休閒設施，園內最大的賣點為日本最大級的名花廣場，以及冬季限定的夜間點燈活動。

名花之里的入園券價格會依季節而調整，最熱門的冬季燈海期間10月中旬～5月上旬(每年不一，詳細請看官網)的入園券為¥2,500，其他期間的入園券則為¥1,700(7月上旬～中旬休園)。

入場券內附有¥1,000園內消費券，可以在園內的長島啤酒園、中國料理、日本料理及義大利料理等餐廳使用，如果沒有打算在園內用餐，也可以到土產店「村之市」消費。

四季花卉及日本最大秋海棠花園

名花之里的必逛景點是日本最大溫室的秋海棠花園，入園需再支付¥1,000(可使用園內消費券)，因為是超大溫室，裡面會有滿滿的秋海棠，並設有咖啡店，可以在這夢幻花景中稍作休息。另外，園內有個貌似富士山的昇降設

❶秋海棠花園裡面的花卉相當漂亮／❷冬華的競演期間會有許多遊客湧入觀賞燈海／❸名花之里的地標為位於水池中央的教堂／❹秋花棠花園是園內的最大賣點，2023年起也開始舉辦夏季夜間點燈／❺冬季點燈每年的主題都會更換／❻冬季點燈期間有各種花燈海隧道／❼坐在富士島上可以從上空眺望各個花園

施，它是名花之里的代表物「富士島」，可以搭乘它上升到45公尺的高空以360度眺望整個園區，搭乘費用￥500，但不能使用園內消費券折抵。

名花之里從春季到秋季都有不同種類的花卉可以觀賞，春天時可以看到鬱金香、梅花及水仙，夏天則有繡球花及菖蒲花，以及7月中旬～9月中旬所舉辦的夏季秋海棠花園夜間點燈，秋天則是大波斯菊與大麗菊，冬天雖然能觀賞的花木較少，不過卻有聞名日本的「冬華的競演」，使用數百萬顆LED燈泡並創下日本燈海數量紀錄，期間不但入園券票價較高，還容易造成周邊大塞車。

✉三重縣桑名市長島町駒江漆畑270 ☎0594-41-0787 🕒09:00～21:00 💲￥1,700(冬季10月中旬～5月上旬￥2,500) 🚌名古屋名鐵巴士中心搭乘巴士到「名花之里」(約35分鐘)；JR或近鐵桑名站轉巴士(約15分鐘)；JR或近鐵長島站徒步20分鐘 ⏱2～3小時 🌐www.nagashima-onsen.co.jp/nabana ❓冬季點燈日期每年不一

旅遊小錦囊

名花之里與 Jazz Dream長島套票

名花之里離名古屋車站只有35分鐘車程，最方便的交通工具為名鐵巴士直達，購票處在名鐵巴士中心的3樓、乘車處在4樓，由於它是前往Jazz Dream長島途中所經之處，所以名鐵巴士有針對同時要前往Jazz Dream長島、名花之里的遊客推出優惠套票「ゆったりパック」(￥2,500，兒童半價)，內容包括「名鐵巴士中心←→長島溫泉」、「長島溫泉←→名花之里」、「名花之里←→名鐵巴士中心」這3張票，可以先去名花之里，再去長島溫泉泡湯購物，如果是冬季燈海期間就先去長島溫泉再去名花之里，相當便利。

長島度假村
ナガシマリゾート
遊玩、泡湯、逛街好去處

長島度假村位於三重縣桑名市，以長島樂園為主，其他還有Jazz Dream長島、海水泳池、麵包超人博物館、湯あみの島(露天溫泉設施)等，是個可以玩上一整天的好去處。

❶夏季期間前來玩水的遊客相當多／❷白鯨為亞洲首座木鋼混合結構的雲霄飛車，也是長島樂園的招牌驚叫設施／❸園內有世界最大級的海盜船，可乘坐160人／❹長島樂園以極限設施聞名

長島度假村

尖叫指數破表的刺激樂園

✱長島樂園
ナガシマスパーランド

✉三重縣桑名市長島町浦安333 ☎0594-45-1111 ◷09:30～17:00(假日至18:00) ⑤PASSPORT(入園+設施無限次數※部分設施除外)￥5,800、小學生￥4,400、2歲以上未就學幼兒￥2,700；僅入園￥1,600、小學生￥1,000、2歲以上未就學幼兒￥500 ⯈名鐵巴士中心4樓22號月台及榮(綠州21)10號月台有名鐵直達巴士(約50分鐘)；JR或近鐵桑名站轉三重交通巴士(約20分鐘)到長島溫泉站下車 ⏱3～6小時 http www.nagashima-onsen.co.jp/spaland ⁉各種票券在15:00後有優惠價

長島樂園面積為日本遊樂園第二位，僅次於東京迪士尼樂園，園內有許多令人驚聲尖叫的設施，為知名的「尖叫」寶庫，在日本素

有「東富士急、西長島」的稱號，光是各種大小的雲霄飛車設施就多達12種，為日本第一。其中「ACROBAT」為世界最大的飛行式雲霄飛車；「鋼鐵巨龍2000」為世界最長的雲霄飛車，同時也是日本高度最高及落差最大；2019年3月新登場的「白鯨」為原本「白色旋風」的升級版，加入鋼骨結構成為亞洲首座木鋼混合結構的雲霄飛車。

長島度假村的巨無霸海水池為世界最大的泳池，僅於夏季的7月上旬～9月中旬期間營業，10種泳池及55種水上設施也是日本第一，由於愛知與三重夏天非常炎熱，開放期間前來的人潮幾乎擠爆泳池。

長島度假村

日本最大露天風呂

✿湯あみの島

© 09:30〜21:00(會依季節調整) $ ￥2,100(15:00起
￥1,600、19:00起￥1,100)、已購買長島樂園入場券優
惠價￥800 http www.nagashima-onsen.co.jp/yuami

　　湯あみの島為日本規模最大的一日溫泉設
施，男湯女湯合計有17座露天風呂，溫泉景
觀分為黑部峽谷之湯與奧入瀨之湯，可以一
邊泡湯一邊欣賞壯觀的景色，是個相當值得
造訪的溫泉設施。

善用湯あみの島套票享優惠 〔旅遊小錦囊〕

　　名鐵巴士有推出前往湯あみの
島的優惠套票「湯あみの島パック」(￥4,190，兒童
￥2,320)，內容包括「名鐵巴士中心到長島
溫泉」來回票、湯あみの島入館券、長島樂
園入園券以及Jazz Dream長島優惠券，光是
巴士來回票與湯あみの島入館費用就超過售
價，相當划算。

相當划算的湯あみの島優惠套票

❶湯あみの島要從長島樂園內部前往／❷泡溫泉處也有伴手禮可以買／❸內部有很寬敞的用餐空間

❶博物館最裡面有個球球廣場，這裡有許多麵包超人角色的彈力球／❷戶外劇場出現麵包超人時，小朋友瞬間歡聲雷動／❸博物館裡面最吸引人的就屬這個彩虹溜滑梯／❹摩天輪周邊有許多麵包超人中出現的角色

長島度假村

小孩的歡樂天堂
✿麵包超人博物館 アンパンマンこどもミュージアム&パーク

✉三重縣桑名市長島町浦安108-4 ☎0594-45-8877 ⏰10:00～17:00(會依季節調整) 💲￥1,500(1歲～小學生同價，但會附贈紀念品) ⏳2～3小時 🔗www.nagoya-anpanman.jp

麵包超人是日本幼兒界最紅的動畫人物，在各種幼兒用品店都能看到周邊商品，走紅程度相當於台灣的巧虎，對日本人來說，麵包超人和細菌人的爭鬥是無可取代的兒時回憶。日本目前共有6間麵包超人博物館，中部地區唯一一間就位在長島度假村內，也是唯一擁有室外場景及遊樂區的博物館。

從長島溫泉站下車後需在園區內走一小段路才會到達麵包超人博物館，入園馬上看到麵包超人積木摩天輪，這也是麵包超人博物館的地標，造型是以麵包超人的各個角色為主，不過這個積木摩天輪僅供觀賞無法乘坐，只能與它拍照留念。

麵包超人出場，全場歡聲雷動

園內分為戶外公園區及室內展覽區，也有許多麵包超人相關的周邊商品店、精緻小物店、手作體驗店等。最受小朋友歡迎的就是在戶外劇場的麵包超人布偶表演活動，活動時間與地點會依各個季節與主題而改變，所以入園時最好先確認並提早到會場卡位，因為正式開演時的人潮可是相當可怕的，這時就能知道日本孩童有多喜愛麵包超人。

麵包超人博物館的館內設施兼具靜態展示與動態活動，相當推薦給家中有3～6歲孩童的家庭共同前來，如果上午先帶小朋友來這裡開心玩個半天，下午行程也許就會乖巧安靜(或累到在推車中睡覺)，讓大人可以放心地逛Jazz Dream長島。

鈴鹿賽車場
鈴鹿サーキット
日本F1賽車舉辦地

三重縣鈴鹿市平常較少會有旅客前來，但只要適逢比賽，就會擁入大量人潮，因為鈴鹿賽車場會舉辦世界一級方程式日本大獎賽，以及鈴鹿8小時耐久越野賽等國際賽事，是日本首屈一指的比賽場地，該賽道也是日本最長的賽道。

鈴鹿賽車樂園，體驗親子賽車

鈴鹿賽車場除了觀賞賽車之外，還有個可以親子同樂的鈴鹿賽車樂園，裡面有許多以賽車為主題的遊樂設施，可以駕駛賽車，實際體驗國際賽事的賽車道一週2.3公里，也有越野機車場，此外也有雲霄飛車、水上汽船等遊樂設施，排個一天時間沒問題。除了有連大人都想親自下去體驗的各種賽車設施以外，也有許多以小孩為主的駕駛賽車與越野機車設施，所以在非賽事期間前往，雖然無法觀賞到國際級的比賽，但光是遊樂園就能體會到賽車的緊張與興奮感。

❶非賽事期間可以免費進到場地／❷有許多冒險關卡的叢林駕駛／❸全程有12個障礙物的ACRO-X／❹相當受到小朋友喜愛的越野機車

✉三重縣鈴鹿市稻生町7992 ☎059-378-1111 🕐10:00～17:30(會依季節調整) 💲PASSPORT(入園+設施無限次數※部分設施除外)￥4,800、小學生￥3,400、3歲以上未就學幼兒￥2,200；僅入園￥2,000、小學生￥900、3歲以上未就學幼兒￥700 ➡近鐵白子站轉三重交通巴士(約20分鐘)，「鈴鹿サーキット」站下車 ⏳2～4小時 🌐www.suzukacircuit.jp

非賽事期間的交通
旅遊小錦囊

前往鈴鹿賽車場的方式是坐到近鐵白子站再轉三重交通巴士，不過如果是在非賽事期間，巴士班次1天只有5班，所以一定要事先查好巴士班次時間，如果無法配合巴士班次，可能就要考慮搭乘計程車前往(約15分鐘、車資約￥3,000)。

御在所纜車
御在所ロープウェイ
秋有紅葉、冬有樹冰的美景

御在所纜車是連接湯之山溫泉及御在所岳山頂的索道，搭乘纜車到山頂可以眺望四日市街道及伊勢灣等景觀，如果是冬天，還能看到整片樹木被雪覆蓋的白銀世界景觀，相當漂亮；此外也能欣賞御在所岳春天花開、夏天新綠、秋天紅葉等四季不同風貌。

御在所岳纜車採用複線自動循環式，分為湯之山溫泉站及山頂公園站，移動距離為2.1公里、兩站標高差為780公尺，搭乘纜車時間約12分鐘，冬季期間山頂設有滑雪場，也是三重縣內唯一的滑雪場。

御在所岳標高1,212公尺，冬季期間以雪景聞名，再加上距離名古屋只要1小時車程，所以受到許多遊客的喜愛。

從纜車終點山頂公園站出來，就可以看到整片雪白的樹冰美景，而且還有滑雪盆專用滑坡，不論是大人或小孩都能玩得相當開心，至於滑雪盆及雪靴，則可以在餐廳AZALEA旁的小屋租借。如果想要前往滑雪場則需搭乘空中吊椅，穿過樹冰之後前往山頂滑雪場，如果沒攜帶滑雪用具也不用擔心，這裡也有提供全套滑雪設備租借服務。

若時間充裕，可以在御在所岳安排一整天的行程，結束一天的登山玩雪後，回到山麓的山之湯溫泉住宿泡湯，更是旅行的一大享受。

✉ 三重縣三重郡菰野町湯之山溫泉 ☎ 059-392-2261 ⊙ 09:00～17:30(冬季～16:30) 💲 中學生以上單程票￥1,500、來回票￥2,600；4歲～小學生單程票￥750、來回票￥1,300 ➡ 近鐵湯之山溫泉站轉三重巴士(約10分)到「湯之山溫泉・御在所ロープウェイ前」站下車即達；名鐵巴士中心3樓2號月台有直達車(約60分) ⏳ 2～3小時 🌐 www.gozaisho.co.jp

❶髭羚廣場周邊的特殊場景冰瀑是在零度以下利用水霧所製造出來的巨大「冰塊」／❷楓紅時期可以觀賞到紅、橘、黃、綠等五顏六色的樹木／❸山頂上呈現整現樹冰的銀白世界(圖片提供：菰野町觀光協會)

點心餅主題樂園
おやつタウン
童年回憶的主題樂園

模範生點心餅是許多人的童年回憶,廠商為了慶祝70週年,2019年7月在三重縣開設了點心餅主題樂園,園內除了可以參觀點心餅的製作過程並實際動手體驗之外,還有各種遊樂設施,成為中部地區新興熱門親子景點,同時也是日本最大的室內遊樂場。

樂園內分為點心餅遊樂廣場、廚房體驗區、製作工場區、美食廣場區以及伴手禮區等5個區域。最受兒童歡迎的應該是擁有許多遊樂設施的點心餅遊樂廣場,裡面有4大遊樂設施,其中最受注目的就是全日本最大的3層繩網競技場,2、3層還可以玩繩索(身高限定122公分以上),連大人也能樂在其中。其他還有星太郎巨大溜滑梯、運動體驗區及幼童遊樂區等。

廚房體驗區不但可以讓遊客自行製作屬於自己獨創風格的點心餅,還可以帶回去當作

❶點心餅主題樂園是三重縣新開設的親子景點／❷幼童遊樂區內有許多給幼童遊玩的設施／❸3層繩網競技場是點心餅樂園內最受矚目的設施／❹星太郎在特定時段會登場表演

紀念品。工場區則是可以近距離參觀點心餅的製作過程,最後還可以試吃新出爐的點心餅,美食廣場販售批薩、拉麵、咖哩飯等主食,以及這裡獨有的冰淇淋、吉拿棒及鬆餅等兒童愛吃的點心,最後在伴手禮區購買樂園限定商品,完美收尾。

111

✉三重縣津市森町1945-11 ☎0570-082-114 🕙10:00～18:00 ➡名鐵久居站轉往「おやつタウン前經由・榊原車庫前行き」巴士(約15分)、「おやつタウン前」站下車徒步5分 ⌛3～4小時 🌐oyatsu-town.com ℹ可事先於網路預約入場券及各種體驗活動 💲分為尖峰、平常、超值等3種票價(詳細請至官網查詢)

	尖峰	平常	超值
大人(13歲以上)	¥2,500	¥2,200	¥1,600
兒童(3～12歲)	¥2,300	¥2,000	¥1,400

伊勢神宮

両千年以上歴史，一生要來參拜一次

伊勢神宮正式的名稱為「神宮」，是包括內宮皇大神宮與外宮豐受大神宮這兩座正宮在內，共125社的總稱，擁有2000年以上的歷史，每個人一生一定要去參拜一次。由於內宮與外宮分離，前往內宮參拜的遊客比外宮多，但正確的參拜順序是先到外宮，再沿著森林的參道走到內宮參拜，不過這段路走起來要50分鐘，所以遊客在參拜完外宮後都是搭乘巴士轉往內宮參拜。

外宮莊嚴幽靜，內宮參道熱鬧

伊勢神宮外宮又稱為豐受大神宮，創始於1500年前，外宮祭祀的豐受大神是食物之神，專門負責替天照大神準備穀物與食物，同時也守護著各種產業，比起內宮，外宮較為幽靜，參道也比較短，不似內宮那麼熱鬧，而走在深邃的林間境內，更能感受到莊嚴的氣氛，境內的勾玉池池畔設有散步道及休息場所，每年6月會有菖蒲花盛開，還會設置賞月舞台舉辦觀月會。

鎮守五十鈴川的伊勢神宮內宮，擁有2000年以上的歷史，是日本最大的聖地，宮內祭祀著天照大神，祂是高天原的主宰神，也是皇室的祖先，更是守護所有日本人的太陽神，是立足

❶託福橫丁是頗受遊客青睞的商店街／❷走過架設於五十鈴川上的宇治橋，就抵達神域／❸內宮前的參道商店街充滿遊客／❹❺比起內宮的熱鬧，外宮顯得莊嚴幽靜

於800萬神之上的神祇。

度過宇治橋即從俗界前往神域,穿越一之鳥居來到御手洗場將手洗淨後,再通過二之鳥居來到御正宮參拜,同時再順道前往荒祭宮、風日祈宮及神樂殿等參拜,在秋季,風日祈宮周邊的楓葉也非常漂亮。

每20年遷宮一次,引來大批遊客

不論是內宮或外宮,正殿都被好幾重的御垣(籬笆)所圍繞,每20年就會將御垣內的建物重新蓋在旁邊的土地上,神體也會遷移,此即為「式年遷宮」,最近1次遷宮為2013年,而在遷宮年度也會湧入比平常更多的遊客。此外,伊勢神宮也是中部地區著名的初詣(新年參拜)場所,新年期間會從各地湧入數十萬旅客前來,參拜人潮人滿為患。

伊勢神宮是三重縣最大級的觀光景點,所以前來參拜的遊客絡繹不絕,內宮參道的商店街稱為厄除町(おはらい町),是條相當熱鬧的商店街,由於都是在地居民所經營的店鋪,因此也能藉由逛街來了解當地的生活民情;在赤福本店前的巷子進去,裡面還有懷舊復古的託福橫丁(おかげ横丁),它復原了代表江戶時代伊勢路的建物,充滿古代風情,吸引大批遊客前來參觀。

✉三重縣伊勢市豐川町(外宮)、宇治館町1(內宮) ☎059-378-1111 ⏰05:00~18:00(1、2月~17:30、5~8月04:00~19:00、11、12月~17:00) 💲自由奉獻 ➡JR或近鐵伊勢市站徒步5分鐘(外宮),從外宮搭三重交通巴士往「內宮前行き」(15分鐘),終點站「內宮前」下車即達 ⏳2~3小時 🌐www.isejingu.or.jp

二見夫婦岩

欣賞日出及日落絕景

二見浦位於三重縣伊勢市二見町，屬於伊勢志摩國立公園的一部分，也入選為日本海岸百選之一，相傳地名的由來是因為日本神話中的女神「倭姬」來到此處時，因為風景太美麗，不禁二次回頭觀望，才叫二見浦。

二見浦的二見興玉神社，祭祀著猿田彥大神與宇迦御魂大神，可以祈求夫婦圓滿及居家平安，神社境內雖然不大，不過卻有相當有名氣的夫婦岩，自古以來此處即是遙拜日出的名所，也是浮世繪常見主題；雖然看在外國遊客眼裡，也許有人會認為夫婦岩不過是把海面上數個岩石中挑出一大一小後，用注連繩綁在一塊稱為夫婦岩，然後再添加一些神話或設計一些景觀成為景點，然而在夫婦岩之間欣賞日出或日落可是傳說中的絕景，尤其夏至與冬至時更是吸引大批遊客前來觀賞這難得一見的景觀。

二見地區除了夫婦岩、二

❶❷伊勢‧忍者王國入場費不便宜，而且不能用超級護照入場／❸走在二見街頭會發現連水溝蓋都是夫婦岩的圖案／❹夫婦岩是二見地區最著名的景點

見興玉神社之外，還有伊勢忍者王國、馬賽美術館等設施，這些設施都距離二見興玉神社不遠，所以二見地區也可以排上一天的行程。

✉三重縣伊勢市二見町江 ☎0596-43-2020(二見興玉神社) 🕙10:00～17:30 💲自由奉獻 ➡JR二見浦站徒步15分鐘；JR伊勢市站或近鐵宇治山田站轉「鳥羽行き」巴士(約20分鐘)，「夫婦岩東口」站下車，徒步5分鐘；鳥羽站前CAN巴士(約14分鐘) ⌛1～2小時 http www.amigo2.ne.jp/~oki-tama

鳥羽

鳥羽位於三重縣東南方，全區都在伊勢志摩國立公園境內，受惠於大自然的恩惠，擁有美麗的海岸與豐富又美味的海鮮，而且還有海女文化以及世界聞名的御玉木珍珠。鳥羽離名古屋只有90分鐘車程，在經濟及文化上都與名古屋關係密切，境內鐵道有JR及近鐵，便利的交通再加上多樣化的觀光景點，使得它成為三重縣的人氣旅遊地區；而且市內有超過200家的旅館，對於想要同時享受溫泉與美食的人，強烈建議在此住宿一晚。

必訪景點1

鳥羽灣&海豚島
鳥羽灣めぐりとイルカ島
搭遊覽船欣賞美麗海岸景觀

鳥羽海岸是具有美麗景觀的日本海岸之一，其中又以三個浮在海面上的小島為代表名勝，雖然近年來因為珍珠養殖業者的關係，海岸稍微失去了原本自然的風貌，但景觀依然相當漂亮，想要欣賞風光明媚的鳥羽海岸，最好的方式就是搭乘全程約50分鐘遊覽船。

遊覽船開航約15分鐘後會抵達海豚島(因形狀像隻海豚而得名)，入島費用包含在遊覽船費內，不過島上的登山單人纜車需另外購買(來回票￥500)。而這個單人纜車在移動時只靠雙手抓住上面的桿子，所以要稍微留意。海豚島上會有海狗和海豚的表演活動，離開海豚島約25分鐘會抵達珍珠島、水族館，可以在此卜船參觀這2個景點，或是再坐10分鐘回到終點鳥羽港。

✉三重縣鳥羽市鳥羽1-2383-51 ☎0590 25-3145 ⏰09:00～16:00 💰￥2,300(海豚島免費入園)、小學生￥1,200 🚉JR或近鐵鳥羽站徒步5分鐘 ⏳1～2小時 🌐shima-marineleisure.com ℹ事前在便利商店購票可便宜￥100

❶鳥羽海岸屬於伊勢志摩國立公園／❷搭乘單人登山纜車到山上看表演

鳥羽水族館

看各式海洋生物表演

❶日本唯一飼養的儒艮「SELINA」／❷L區的企鵝也是館內人氣動物之一／❸每日下午1點的海獺餵食秀是鳥羽水族館非常受歡迎的表演／❹黑白海豚因為體色關係，又有熊貓海豚之稱／❺館內處處可見館內動物的模型

鳥羽水族館飼養約1,200種、總數達3萬隻的海洋與河川生物，為日本最大的水族館(樓層面積則為日本第三位)，館內有不少人氣動物，其中名氣最大的就屬偶像級動物明星儒艮(ジュゴン)，此外像是海象、海獺、水豚、黑白海豚等動物也都極受歡迎，是個可以在裡面逛上半天的親子景點。

鳥羽水族館依不同的自然環境分為A～L共12個館區，其中的A區是海獅表演區，一天有10:00、11:30、13:00、15:30等4個場次的表演活動，L區的水中迴廊在12:00會有企鵝遊行，11:00及14:00有海象表演秀，因為水族館沒有特別規畫各個館區的參觀順序，所以可以照自己喜愛並配合各項表演時間來安排參觀順序；館內的紀念品店有販售不少鳥羽水族館限定的商品，千萬不能錯過。

✉三重縣鳥羽市鳥羽3-3-6 ☎0599-25-2555 ⏰09:00～17:00(依季節調整) 💲￥2,800、中小學生￥1,600、3歲以上幼兒￥800 ➡JR或近鐵鳥羽站徒步10分鐘 ⏳2～4小時 http www.aquarium.co.jp

旅遊小錦囊

善用套票優惠方案

鳥羽水族館的入場券為￥2,800，包含在超級護照「まわりゃんせ」的入場設施之一，但如果要單買入場券，利用近鐵5日券購買近鐵5日券Plus可以折價￥100。更為划算的方式是購買鳥羽水族館與珍珠島2館共通入場券￥4,000，或者是再加鳥羽灣遊覽船及海豚島￥5,600。

旅行・小知識

什麼是儒艮(ジュゴン)？

儒艮為草食性海生哺乳類動物，主要分布在印度洋與西太平洋，由於人類的嚴重捕殺再加上飼養不易，使得牠目前在全世界僅有4間水族館飼育，日本也僅有鳥羽水族館這1隻。儒艮個性溫馴、行動遲緩，再加上呆萌的長相使得牠十分惹人憐愛。「儒艮」是直接音譯，在部分地區又稱為海牛、海豬或海駱駝，不過牠有個更美麗的俗名「人魚」，這是因為雌儒艮在哺乳時會抱著幼體，半個身體露出水面有如人魚一般，故有此俗名。

御木本珍珠島
ミキモト真珠島
紀念世界首位養殖珍珠成功者

御木本珍珠島是為了紀念珍珠王御木本幸吉所設立的博物館，他是世界上第一位養殖珍珠成功的人，館內介紹他一生的傳奇故事，也有專人現場解說養殖珍珠的技術，每整點20分有現場海女表演(會因天候與日落時間變更)，可以看到她們徒手潛入海內採集各種貝類的技術，即使寒冷冬天也照樣表演。

珍珠島上的博物館裡面展示著地球儀、五重塔、自由之鐘、姬路城等各種珍珠工藝品。珍珠島內還有御木本幸吉紀念館，館內

以展板及遺物來介紹珍珠王的生涯，此外還有復原他的老家模樣，可藉此了解當時鳥羽的生活情況。

✉ 三重縣鳥羽市鳥羽1-7-1 ☎ 0599-25-2028 🕐 08:30～17:00(會依季節調整) 💲 ￥1,650、中小學生 ￥820 ➡ JR或近鐵鳥羽站徒步5分鐘 ⏳ 1～2小時 http
www.mikimoto-pearl-island.jp

❶珍珠島每天都有海女現場表演／❷島上設有記念御木本幸吉的雕像／❸鳥羽灣遊覽船可以在珍珠島前下船

赤目48瀑布
赤目四十八滝
日本瀑布百選，及楓紅名所

日本有許多名為「48瀑布」的地方，但「48瀑布」實際為瀑布群之意，其中最廣為人知的就屬赤目48瀑布了(拜直木賞作品《赤目48瀑布心中未遂》所賜)，它真正的瀑布總數為27個，其中又以不動、千手、布曳、荷擔、琵琶5大瀑布最有名，所以這5個瀑布又稱為「赤目五瀑」。

赤目瀑布的散步路線分為基本路線(1小時)及進階路線(3小時)，基本路線是走到前3個瀑布再折回，進階路線則是走完赤目五瀑，此外還有支線前往長坂山健行路線，不過花費時間就更久了。赤目48瀑布周邊地域可說是野生動植物的寶庫，尤其溪谷地區是世界上最大的娃娃魚棲息地；而赤目48瀑布除了入選為日本瀑布百選外，自然步道也入選日本遊步百選，也是著名的賞楓名所，是相當值得前來的自然景點。

✉三重縣名張市赤目町長坂861-1 ☎0595-63-3004(赤目48瀑布溪谷保勝會) ⏰08:30～17:00(12～3月09:30～16:30) 💲￥500、中小學生￥250 ➡近鐵赤目口站轉「赤目滝行き」的三重交通巴士 (約10分鐘)，終點站「赤目滝」下車 ⌛2～3小時 🌐www.akame48taki.com

旅遊小錦囊

如何前往赤目48瀑布？
離赤目48瀑布最近的車站為近鐵赤目口站，不過赤目口是特急電車不停靠的小站，如果從名古屋出發可先坐特急到名張站再轉急行列車到赤目口，之後再轉巴士到終點站「赤目滝」，下車後徒步10分鐘即可到達瀑布入口。

❶布曳瀑布高約30公尺，細長涓流從大岩石上落下有如一條長布／❷千手瀑布因為細流眾多而得名／❸赤目五瀑中最先抵達的就是不動瀑布／❹乾淨的水質才會使娃娃魚在此繁殖

伊賀上野公園
俳聖松尾芭蕉的誕生地

伊賀上野的景點幾乎都集中在伊賀上野公園內,裡面有忍者博物館、俳聖殿、松尾芭蕉紀念館、上野城、上野歷史民俗資料館等,也有販賣烏龍麵、蕎麥麵及土產的店家,因為也是當地主要活動與休閒場所,所以常會不定期舉辦各種活動,相當熱鬧。

伊賀上野公園

傳說中築城名手的作品
✿伊賀上野城

ⓒ三重縣伊賀市上野丸之內106 📞0595-21-3148 🕐09:00～17:00、12/29～12/31休城 💲自由入園(登閣￥600、中小學生￥300) ➡️伊賀鐵道上野市站徒步8分鐘 🎫0.5～1小時 http igaueno-caslle.jp ℹ️另有發售伊賀上野城、忍者博物館、だんじり會館三館聯票￥1,500

　　上野公園內的最著名景點為伊賀上野城,於17世紀由築城名手藤堂高虎所建,是座梯廓式平山城,天守為層塔型3層3階構造,別名為「白鳳城」。同樣位於上野公園內的俳聖殿是為了紀念松尾芭蕉誕生300年而建立,是棟下層八角平面、上層圓形的木造建築物,裡面展示著松尾芭蕉祭典時所表彰的特選俳句。由於伊賀上野公園也是賞櫻名所,在櫻花綻放時總是湧入大批遊客,在這具有城下町風情與松尾芭蕉年代的歷史氣氛下,賞櫻的心情似乎也和別處不同。

現在看到的伊賀上野城天守為模擬重建

伊賀上野公園

觀賞忍者道具與忍術表演
✿伊賀流忍者博物館

ⓒ三重縣伊賀市上野丸之內117 📞0595-23-0311 🕐09:00～17:00、12/29～1/1休館 💲￥800、4歲～中學生￥500 🎫0.5～1小時 http www.iganinja.jp

　　上野公園內的伊賀流忍者博物館近年有越來越多的國外旅客造訪,館內設施有忍者屋敷、忍術體驗館及忍者傳承館,進入忍者屋敷時會有穿著忍著服裝的導覽員,由其介紹屋敷內的各種機關,而忍術體驗館及忍者傳承館則展示著各種忍者的道具與資料,此外,還有需另外付費￥500的忍術表演,不過務必事前確認表演時間再來欣賞。

❶兒童的忍者裝扮十分可愛／❷忍者列車為伊賀上野的一大特色／❸博物館內展示著各種忍者道具

名古屋の旅宿

阿古所推薦飯店主要考量重點為：交通、價格及評價這3者。交通需在主要車站徒步10分鐘內。價格則是「雙人房價格」最低在￥16,000以下，不過最低價格多是平日未附早餐方案，而且有些飯店在假日及淡旺季價差很大。一般飯店多分為有附早餐及未附早餐兩種價格，但像SUPER、COMFORT等飯店只有附早餐的單一價格，此類型的飯店標榜免費提供早餐，早餐通常較為簡易。至於評價則是在網路或問卷調查具有一定程度好評者。另外，日本飯店0～6歲孩童在不另行提供寢具的情況下可免費加人，但6～12歲的小學生就必須收費，不過像Richmond、Daiwa、Comfort等連鎖飯店，小學生可以免費加人(1位大人可加1位兒童，但不另行提供寢具，且1張床只能加1位兒童，所以如果夫婦帶著2位兒童，就必須訂TWIN的房型)，對於帶小學生出遊的家族來說可省下不少住宿費。

訂房方式除了可以到各飯店官網預約之外，也可以到Jalan(じゃらん)、日本奇摩、一休及agoda等訂房網站，不過因為現在飯店業及訂房網站競爭激烈，並沒有絕對便宜的網站，有時官網會有限定優惠方案，有時訂房網站會有專屬特惠方案，所以要找便宜住宿，唯一要訣就是多方比價。

經歷3年疫情後，名古屋車站周邊飯店不但沒有減少，反而有越開越多的傾向，選擇也更為多樣化，造成新舊飯店間的競爭越來越激烈，房價也比疫情之前上漲。儘管飯店數沒有因為疫情而減少，不過倒是有2點改變，第一就是為了減少人與人之間的接觸，許多飯店都引進了自動CHECK IN/OUT的機器讓住宿旅客自行操作，第二則是飯店為減少人力成本，在備品更換上採取自助式，且床單及浴巾等用品，也從以往每日由清潔服務人員主動更換，改為需由房客主動提出申請才會更換的方式。

JR名古屋站周邊

由於中部地區景點分散，無法像東京或大阪那樣集中在一個定點住宿，交通上主要會利用JR移動，因此建議的住宿地點是以名古屋JR車站附近為主。

三井Garden Hotel 名古屋 Premier

2016年9月新開幕，房間都位於19樓以上，可以觀賞名古屋市區夜景，也附設頗受好評的大浴場，而且三井集團飯店品質具有一定水準。

☎052-587-1131 💲單人房￥11,500起、雙人房￥16,300起 ➡JR名古屋站櫻通口徒步5分鐘 🌐www.gardenhotels.co.jp/nagoya-premier 🗺P.47／C4

名鐵INN名古屋

新幹線口

名古屋車站周邊有3間名鐵INN飯店，其中新幹線口店鋪的房間較為寬敞，設備新穎。

📞052-453-3434 💲單人房￥8,800起、雙人房￥12,500起 ➡JR名古屋站太閤通口徒步4分鐘 http www.m-inn.com/shinkansenguchi MAP P.47／C1

櫻通

位於JR名古屋站櫻通口附近，離ユニモール地下街出口超近。

📞052-586-3434 💲單人房￥6,100起、雙人房￥8,000起 ➡JR名古屋站櫻通口徒步4分鐘 http www.m-inn.com/sakuradori MAP P.47／B3

名古屋站前

2016年4月重新整修，比起另外兩間雖然距離車站較遠，但價格更為優惠。

📞052-571-3434 💲單人房￥6,100以上、雙人房￥7,000以上 ➡JR名古屋站櫻通口徒步8分鐘 http www.m-inn.com/nagoya MAP P.47／A2

VIA INN名古屋

新幹線口

JR西日集團經營，具有一定口碑的平價商務旅館，地點方便價格便宜，而且VIA INN也可讓小學生免費加人，對於想要節省住宿預算的旅客頗有助益。

📞052-453-5489 💲單人房￥5,500起、雙人房￥6,900起 ➡JR名古屋站太閤通口徒步4分鐘 http www.viainn.com/nagoya MAP P.47／D1

站前椿町

📞052-451-5489 💲單人房￥5,500起、雙人房￥8,000起 ➡JR名古屋站太閤通口徒步4分鐘 http www.viainn.com/nagoya-t MAP P.47／C1

三交INN名古屋

新幹線口

雖然是區域性的商務旅館，但因為離車站超近、價格實惠，又附有免費早餐，相當受到旅客喜愛。

📞052-453-3511 💲單人房￥5,600以上、雙人房￥7,900以上 ➡JR名古屋站太閤通口徒步1分鐘 http www.sanco-inn.co.jp/nagoya MAP P.47／C2

新幹線ANNEX

📞052-756-3541 💲單人房￥5,800以上、雙人房￥8,000以上 ➡JR名古屋站太閤通口徒步1分鐘 http www.sanco-inn.co.jp/nagoya-annex MAP P.47／C2

THE ROYAL PARK HOTEL 名古屋

歷史悠久，交通方便的連鎖飯店，以寬敞的房間與床鋪而受好評，小學生可免費加人。

📞052-300-1111 💲單人房￥9,000起、雙人房￥15,000起 ➡JR名古屋站櫻通口徒步5分鐘 http www.rph-the.co.jp/nagoya MAP P.47／C4

SUPER HOTEL

新幹線口

SUPER在平價商務旅館之中評價始終保持前三名，不但提供免費早餐，而且單人房價格相當優惠。

📞052-451-9000 💲單人房￥5,280起、雙人房￥7,600起 ➡JR名古屋站太閤通口徒步7分鐘 http www.superhotel.co.jp/s_hotels/nagoya/nagoya.html MAP P.47／B1

名古屋天然溫泉櫻通口

SUPER在平價商務旅館之中評價始終保持前三名，不但提供免費早餐，而且單人房價格相當優惠。

☎052-561-9001 $單人房￥6,200以上、雙人房￥8,700以上 ➡JR名古屋櫻通口徒步8分 ⊞www.superhotel.co.jp/s_hotels/p_nagoya/ ⊞P.47／B4

Richmond Hotel
名古屋新幹線口

Richmond是飯店「￥9,000～￥15,000區間」滿意度調查中的常勝軍，而且也可讓小學生免費加人，這間飯店各方面評價都很好。

☎052-452-8145 $單人房￥7,200以上、雙人房￥12,500以上 ➡JR名古屋站太閤通口徒步7分鐘 ⊞richmondhotel.jp/nagoya-shinkansenguchi ⊞P.47／B1

名鐵Grand Hotel

位於名鐵百貨MENS館樓上的飯店，距離名鐵及近鐵車站超近，交通相當方便。

☎052-582-2233 $單人房￥6,500起、雙人房￥11,000起 ➡JR名古屋站櫻通口徒步4分鐘 ⊞www.meitetsu-gh.co.jp ⊞P.47／C3

Daiwa Roynet Hotel

太閤通口

Daiwa在名古屋車站周邊共有3間飯店，而且Daiwa是日本少數可讓小學生免費加人的連鎖飯店；而太閤通口的Daiwa飯店於2016年9月新開幕，號稱為名古屋地區最高等級的Daiwa。

☎052-459-3155 $單人房￥7,900以上、雙人房￥11,000以上 ➡JR名古屋站太閤通口徒步4分鐘 ⊞www.daiwaroynet.jp/nagoya-taikodoriguchi ⊞P.47／D2

新幹線口

同樣位於太閤通口的另間Daiwa，兩者離車站距離都差不多，但新幹線口的店鋪離JR高速巴士乘車處較近一些。

☎052-452-7055 $單人房￥7,800起、雙人房￥10,800起 ➡JR名古屋站太閤通口徒步3分鐘 ⊞www.daiwaroynet.jp/nagoya-shinkansenguchi ⊞P.47／C1

名古屋站前

有別於太閤通口兩間店鋪，這間位於名古屋站的Daiwa離名鐵及近鐵車站比較近，適合常利用這兩種交通系統的旅客。

☎052-541-3599 $單人房￥7,200起、雙人房￥9,200起 ➡JR名古屋站櫻通口徒步5分鐘 ⊞www.daiwaroynet.jp/nagoyaekimae ⊞P.47／D3

名鐵NEW GRAND HOTEL

位於太閤通口對面BIC CAMERA建物的後方，對於想買大型家電的旅客超方便，不但交通位置絕佳，而且飯店於2016年9月整修完畢。

C 052-452-5882 **$** 單人房￥6,300起、雙人房￥8,900起 **➡** JR名古屋站太閤通口徒步1分鐘 **http** www.meitetsu-ngh.jp **MAP** P.47／C1

Comfort HOTEL

名古屋新幹線口

C 052-453-3111 **$** 單人房￥5,800以上、雙人房￥8,000以上 **➡** JR名古屋站太閤通口徒步8分鐘 **http** www.choice-hotels.jp/hotel/nagoyashinkansenguchi **MAP** P.47／C1

名古屋名站南

C 052-581-7211 **$** 單人房￥6,100以上、雙人房￥7,700以上 **➡** JR名古屋廣小路口徒步9分 **http** www.choice-hotels.jp/hotel/nagoyameiekiminami/ **MAP** P.47／D4

R&B HOTEL名古屋新幹線口

C 052-451-8585 **$** 單人房￥4,300以上、雙人房￥6,300以上 **➡** JR名古屋站新幹線口徒步5分鐘 **http** randb.jp/nagoya-shinkansenguchi **MAP** P.47／C1

HOTEL ABC

C 052-453-4111 **$** 單人房￥5,400以上、雙人房￥9,350以上 **➡** JR名古屋站新幹線口徒步4分鐘 **http** hotel-abc.co.jp **MAP** P.47／D2

VESSEL HOTELcampana名古屋

2018年10月新開幕，雖然離車站稍微遠了點，但附有大浴池，而且可讓18歲以下孩童免費加人。

C 052-569-0011 **$** 單人房￥5,900以上、雙人房￥7,600以上 **➡** JR名古屋站櫻通口徒步9分鐘 **http** www.vessel-hotel.jp/campana/nagoya **MAP** P.47／A3

COMPASS HOTEL名古屋

2023年8月新開幕，附有免費早餐，價格實惠又可讓小學生免費加人。

C 052-581-2211 **$** 單人房￥6,700以上、雙人房￥7,560以上 **➡** JR名古屋站櫻通口徒步8分鐘 **http** compasshotelnagoya.com **MAP** P.47／D4

相鐵FRESA INN名古屋新幹線口

2021年4月新開幕的飯店，地點適中、價格實惠，而且有比較少見的3人房及4人房。

C 052-433-2037 **$** 單人房￥6,800以上、雙人房￥8,000以上 **➡** JR名古屋太閤通口徒步4分 **http** sotetsu-hotels.com/fresa-inn/nagoya-shinkansenguchi/ **MAP** P.47／D2

名古屋櫻通口

位於櫻通口的另間相鐵FRESA INN，適合常搭乘名鐵及近鐵系統的旅客。

C 052-511-2031 **$** 單人房￥7,600以上、雙人房￥9,200以上 **➡** JR名古屋櫻通口徒步4分 **http** sotetsu-hotels.com/fresa-inn/nagoya-sakuradoriguchi/ **MAP** P.47／C3

しずおかけん

靜岡縣

Shizuoka-ken

靜岡、島田、掛川、濱松

靜岡就是綠茶的代表，來到這裡，喝一杯好
茶為旅行充電。更可在三保松原欣賞富士山
與美麗海岸，這真是旅行的極致享受。

靜岡縣位於日本本島中央，緊鄰愛知縣，南方面臨太平洋，歷史上曾被分為伊豆、駿河及遠江等三個各有特色又涇渭分明的行政區，合併後的靜岡縣民至今仍有多種性格與特色，故有「日本的縮圖」稱號。靜岡縣是工業大縣，農漁業也很發達，綠茶產量為全日本第一，也盛產柑橘、鰹魚、櫻花蝦等。縣內觀光相當發達，有日本精神象徵的富士山、新日本三景三保松原、伊豆半島、濱名湖等。

靜岡縣人口為全日本第十位，在中部地區僅次於愛知縣，縣廳所在地是靜岡市，但縣內人口最多的都市為濱松市。靜岡縣境內交通相當便利，有靜岡機場、新幹線、JR等，也有靜岡鐵道、岳南電車、大井川鐵道、伊豆急行、遠州鐵道等為數相當多的私鐵，其中縣內的新幹線車站多達6站，僅次於山形縣與岩手縣為全日本第三位。

靜岡縣

2

3

しずおかけん

4

5

6

濱松城公園

濱松車站周邊地圖

- ● 景點
- ● 住宿
- ● 餐廳
- ● 購物
- ● 地標

A

B

C

1 2 3 4

遠州病院

田町中央通

廣小路

大手通

姬街道

第一通り

鰻料理專賣店曳馬野

うなぎ八百德本店

樂器博物館

HOTEL CROWN PALAIS濱松

北之庭THE KURETAKESO

Daiwa Roynet Hotel濱松

展望迴廊

鴨江小路

ZAZACITY

巴士總站

ACT CITY濱松

濱松科學館

模型場景展示館(西館1樓)

うなぎ料理あつみ

遠州百貨

新浜松

Bic Camera

浜松

永代通

松尾小路

東海道本線

東海道新幹線

HOTEL SORRISO濱松

うなぎ藤田濱松站前店

Comfort HOTEL濱松

むつぎく

うな炭亭

P124圖1圖片提供：靜岡市觀光旅遊官網
P125圖2圖片提供：靜岡市觀光旅遊官網
P125圖3圖片提供：靜岡縣觀光協會
P125圖4圖片提供：掛川花鳥園
P125圖5圖片提供：靜岡縣觀光協會
P125圖6圖片提供：靜岡市觀光旅遊官網

富士山靜岡周遊券Mini

使用期間：2016年7月15日起

有效期間：連續3日

票　　價：¥6,500、兒童半價

販售地點：這張富士山靜岡周遊券Mini可以先在海外向旅行社購買兌換券(MCO)，然後3個月內到JR東海或JR東海TOURS部分支店兌換；入境日本購買並兌換的程序會比較繁瑣。

這張周遊券使用範圍東起熱海，西至豐橋，能搭乘的交通工具包括JR在來線熱海－豐橋(東海道本線)、沼津－松田(御殿場線)、富山－下部溫泉(身延線)的特急、快速、普通車，但不能搭乘東海道新幹線；此外還能搭乘範圍內的伊豆箱根鐵道、伊豆箱根巴士、S-Pulse Dream快速船(清水港－土肥港、日之出－日之出)、遠鐵巴士、靜鐵巴士、東海巴士、富士急行巴士。利用這些交通工具幾乎能到達靜岡地區所有的知名景點，不過使用範圍東到熱海、西到豐橋，所以不管從東京或是名古屋出發，都必須再支付部分JR費用。

富士山靜岡周遊券Mini交通路線圖

往新宿
(小田急線)

下部溫泉
JR身延線
白絲瀑布
河口湖
富士急樂園
御殿場
松田
御殿場
OUTLET

富士宮
三島SKTWALKE
遊園地
GRINPA

濱名湖花園
館山寺溫泉
富士急行巴士
靜岡　清水
富士
JR御殿場線
熱海

豐橋
遠鐵巴士
濱松
掛川　島田
新富士
沼津
三島
往東

往名古屋
JR東海道本線
清水港
靜鐵巴士
三保松原
伊豆箱根鐵道

中田島砂丘
伊豆三津海洋樂園
伊豆箱根巴士
伊豆長岡

渡輪
東海巴士
修善寺溫泉

土肥港
修善寺

濱松與濱名湖周遊券

使用期間：2022年10月1日起

有效期間：6小時、1日、2日

票　　價：6小時券￥2,000、1日券￥2,100、2日券￥3,000；兒童半價

販售地點：下載APP「EMot」後購入

　　這張濱松與濱名湖周遊券是疫情期間所推出，有效期間分為6小時、1日、2日等3種類型，使用範圍包括遠鐵電車及巴士全線、天龍濱名湖鐵道全線、濱名湖遊覽船及館山寺纜車，另外還附有濱名湖周邊多個設施的折扣券。這張周遊券將濱名湖周邊所有的交通與景點都包含進去，可說是遊濱名湖必備票券，不過必須下載APP才能購入。

↑網站圖片取自濱松濱名湖周遊券官網

　　原本遠州鐵道發售的2日券及附有中部國際機場－濱松的直行巴士e-wing單程乘車券的3日券都因為疫情暫停發售，這張新發售的周遊券使用範圍和2日券及3日券相同，但是價格更為優惠。

濱松與濱名湖周遊券交通路線圖

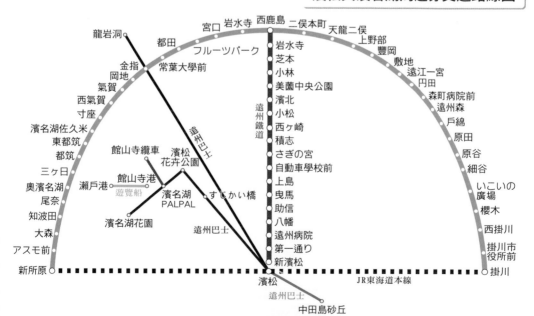

靜鐵電車&巴士1日券／靜岡電車 バス1日フリー乗車券

使用期間：常態發行

有效期間：當日有效

票　　價：¥1,400、兒童半價

販售地點：這張靜鐵電車&巴士1日券，可以在靜鐵電車的新靜岡站與新清水站、新靜岡巴士案內所、靜岡站前案內所及清水站案內所等處購買。

　　這張票券可以在1日內自由搭乘靜鐵電車全線，以及靜岡站、東靜岡站、草薙站及清水站為起點、單程¥600以內的巴士路線。靜岡郊區的三保松原、日本平、S-Pulse夢廣場(小丸子博物館)等景點，都可以利用這張票券前往，可說是暢遊靜岡市區及郊區的必備票券，但須注意沒有包含靜岡空港線，如要搭乘靜岡空港線，必須改買靜岡1日周遊券(¥2,000)。

本圖由靜岡鐵道授權同意使用

靜鐵電車&巴士1日券交通路線圖

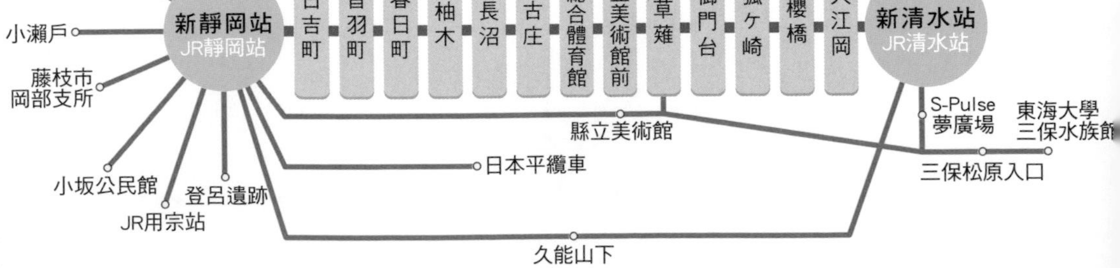

130

經典美食與物產

平民美食富士宮炒麵

三大靜岡平民美食❶
富士宮炒麵

富士宮炒麵為靜岡地區三大平民美食之一，但要符合4個條件才稱的上是富士宮炒麵：1.先蒸再冷很彈牙的麵條、2.添加炸完豬油的肉沫、3.灑上沙丁魚粉、4.使用富士山的湧水，此外會依店家不同而添加花枝、絞肉、櫻花蝦等配料，它的美味廣受大家喜愛，但令人意外的是平民美食居然有如此嚴格的定義。

131

三大靜岡平民美食❷
靜岡關東煮

靜岡關東煮亦為靜岡地區三大平民美食，所以同樣也要符合4個要件：1.放上黑色魚板、2.湯頭也是黑色的、3.刺成一串的食材、4.灑上青海苔與高湯粉。靜岡關東煮不愧是平民美食，可以在學校附近的零食店買到，但主要還是在居酒屋食用，店鋪最集中的區域在靜岡市區的青葉橫丁與青葉關東煮街。

三大靜岡平民美食❸
濱松煎餃

濱松煎餃也有3個要件：1.蔬菜比肉餡多、2.會煎成一盤圓形的樣子、3.中間會附上豆芽菜。至於放豆芽菜的最初原因，是早期認為圓形中央的空間應該塞點東西比較好，而豆芽菜也有解油膩的功能。各家口味與醬料都各有特色，濱松市區有多達300間餐飲店有販售煎餃，離濱松車站最近的專賣店為南口的むつぎく，是昭和37年開業的在地人氣老店。

刺成一串的方式是靜岡關東煮的特色之一

濱松煎餃的最大特徵就是會附上豆芽菜

經典美食與物產

濱松鰻魚飯

鰻魚飯是濱松的另一道美食，相較於平價的煎餃，它可說是濱松美食的王者，一般料理鰻魚的方式分為關東式(蒸熟後再烤)與關西式(不蒸直接烤)，而地理位置位於兩者之間的濱松則可以吃到東西合併的風味，超過100家的店鋪之中，有知名的王道口味老鋪，也有個性派的新一代店鋪。濱松車站附近就有うなぎ藤田濱松站前店、うな炭亭、うなぎ八百德本店、鰻料理專賣店曳馬野、うなぎ料理あつみ等知名老鋪。

濱松美食的王者鰻魚飯

春華堂鰻魚派

春華堂鰻魚派的製造廠商位於濱松市，為中部地區的超人氣伴手禮，名稱雖然叫做鰻魚派，但其實是日式甜點，完全沒有鰻魚味，比較類似喜餅禮盒裡常見的千層派餅乾。廣告詞說鰻魚派是「夜晚的點心」，意思是指適合家族團圓時享用的甜點。

春華堂鰻魚派是人氣伴手禮

靜岡茶

靜岡茶與宇治茶並稱日本兩大名茶，靜岡茶園占日本茶園總面積四成，產量也是全日本第一位，最大的產地在牧之原，當然靜岡人民茶葉消費量也是全日本第一，連學童的營養午餐都會出現茶，所以來到靜岡，務必要品嘗全日本聞名的靜岡茶。

全國聞名的靜岡茶

塑膠模型

咦！為何塑膠模型是靜岡的特產？原來靜岡是塑膠模型製造商的王國，出貨量占了全日本的九成，設在靜岡的工廠有以鋼彈模型聞名的萬代(Bandai)、讓人印象深刻的紅藍雙星、以汽車飛機艦隊為主的田宮(TAMIYA)，此外還有AOSHIMA、HASEGAWA等中小型製造商，所以在參觀這些模型工廠的同時，記得順便買個紀念品回去。

靜岡是模型迷的朝聖地

嘟嘟～

蒸氣與卡通列車到站了

大井川鐵道
SL、湯瑪士列車

大井川鐵道(簡稱大鐵)是位於靜岡線的中小型私鐵公司，沿線人口不多，營運收入主要靠蒸汽機關車(SL列車)及湯瑪士等觀光列車為主。起點金谷站有「動態鐵道博物館」之稱號，路線有動態保存蒸氣機關車的大井川本線，以及日本僅存的ABT式鐵道的井川線，對於鐵道迷來說是不容錯過的朝聖地。

📧靜岡島田市金谷東2-1112-2 📞0547-45-4112 🕐每日1～3班往返、依季節不同而有運休 💲SL列車￥2,750(新金谷～千頭)、湯瑪士列車￥3,400(新金谷～千頭)、ABT列車(千頭～井川￥1,340) ➡️JR金谷站轉大井川鐵道1站到新金谷站，即為SL列車/湯瑪士列車起點站 ⌛3～5小時(含乘車時間) http oigawa-railway.co.jp

旅遊小錦囊

大井川鐵道的優惠票券

　　走觀光路線的大井川鐵道，票價其實並不便宜，使用各種優惠車票倒是可以節省一些交通費，例如大井川本線周遊券￥3,500，可以2日內自由搭乘金谷到千頭；大井川周遊券2日￥4,900，3日￥5,900，可以在有效期間內自由搭乘大井川本線、井川線，以及寸又峽線巴士與閑藏線巴士，不過這兩張周遊券如要搭乘SL及湯瑪士列車，需再另購急行券。

SL列車之旅

井川線又名南阿爾卑斯ABT路線，就是在鐵軌中間的枕軌布置一條齒軌，讓火車可以藉由這條齒軌爬上斜坡，為日本唯一的特殊齒軌構造，台灣的阿里山森林鐵道也是採用此系統，而兩家鐵道公司也於1986年締結為姊妹鐵道。

SL及湯瑪士火車起點站：新金谷

大井川鐵道的本線起點為金谷，終點為千頭，全程所需時間約1小時20分鐘，行走距離37.2公里，共19座車站，起點雖然是金谷站，但第二站的新金谷才是SL列車及湯瑪士火車的起點。

Spot 1 家山站：
散步在汽笛聲呼嘯而過的櫻花隧道

第9站家山站是SL列車停靠的有人車站，出站徒步10分鐘可抵達櫻花隧道，它沿著大井川鐵道長約1公里，為著名的賞櫻名所，在滿開的櫻花隧道之中，SL列車響起汽笛從旁呼嘯而過，更是此處特有的場景。

Spot 2 塩鄉站：
踏上大井川最長的塩鄉吊橋

第13站的塩鄉站雖非SL列車停靠站，但徒步5分鐘可到大井川最長的塩鄉吊橋，220公尺的吊橋走起來充滿刺激感，也可以站在橋上眺望從橋下通過的列車。

Spot 3 千頭站：
「音戲之鄉」體驗聲音與自然的結合

大井川本線的終點站是千頭站，有SL資料館(入館費￥100)，周邊也有散步道，全程約90分鐘，車站徒步3分鐘可到「音戲之鄉」，是個可以體驗聲音與自然的體驗博物館。千頭站同時也是ABT式鐵道井川線的起點，全程所需時間為1小時50分鐘，行走距離25.5公里，共13座車站。

❶家山櫻花隧道是大井川鐵道的賞櫻名所(圖片提供：靜岡縣觀光協會)／❷千頭站是大井川本線的終點也是井川線的起點

Spot 4 寸又峽夢幻大吊橋：
站在橋中賞美景

　　從千頭站轉搭巴士前往寸又峽溫泉(需時40分鐘)，終點站下車後再徒步30分鐘，即可抵達架設在大間水庫上，高度8公尺、長達90公尺的夢幻大吊橋，走起來雖然驚心動魄，但傳說只要走到橋的正中央祈願，夢想與愛情就能得以實現。

寸又峽的夢幻大吊橋是著名賞楓名所(圖片提供：靜岡縣觀光協會)

Spot 5 奧大井湖上站

日本第一
祕境車站

賞楓紅美景

　　井川線沿著奧大井溪谷前進，沿途可以欣賞奧大井的壯觀自然風景，尤其在楓紅季節更吸引許多遊客前來。沿線13座車站中最特別的莫過於「奧大井湖上站」，它是位於湖中央突出半島的無人車站，周邊沒有任何住家，宛如孤島一般，因此多次被票選為日本第一的祕境車站。奧大井湖上站周邊也有自然散步道，可以散步到下一站的接祖峽溫泉站，全程約50分鐘。

奧大井湖上站是位於湖中央的無人車站

鐵路維修公告：2022年9月因颱風造成家山至千頭區間鐵路毀壞，目前以接駁巴士代替。

135

Spot 6 井川站

靜岡最高海拔的車站

　　海拔686公尺的井川站為靜岡縣內最高的車站，也是井川線的終點站，是個寧靜的祕境車站，車站徒步5分鐘可以到達井川湖及井川水庫，旁邊的井川展示館內介紹水力發電的原理以及自然與電氣的關係等科學知識。

位於靜岡最高車站的井川站，出來就能看到井川湖(圖片提供：靜岡市觀光旅遊官網)

Q翻天的湯瑪士火車

湯瑪士火車起源於英國的知名兒童節目，也開發出許多周邊商品，不過最令人驚奇的是，日本大井川鐵道在2014年把原本使用的C11型蒸汽機關車227號機塗裝成藍色車體，再將湯瑪士的臉裝在車頭，於是兒童節目中的湯瑪士火車就變成可以實際搭乘的火車了，推出後大受歡迎，成為大井川鐵道每年6～10月的常態活動，而且還增加了詹姆士火車以及紅色巴士巴蒂。

湯瑪士火車在營運期間的每週六、日、一，每天各1個班次往返，但休假、暑假或特別活動時會加開班次，有時會改行駛詹姆士火車，也有幾日會同時行駛湯瑪士與詹姆士火車。終點千頭站同時會開設湯瑪士火車博覽會(入場券￥500)，對於很喜歡湯瑪士火車卻又沒訂到座位的遊客，可以考慮參觀這個博覽會來彌補

遺憾。

比起湯瑪士火車，阿吉認為更讓人感動的是，大井川本線沿線居民對於社區整體營造的用心，不管是新金谷站的PlazaLoco、終點站千頭廣場、車內的服務人員，甚至沿線的居民都會與湯瑪士火車上的遊客打招呼。湯瑪士火車的成功，都是靠每個人努力的結果，當然這也代表大井川鐵道已經深入當地居民人心，成為生活中的一部分。

❶湯瑪士火車在營運期間一票難求／❷湯瑪士火車緩慢地進站時，場內外遊客的歡呼與讚嘆聲此起彼落／❸車廂內部也充滿湯瑪士風情／❹❺在湯瑪士行駛期間，千頭站會舉辦湯瑪士博覽會

SL蒸汽機關車、湯瑪士火車訂票方式

大井川網站：oigawa-railway.co.jp

SL蒸汽機關車

Step 1
在搭乘日前125天到大井川網站訂購車票，採用電子郵件報名。官網上方的「SLに乗る」是預定SL蒸汽機關車，「トーマス号に乗る」則是訂湯瑪士火車。

Step 2
先在「運行スケジュールの確認」查詢各個日期的座位預約狀況，再到畫面下方按下「SLの予約」即進入電子郵件預約畫面。

▲顯示出各日期的座位預約狀況

Step 3
使用大井川網站預訂時，務必留意E-mail信箱的正確性，姓名寫漢字即可，郵便番號及住所可填寫預計入住的日本飯店，再來是乘車時間及人數，寫好後按下「送信」，就等回信通知了。

電子信箱
電子信箱確認
姓名(一位代表)
郵遞區號
地址
電話號碼
乘車日
列車方向
乘車站及時間
下車站
列車種類
成人人數(國中以上)
小學生人數

Step 4
如果在搭車前10日內取消，需另支付取消費用。

▋湯瑪士火車

湯瑪士火車比SL蒸汽機關車難訂許多，即使班次逐年增加，但就連日本人都一票難求，更何況是外國旅客，而且因為訂票方式是採用Lawson訂票系統抽籤(ローソンチケット)，這對不懂日文的遊客來說就更麻煩了。

▲從大井川鐵道官網連結到Lawson訂票網站，就能看到目前能參加的抽選日期，按下橘色鍵

1.加入Lawson會員

使用訂票系統之前要先加入會員，而且還要採用手機號碼認證（SMS），無法完成手機認證將無法訂票，如果沒有日本朋友幫忙，就只能趁著到日本旅遊時租借一張日本SIM卡辦理認證。

2.訂票系統抽籤

訂票系統的抽籤分為「來回特別抽選」及「通常抽選」兩種。

·來回特別抽選

參加「來回特別抽選」的時間為3月中旬，分為3個抽選期間，可以預訂6～10月的「湯瑪士或詹姆士來回票+大井川本線2日自由乘車券+博覽會入場券」，僅能線上刷卡付款，票券採用寄送方式，但無法寄送海外，只能請日本友人代勞，或利用TENSO、樂一番等國際轉運公司。

·通常抽選

「通常抽選」就是只訂單程車票，依行駛日分為3個抽選期間，4月下旬預訂6～7月行駛日班次、6月上旬預訂8月行駛日班次、7月上旬預訂9～10月行駛日班次(詳細日期請參照官網)，第一次抽選完會視狀況再辦第二次或第三次抽選，付款方式可線上刷卡或到便利商店付款。

3.通常抽選注意事項

❶每人最多訂4次(來回各1張)共8張票，如果都抽中並完成付款取票程序後將無法退票。

❷選擇到店付款：抽中後必須在期限內到Lawson的Loppi完成付款及取票程序，外國遊客只能請民宿老闆或是日本友人代勞。

❸選擇線上刷卡：請完成付款後收到的信件所載期限內到Lawson的Loppi完成取票，但Lawson的線上刷卡系統很多海外信用卡都無法使用，所以請多準備幾張不同銀行發行的信用卡，或者使用虛擬信用卡。

❹第一次抽選結束後，會有第二次抽選，但只能線上刷卡，無法到店取付。

❺若乘車前10日尚有空位，會開放電話預約。

4.其他方式

如果無法成功加入LAWSON會員，此時可考慮參加大井川鐵道官網的旅行團(詳見官網介紹)，分為當天來回及一泊二日，雖然也是要參加抽選，但可以不用加入LAWSON會員，付款方式都是事前在便利商店付款。

三保松原

在浪漫松林下，看見最美富士山

圖片提供：靜岡市觀光旅遊官網

三保松原位於靜岡清水區的三保半島，是東海地區著名的自然景點，除了是「新日本三景」及「日本三大松原」，也是世界文化遺產「富士山－信仰的對象與藝術的泉源」的構成資產之一，是旅遊靜岡的必訪景點。

海岸與富士山構成了美景

三保松原的入口為神之道，連結著御穗神社與松原，入口處的告示牌解說它成為名勝是因為可眺望富士山絕景，此美景讓萬葉歌人詠唱著。神之道是全長約500公尺的木製參道，兩旁種滿樹齡超過400年的松樹，在松樹中漫步的感覺很幽靜也很舒服，走完神之道後，眼前呈現的是一大片松原與海景。

✉靜岡縣清水區三保 ☎054-388-9181 ⏰自由 💲免費入園 ➡JR清水站轉乘3號站牌靜岡巴士「往三保方面」(約25分鐘)，「三保松原入口」站下車徒步15分鐘(假日會加開世界遺產巴士，可直接坐到「三保松原神之道入口」，下車徒步5分鐘) ⏳2～3小時 🌐shimizukaigan.doboku.pref.shizuoka.jp

三保松原在天氣晴朗時可以觀賞到海山一體的美景(圖片提供：靜岡市觀光旅遊官網)

搭乘水上巴士可以從船上遠眺富士山(圖片提供：靜岡縣觀光協會)

廣大的松原之中最有名的就是傳說中的羽衣之松，但現存的羽衣之松已經是第三代，前代羽衣之松樹齡超過650歲但不幸枯萎，所以在2010年進行世代交替，另行選出第三代「羽衣之松」。

三保松原的松樹沿著海濱綿沿約7公里，超過3萬棵茂盛的松林再加上駿河灣的富士山景色，使得它成為著名景點，不過想要遠眺富士山還得看老天是否賞臉，要是當日氣候不佳可能就只能隱約看到山的形狀。三保松原的沙灘近年來因為海岸侵蝕而逐漸消失中，松樹數量也慢慢減少，所以靜岡縣開始進行海岸保全工程及病蟲防治作業，以保全名勝三保松原。

如果時間充裕的話，不妨考慮改以租借腳踏車方式環遊三保松原，可以悠閒地欣賞三保半島的海景、松原及富士山，或者是直接從清水港騎到三保松原，然後回程改搭船回到清水港，驗驗不同的三保松原及駿河灣港景觀。

腳踏車租借處主要是三保松原周邊、清水站及水上巴士乘船處等場所，租借費用為1次¥500，歸還地點僅限原租借處，腳踏車可以上水上巴士，但不能上遊覽船。

三保松原裡的第三代羽衣之松

：旅行・小知識：

羽衣之松的傳說故事

羽衣傳說是有位仙女因為想要欣賞三保松原的美景而下凡，其中有位仙女把羽衣掛上松樹上後就去沐浴，結果羽衣被路過的漁夫拿走，仙女因為沒有羽衣無法回到天上，所以苦苦哀求漁夫還給她，漁夫就要求仙女嫁給他，仙女不得已只好嫁給漁夫並生下子女，後來仙女找到羽衣後，就拋棄漁夫然後帶著子女回到天上了；不過羽衣傳說是日本各地都有流傳的物語，而且會因地區而有不同結局，但最有名的就屬三保松原的版本。

靜岡縣 · 專題 **03**

淺間大社

Area
靜岡縣

專題 **❸** · 淺間大社

141

世界遺產級的

日本全方位靈場

富士宮淺間大社是全日本1,300間淺間大社的總本社,也是世界文化遺產「富士山-信仰的對象與藝術的泉源」的構成資產,而且它還是日本三大靈場(Power Spot)之一。

　　淺間大社的本宮是由德川家康以獨特的「淺間造」神社建築樣式所建造,為國家重要文化財,奧宮則是在富士山頂。主祭神為「木花之佐久夜毘売命」,一般稱為「木花開耶姬」,是日本神話中大山祇神(即山神)的女兒,也是天照大神孫子(天孫)瓊瓊杵尊之妻。

　　位於淺間大社境內的湧玉池是指定特別天然紀念物,也是平成名水百選之一,池內的水全都是富士山的伏流水,每日約湧出30萬公噸,成為富士宮市內神田川的水源,水溫常年維持在13度,池水清澈見底,同時還有許多鴨子等生物,看著如此乾淨的水池,內心似乎也受到洗滌。

✉靜岡縣富士宮市宮町1-1 ☎0544-27-2002 🕐05:00～20:00(各季節不同) 💲自由奉獻 ➡坐到JR東海道本線的富士站轉身延線,再坐到JR富士宮站,徒步10分鐘即可抵達 ⏱1～2小時
🔗fuji-hongu.or.jp/sengen

❶樓門採用「入母屋造」／❷淺間大社的入口是個朱紅色的大鳥居，天氣好的話可以看到富士山／❸清澈見底的湧玉池是平成名水百選之一／❹淺間大社周邊新開了富士山世界遺產中心，介紹富士山的各種資料

眾多旅客參拜的全方位靈場

淺間大社也是日本著名的靈場(Power Spot)。按靈場的分類有「氣流融合地」、「磁場變動地」以及「地殼能源放出地」這三種，因為大地之力而讓造訪的人提升磁場、增加能量，甚至還能促進好運！以這三個分類所選出最強的地域分別是石川縣的聖域之岬、長野縣的分杭峠、靜岡及山梨縣的富士山，當然對無法登上富士山頂的人來說，位於山麓的淺間大社屬於「地殼能源放出地」，也具有同樣效果。

淺間大社創建2000年以上，鎮住讓富士山持續噴火的富士山神靈「淺間大神」，也是富士山信仰的中心地，而且是個提升開朗性格、人際關係、愛情運以及女性幸福的全方位靈場，功效如此神奇吸引許多旅客前來參拜。

：旅行・小知識：

終結戰國時代的德川家康

德川家康出生在三河國(愛知縣東部)的岡崎城，是戰國時代的大名(諸候)，為人極富謀略又擅長忍耐，和織田信長與豐臣秀吉並稱為「戰國三傑」；德川家康終結了歷時一個半世紀的日本戰國時代，創建長達264年的德川幕府(史稱江戶時代)，而他在消滅豐臣家族的隔年病逝，朝廷賜封「東照大權現」，供奉在日本東照宮。

主祭神：木花開耶姬的傳說

木花開耶姬在即將臨盆時放火燒產房，然後在火中生下小孩，因為日本神話裡的天孫之子擁有擊敗火焰的咒力，生下來的兩位兒子分別為代表「火焰燃燒旺盛」的海幸彥與「使火焰遠離」的山幸彥(這也就是宮崎觀光列車海幸山幸的由來)。

這段日本神話有個很有趣的橋段，就是瓊瓊杵尊派人向大山祇神求親時，大山祇神同時將磐長姬與木花開耶姬兩個女兒都送到他身邊，而瓊瓊杵尊卻讓長相醜陋的磐長姬回去，只留下美麗的木花開耶姬(以現代觀點來看，這其實是很正常的行為)，大山祇神知道後說：「如果你願意接受磐長姬，壽命將有如岩石一般的長長久久，但你只娶了木花開耶姬為妻，因此天孫的壽命將如花一般短暫無常」，所以原本日本神話中不死之身的神明，從此開始壽命變得有限了。

靜岡

　　靜岡市為靜岡縣的縣廳在地,人口僅次於濱松市,現在的靜岡市是舊靜岡市與清水市合併,舊靜岡市是以駿府城為中心的繁華地區,清水市為港口都市,合併後新的靜岡市呈現多元風貌。

　　靜岡市的農產品首推茶葉,也是茶葉消費量最高的都市,此外也盛產芥茉、草莓與柑橘。合併前的清水市是日本有名的足球王國,又有「日本的巴西」之稱,擁有J聯盟的清水S-Pulse隊,不過清水更廣為人知的是著名動畫《櫻桃小丸子》。

　　靜岡車站為靜岡縣的重要交通樞紐,JR東海道本線與東海道新幹線都有設站,此外還有連接新靜岡站與新清水站的靜岡鐵道。氣候屬於太平洋側氣候區,夏季多雨炎熱,冬季溫暖乾燥,很少降雪。

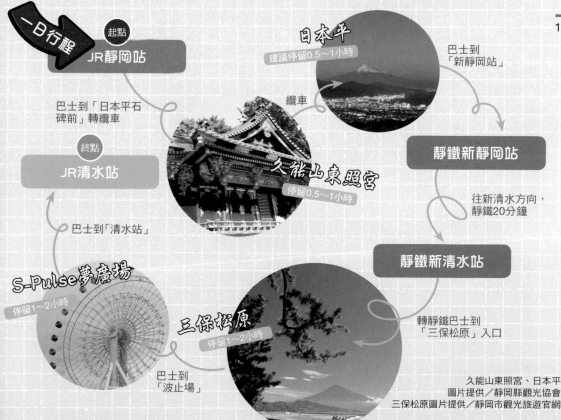

一日行程

起點
JR靜岡站

巴士到「日本平石碑前」轉纜車

日本平
建議停留0.5～1小時

巴士到「新靜岡站」

纜車

久能山東照宮
停留0.5～1小時

靜鐵新靜岡站

往新清水方向,靜鐵20分鐘

終點
JR清水站

巴士到「清水站」

靜鐵新清水站

轉靜鐵巴士到「三保松原」入口

S-Pulse夢廣場
停留1～2小時

三保松原
停留1～2小時

巴士到「波止場」

久能山東照宮、日本平
圖片提供／靜岡縣觀光協會
三保松原圖片提供／靜岡市觀光旅遊官網

靜岡車站周邊

JR靜岡站北口一帶為昔日的駿府城下町，除了有駿府城公園、市立美術館等景點外，也有松阪屋、伊勢丹、丸井、PARCO等百貨公司，以及為數不少的餐廳與飲食店，為靜岡市最熱鬧的區域；靜岡巴士中心位於車站北口，靜岡鐵道的新靜岡站也位於北口徒步5分鐘的距離，而靜岡關東煮最有名的青葉橫丁與青葉關東煮街，也都位於北口徒步10分鐘的距離。相較於北口，南口一帶則為較幽靜的住宅區，有靜岡科學館、Hobby Square(模型博物館)等景點。

❶靜岡車站內的TULLY'S咖啡與知名文具店伊東合作販售文具❷車站南口的大樓裡有靜岡科學館／❸靜岡車站是靜岡縣最重要的交通樞紐／❹青葉橫丁「おばちゃん」關東煮店內的夫婦既健談又和藹可親／❺青葉關東煮街位於藝術街道的巷子裡

關東煮兩條街，體驗在地平民美食

靜岡關東煮店有兩種型態，一種是每個學校附近都有的零嘴店(類似台灣的柑仔店)，另一種則是居酒屋類型，其中以市區的青葉橫丁及青葉關東煮街最為有名，原本這些店家是在青葉公園裡的路邊攤，後來因為都市開發才移到這兩條街道，在狹窄的街道內燈光微弱的老店裡，與親朋好友在這裡享用著靜岡特有風格的關東煮，這正是當地獨有的平民美食文化。

144

駿府城公園

德川家康的昔日故居

駿府城在德川家康統治駿河國後開始築城，後來成為大御所後隱居在此，並進行大修築，建立城郭史上最大的天守台，之後天守因火災燒毀，但當時已無城主所以沒有重建天守；到了近代再次重建並復元當時城池的樣貌，2014年時，二之丸坤櫓重新改建為資料館並對外開放。

靜岡市葵區駿府城公園1-1 054-251-0016 09:00～16:30、週一休館(週一遇假日則隔日休) 自由入園(東御門·巽櫓¥200、坤櫓¥100、紅葉山庭園¥150，全設施共通券¥360) JR靜岡站北口徒步15分鐘；靜鐵新靜岡站徒步10分鐘；靜岡站前搭乘浪漫巴士在「東御門站」下車即達 1～2小時 sumpu-castlepark.com P.126／A2

❶坤櫓於2014年完工並開放／❷駿府城公園的護城河畔也是賞櫻好去處(圖片提供：靜岡市觀光旅遊官網)／❸駿府城的主要出入口為東御門與巽櫓

必訪景點2

模型博物館

Hobby Square

模型迷必來朝聖之地

JR靜岡站南口的Hobby Square又稱為模型博物館，於2011年6月開館，同時也是全日本第一座模型專門的常設展；館內設施分為常設展示場、交流廣場、模型商品販賣部、工作室(無償出借，可讓迫不急待的人現買現組裝)、特設展示場等，館內會不定期舉辦迷你四驅車比賽、現場實作表演等，也會定期舉辦適合全家參加的活動。

靜岡市駿河區南町18-1 054-289-3033 11:00～18:00(假日10:00開始)、週一休館(週一遇假日則隔日休) 自由入場(如遇企劃展則需另外收費) JR靜岡站南口徒步1分鐘 1～2小時 hobbysquare.jp P.126／D4

❶❷位於靜岡站南口的Hobby Square是喜愛模型者必逛之地

S-Pulse夢廣場
エスパルスドリームプラザ
購物、電影院、博物館應有盡有

　　S-Pulse夢廣場是位於靜岡市清水區的綜合商業設施，外面有摩天輪，裡面有電影院、購物、餐廳等設施，也經常舉辦各項活動，與職業足球隊清水S-Pulse的公司是關係企業。夢廣場分為本館及新館，本館為4樓建物，1樓有駿河土產橫丁，販賣許多靜岡特產，也有清水壽司橫丁，因為這裡距離清水港很近，清水壽司橫丁最大的賣點當然就是來自駿河灣直送的新鮮海產。2樓有壽司博物館，3樓有小丸子博物館，4樓則是電影院；新館則由UNIQLO、ABC-Mart及Honeys這3間店鋪所構成。

　　夢廣場旁就是駿河灣渡輪乘船處，可以搭乘渡輪到伊豆半島的土肥港(1天4個班次往返、約65分鐘)，節省許多時間；也有清水港遊覽船，可以觀賞駿河灣與富士山的絕景，也可以乘坐水上巴士往來三保及江尻(清水魚市場)，比起乘坐一般巴士更能感受清水港的氣氛。

146

✉ 靜岡縣清水區入船町13-15　☎ 054-354-3360　🕐 10:00~20:00(各店不一)　💲 自由入內　🚋 JR清水站或靜岡鐵道新清水站，搭乘免費接駁巴士或靜鐵巴士往三保方面(約10分鐘)，「波止場」站下車　⏲ 1~2小時　🌐 www.dream-plaza.co.jp

旅遊小錦囊

善用免費接駁巴士

　　S-Pulse夢廣場有提供免費的接駁巴士往返JR清水站與靜岡鐵道新清水站，相當方便。也可以搭乘靜岡巴士「往三保方面」，坐到「波止場」，下車看到的大型摩天輪就是S-Pulse夢廣場。

❶S-Pulse夢廣場是職業足球隊的關係企業／❷清水S-Pulse是日本職業足球聯盟的球隊，街道上會看見許多足球裝置藝術／❸從摩天輪上可以觀賞到清水港及富士山(圖片提供：靜岡縣觀光協會)／❹從這裡坐駿河灣渡輪到伊豆半島的土肥，會比坐鐵道轉巴士要快上許多

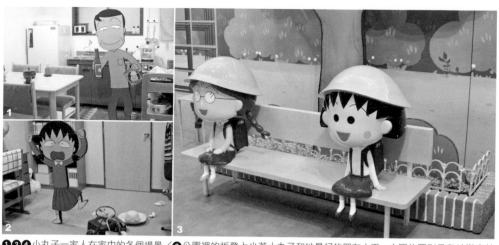

❶❷❹小丸子一家人在家中的各個場景／❸公園裡的板凳上坐著小丸子和她最好的朋友小玉,中間位置則是留給遊客拍照

櫻桃小丸子樂園
ちびまる子ちゃんランド
六、七年級生的童年回憶

櫻桃小丸子是日本家喻戶曉的國民動畫,也是許多6、7年級生的回憶,故事是以作者在靜岡縣清水市的童年回憶為舞台(現為靜岡市清水區),所以小丸子樂園才會設立在清水的S-Pulse夢廣場3樓。

走進櫻桃小丸子的生活,回味無窮

小丸子樂園內部展示空間主要是小丸子與家人及同學之間的日常生活場景,包括房間、客廳、廚房、學校(3年4班)、公園等,當然也有推廣靜岡茶及觀光景點;在館內還能租借小丸子在劇中穿著的衣服及書包(需另外付費),穿上後拍照留念感覺有如融入小丸子的世界一樣。

小丸子樂園會不定期舉辦各種活動,裡面也販售各種懷舊零食及點心,當然也有這裡限定的紀念品及大頭貼機、紀念幣機,還有免費體驗的砂畫等,整體來說偏向靜態資料展示,也許稱為博物館或資料館更為貼切,對於小丸子的忠實觀眾來說,這裡絕對是必來的聖地,但如果不喜歡小丸子,就不一定要排入行程。如果大人自己想來尋找童年回憶,但又怕小孩覺得無聊該怎麼辦呢?很簡單,記得在出國前密集讓他看小丸子卡通就好了。

✉S-Pulse夢廣場3樓 ☎054-354-3360 ⏰10:00～20:00 💲￥1,000、3歲～小學￥700 ➡同「S-Pulse夢廣場」 ⏳1～2小時 🌐www.chibimarukochan-land.com

日本平
有日本夜景遺產之稱

❶日本平是眺望富士山及駿河灣的名所／❷日本平也是觀賞夜景名／❸在日本平觀賞夕陽西下時的富士山(以上3張圖片提供：靜岡縣觀光協會)

　　日本平是位於靜岡市清水區與駿河灣之間的丘陵地，標高308公尺，傳說日本武尊在東征之際，平定盜賊之亂後登上此處眺望四周，並稱之為「日本平」。在這裡可以遠眺富山士、駿河灣、伊豆半島、南阿爾卑斯山等風景，為新日本觀光地百選平原類型第一位，同時也是欣賞夜景的名所，在2016年被認定為「日本夜景遺產」。日本平夢陽台是由知名建築師隈研吾所設計的3層樓建物，從展望區是最適合眺望日本平的場所。

　　日本平周邊有相當多的設施，在前往的途中有日本平動物園、靜岡縣立美術館、靜岡舞台藝術公園，山頂附近有日本平梅園、日本平電視塔，搭乘日本平纜車還能前往久能山東照宮。

✉靜岡市清水區草薙 ☎054-354-2422 ⏰自由 ➡JR靜岡站北口搭乘靜岡富士往日本平纜車方面(約40分鐘)，「日本平夢テラス入口」站下車 ⏳0.5～1小時 🌐www.nihondairakankou.jp

---

【日本平】

德川家康的長眠地，有許多國寶與文化財

✿久能山東照宮

✉靜岡市駿河區根古屋390 ☎054-237-2438 ⏰09:00～16:00(4～9月到17:00) 💲￥500、中小學生￥200(博物館共通券￥800、中小學生￥300) ➡JR靜岡站北口搭乘靜岡巴士往日本平纜車方面(約40分鐘)，「日本平纜車」站下車，搭乘日本平纜車(5分鐘)前往久能山 ⏳0.5～1小時 🌐www.toshogu.or.jp

　　到達日本平觀賞完風景之後，可以徒步到日本平纜車乘車處，搭乘纜車往久能山上移動。

　　德川家康的晚年在駿府度過，過世後依照遺命將其葬在久能山東照宮，並建立神社祭祀(之後又遷葬到日光東照宮)。境內建物都是當時保存迄今，幾乎完整地維持了400年前的模樣，走在裡面令人感到神聖莊嚴的氣氛。久能山東照宮的本殿、石之門、拜殿均被指定為國寶，另有14棟重要文化財，附設的博物館收藏約2,000件文化財，相當值得參觀。

❶祭祀德川家康的久能山東照宮是絢爛豪華的古社(圖片提供：靜岡市觀光旅遊官網)／❷德川家康埋葬場所面向西方，用意是為了看守西方的武將(圖片提供：靜岡縣觀光協會)

島田·掛川

　　島田位於靜岡縣中部，離靜岡機場車程只要25分鐘，島田盛產綠茶，所以當地許多特產與點心都和綠茶有關，而牧之原台地則是日本最大的綠茶產地，一望無際的茶田象徵著日本近代茶業，也是靜岡縣的景觀代表；境內有茶之都博物館等複合設施，還有大井川鐵道、蓬萊橋等景點。

　　掛川位於靜岡縣西部，緊鄰著島田，綠茶產量在日本也是屈指可數，在江戶時期為主要的宿場町。掛川有JR及新幹線停靠站，車站北門為昔日的掛川城下町，現在也聚集了許多商店街，為掛川最熱鬧的區域，主要觀光景點為掛川城及掛川花鳥園，都距離JR車站不遠，是個兼具歷史情懷與自然風景的城鎮。

一日行程

起點
JR島田站

終點
JR掛川站

JR島田站

徒步20分鐘

往濱松方向
JR18分鐘

JR掛川站
南口

徒步20分鐘

徒步10分鐘

蓬萊橋
停留0.5～1小時

南口徒步10分鐘

花窗玻璃美術館
停留0.5～1小時

掛川城
停留1～2小時

掛川花鳥園
停留2～1-3小時

徒步2分鐘

徒步15分鐘

刊頭底圖，圖片提供：靜岡縣觀光協會
刊頭左圓圈圖、掛川花鳥園圖，
圖片提供：掛川花鳥園
蓬萊橋，圖片提供：靜岡縣觀光協會

蓬萊橋

世界最長木造橋

蓬萊橋是架設於靜岡縣島田市大井川上的木造橋，是步行者與腳踏車專用橋，全長897.4公尺，為金氏世界紀錄所認定的世界上最長木造橋，也成為島田市著名觀光景點，天氣晴朗時，可以從橋上遠眺富士山。蓬萊橋是明治時代由牧之原台地的農民出資建造，所以會針對關係者以外的人收取過橋費，直到現在仍然會對通行者收取通行費，是日本現行極少數的賃取橋。

渡過蓬萊橋來到對岸是名為谷口原的山區，此處有條周遊路線，全程走完約90分鐘，如果時間充裕可以享受山區森林浴，不過因為是山

❶蓬萊橋在5月底會舉辦燈籠祭，整座橋會架滿六角燈籠(圖片提供：靜岡縣觀光協會)／❷蓬萊橋是世界上最長的木造橋／❸谷口原周遊路線全程約90分鐘，但山區地形走起來並不輕鬆

路地形，所以走起來並不輕鬆，沿途可以從高處遠眺蓬萊橋，觀賞不同的風貌。

✉島田市市南2丁目地先 ☎0547-37-1241 🕐08:30～17:00 💲￥100(通行費)、小學生以下￥10 ➡JR島田站徒步20分鐘；若從島田站搭計程車5分鐘(車資約￥770) ⏳0.5～1小時 🌐shimada-ta.jp(選擇「觀光情報」→「蓬萊橋」)

150

富士之國茶之都博物館

展現茶葉文化與歷史

富士之國茶之都博物館(ふじのくに茶の都ミュージアム)位於牧之原台地，周圍是一望無際的茶園，由原本的「茶之鄉博物館」改建為「茶之都靜岡」概念的全新風貌，由博物館、茶室、庭園、商業館所構成。博物館內不僅介紹茶葉產業與歷史，也能實際體驗採茶及

❶復原了江戶時代大名茶人所建造的茶室／❷館內展示生產茶葉的各種機械／❸博物館內優雅復古的日本庭園(以上圖片提供：富士之國茶之都博物館)

手工搓茶，提供來訪遊客各種學習茶葉知識的機會。

✉島田市金谷富士見町3053-2 ☎0547-46-2438 🕐09:00～17:00、週二休(週二遇假日則隔日休) 💲￥300、大學生以下免費 ➡JR金谷站徒步20分；搭乘巴士荻間線或勝田間線（約5分），「二軒家原」站徒步3分，或搭乘島田社區巴士「ふじのくに茶の都ミュージアム」站徒步1分 ⏳1～2小時 🌐tea-museum.jp

掛川

掛川城

日本第一座木造復原天守閣

掛川城是位於靜岡縣掛川市的平山城，天守為3重4階複合式望樓型構造，最早在室町時代築城，之後豐臣秀吉家臣山內一豐入城時擴建並奠定整體城廓基礎，1854年安政大地震時，城堡及天守閣幾乎全部毀壞。1861年重建二之丸御殿，但並未重建天守，直到1994年由當地居民及地方企業募集資金，以木造結構復原天守閣，成為日本第一座木造復原的天守閣，也成為掛川市的象徵。

掛川城天守閣1樓是相關古物展示，2樓是眺望台可以遠眺整個市景；一般來說，天守閣都會建在視野佳的地方，這樣才能看守整座城堡。天守閣旁邊是城主以前居住及辦公的掛川城

❶掛川城御殿是城主居住及辦公的場所／❷白色的掛川城與藍天及綠樹成明顯對比／❸天守閣內部展示著日本戰國時代的古物／❹可以在二之丸茶室稍微休息一下

掛川城周邊順遊

掛川城周邊還有二之丸美術館以及日本首座公立花窗玻璃美術館，二之丸美術館(入館￥200)主要展示細密工藝品及近代日本畫。花窗玻璃美術館(入館￥500)展示作品主要是19世紀英國維多利亞時代的作品約70件，以及法國玫瑰窗約10件，屬於主題比較特別的美術館，在參觀掛川城之餘，不妨留點時間來此觀賞玻璃花窗藝術作品。

❶以花窗玻璃為主題的美術館比較少見／❷二之丸美術館主要展示近代工藝品及日本畫

御殿，是日本4個現存的御殿之一，為國家重要文化財；二之丸茶室可以一邊喝著掛川茶，一邊觀賞日本庭園的四季之美。

✉掛川市掛川1138-24 ☎0537-22-1146 🕘09:00～17:00(11～2月至16:30) 💲￥410、中小學生￥150 ➡JR掛川站北口徒步7分鐘 ⏱1～2小時 🌐kakegawajo.com ❓憑掛川城入場券折角到二之丸美術館及花窗玻璃美術館購票能享有8折優惠

1 2

❶❹遊客可以和花鳥園內的鳥類拍照留念／❷每天會定時舉辦3場鳥類表演活動(❶❷❹圖片提供：掛川花鳥園)／❸園內可以和各種鳥類作近距離接觸／❺可付費¥300將腳浸入水中讓魚群啄去角質／❻大溫室採鳥類開放飼養，並與各種植物共生

掛川花鳥園
在花海中與鳥類近距離接觸

掛川花鳥園從JR掛川站南口徒步10分鐘可到達，和掛川城並列為掛川市區兩大景點，是鳥類專家加茂元照所創設的鳥類與花卉展示主題樂園(同樣位於掛川的加茂莊花鳥園，也是加茂元照所創設)，可以在花海之中與鳥類遊玩，而且因為花鳥園內冷暖房完備，即使天氣炎熱或下雨也不用擔心。

掛川花鳥園的最大特色就是將鳥類飼養在開放空間中，好方便遊客與這些鳥類近距離接觸，其中還有在台灣也頗有名氣的保育類動物黑面琵鷺，不過花鳥園中最有名氣的莫過於貓頭鷹了，因為貓頭鷹的日文為ふくろう，諧音為「不苦勞」，而且「ふく」音同「福」，所以貓頭鷹在日本一向被視為「福鳥」，因為園

3

4 **5** **6**

內飼養相當多的貓頭鷹，也成為園中的看板鳥類動物。

掛川花鳥園內雖然也有栽種睡蓮等植物，但鳥類才是它的最大看點，每天10:30、13:00、15:00會舉辦3場不同鳥類表演活動，還可以進行餵食鳥類或企鵝等活動，或是與貓頭鷹、鴨子及企鵝等動物拍照留念，雖然需另外付費，但這絕對是來掛川花鳥園的重點任務，因為有場次及人數限制，進場前一定要先確認各個場次時間。

✉掛川市南西鄉1517 ☎0537-62-6363 🕒09:00～16:30(假日至17:00) 💲¥1,500、小學生¥700 ➡JR掛川站南口徒步10分鐘 ⏳2～3小時 http k-hana-tori.com

濱松

圖片提供：濱松濱名湖觀光情報網站

濱松市位於靜岡縣西部，為靜岡縣人口最多的都市，最重要的農產品為三日柑橘，也盛產大米、菊花、肉牛、牛奶等。當地最著名的兩大美食為濱松煎餃及饅魚飯，另外，中部地區著名伴手禮：春華堂饅魚派的製造商也位於濱松。

濱松是日本重要的工業都市，鈴木、本田等知名大企業都是起源於此，同時也是樂器之都，每年都會舉辦許多音樂活動，而濱松市也在2013年與台北市成為觀光交流都市。

市內最重要的交通樞紐為JR濱松站，有JR東海道本線與東海道新幹線設站，市內還有JR飯田線、遠州鐵道及天龍濱名湖線等3條路線。氣候和靜岡縣大多數地區一樣，夏季多雨炎熱，冬季溫暖乾燥很少降雪。

一日行程

起點
JR濱松站

巴士到「濱名湖花園」

音樂盒博物館
停留1～2小時

巴士到「橋」

巴士到「濱名湖PALPAL」

濱名湖花園
停留1～2小時

暖和之森
停留1～2小時

巴士到「JR濱松站」

濱松市區晚餐
停留1小時

終點
JR濱松站

徒步即達

濱松市區

JR濱松站北口聚集了遠鐵百貨、BIC CAMERA、ZAZACITY等百貨公司，為濱松市最熱鬧的區域，靜岡縣內最高的大樓ACTCITY大樓也位於北口，展望迴廊在最高的45樓(入館￥500)，全日本唯一的公立樂器博物館即設置在此大樓的D區。濱松的遠鐵巴士中心在北口出來即可看到，圓形的車站構造在日本相當少見，方便旅客轉乘；遠州鐵道的新濱松站也位於北口徒步5分鐘的位置。如果是喜歡模型場景的人，千萬不能錯過位於ZAZACITY西館2F的濱松立體模型館(入館￥300)，裡面展示了電視冠軍場景王山田卓司的許多作品。相較於北口，南口屬於較幽靜的住宅區，有為數不少的餐廳與飲食店，也有徒步可達的濱松科學館。

❶濱松是德川家康的發跡地，他在濱松城居住了17年／❷JR濱松站內的擺設能明顯感受到音樂之都的氣氛／❸北口的ACTCITY大樓是靜岡縣內最高的大樓／❹ZAZACITY周邊是濱松最熱鬧的地區

154

中田島砂丘
觀賞日出夕陽，電視電影取景點

❶砂丘上的竹籬笆名為「堆砂垣」，是用以防止砂丘變小的工具／❷巴士站下車後直行即可看到砂丘的石碑

中田島砂丘位於濱松市南側，南北約0.6公里、東西約4公里，面積及知名度來說雖然不及鳥取砂丘，不過元旦時吸引許多遊客前來觀賞日出，夏天時也有赤蠵龜為了產卵而上岸，再加上砂丘會因為海風而出現風紋，所以成為許多連續劇及電影的取景之處。每年黃金週5/3～5/5的濱松祭，也會在砂丘周邊舉辦放風箏大賽，而濱松祭會館也位於砂丘的附近。

✉濱松市南區中田島町1313 ☎053-457-2295 ◷自由入內 💲免費 ➡遠鐵巴士中心6號站牌搭乘巴士往中田島方面(約15分鐘)，「中田島砂丘」站下車即達 ⏳0.5～1小時 🌐www.hamamatsu-film.com/nakatajima

樂器博物館
來自世界各地一千多種樂器

濱松是樂器製造興盛的城市，日本三大樂器製造商山葉、河合、樂蘭的本社都位於此，除了生產鋼琴之外，也生產電風琴、電子琴、管樂器、吉他等各式各樣的樂器。市區ACTCITY大樓的D區設有日本唯一的公立樂器博物館，同時也是東洋最大的樂器博物館，還曾獲得2014年度世界性權威的小泉文夫音樂賞。

館內分為4個展示區，展示日本明治時代以來的樂器，以及濱松樂器產業的歷史，同時也展示亞洲、美洲及非洲等地的樂器，館藏有超過1,300件各式各樣的樂器，在1樓的體驗區，還可以親手演奏像蒙古馬頭琴等這些平常罕見的樂器，可說是個兼具學習與娛樂的主題博物館，不論是大人或小孩都能在此充分體驗樂器所帶來的樂趣。

濱松樂器博物館除了常設展及企劃展等活動之外，還會舉辦各式各樣的音樂講座、音樂沙龍等活動，在國內外都有極高的評價，堪稱是世界一流的樂器博物館，對於音樂活動有興趣的人務必在出發前確認活動日期，如能排入行程，必能體驗樂器博物館所帶來的獨特感受。

❶❷來自世界各地的1,300種樂器讓人大開眼界，眼花撩亂

✉濱松市中央區中央3-9-1 ☎053-451-1128 ◷09:30～17:00、每月第2、4個週三休館(遇假日則隔日休、8月無休) 💲￥800、高中生￥400、國中生以下免費 ➡JR濱松站站北口徒步10分鐘 ⏳1～2小時 🌐www.gakkihaku.jp 🗺P.127／B4

濱松城公園

小而美的德川家康出世之城

❶濱松城公園是有名的賞櫻名所(圖片提供：靜岡縣觀光協會)／❷濱松城在假日會有濱松德川武將隊的表演活動／❸從天守閣3樓展望台可以眺望濱松市區／❹濱松城在假日會有德川家康布偶登場／❺城內展示著德川家康19歲就穿戴的武具／❻地下1樓的水井至今仍有許多未解之謎

濱松城是位於靜岡縣濱松市的梯郭式平山城，天守為3重4階的望樓型構造，前身是15世紀所建築的曳馬城。由德川家康在元龜元年(1570年)入主築城並改名為濱松城，同時進行擴進與改修並形成城下町，在此度過17年的歲月，之後才創建江戶幕府等功績，所以濱松城可說是德川家康統一天下的根據地，加上歷代城主都在幕府擔任重要職務，因此濱松城又有「出世之城」的稱號。

濱松城原本在明治維新後廢城，城址在1950年改建為濱松城公園，1958年以鋼筋建造模擬天守並指定為濱松市史跡。天守閣3樓眺望台可以眺望濱松市景，天氣晴朗甚至可以看到富士山。濱松城公園位於濱松市中心，除了濱松城之外，還有日本庭園及中央草原廣場；公園四季各有不同的觀賞花卉，尤其春季會有將近400株的櫻花綻

放，不但會舉辦祭典，還開放夜間賞櫻，熱鬧非凡。

濱松城周邊有許多與德川家康有關的史跡，例如祭祀德川家康的東照宮(引馬城跡)；德川家康祈求武運長久的濱松八幡宮，以及傳說德川家康在三方原之戰後回城途中，曾把鎧甲掛在某棵大松樹上，而這棵松樹因此名為「家康公鎧掛松」。另外，濱松城公園中開設了星巴克概念店，在逛完濱松城之後，不妨來這裡喝杯咖啡休息一下。

✉濱松市中區元城町100-2 ☎053-453-3872 ⏰08:30～16:30 💲￥200、中學生以下免費 ➡JR濱松站徒步20分鐘；遠鐵巴士中心1號或13號站牌搭乘巴士(約10分鐘)，「市役所南」站下車徒步6分鐘 ⏳0.5～1小時 http www.entetsuassist-dms.com/hamamatsu-jyo MAP P.127／A1

暖和之森 | ぬくもりの森
充滿童趣的歐風夢幻森林

❶森林裡的建築物充滿夢幻童話風格／❷暖和之森的「飛天花園屋」曾在濱名湖花博展示，外型相當可愛／❸連扶手也做的有如藤木一般

濱松市的濱名湖附近，有個風格夢幻的暖和之森，走進森林裡會讓人覺得有如來到童話世界，近期經媒體報導之後，前來朝聖的遊客增加不少，不過也許是交通因素，來自外國的遊客還不多。

森林裡的建築沒有「方正」兩字

來到暖和之森入口就可以看到指引，森林裡面有商店、咖啡店、雜貨店及餐廳等店家。暖和之森充滿歐風及童話夢幻感，打造這片森林的建築師為佐佐木茂良，他的事務所就是暖和工房。森林內的每棟建築物都無法與「方正」畫上等號，既各有特色又不重覆，連建物的煙囪都讓人覺得好可愛，而且牆上爬滿藤蔓，更充滿森林的感覺。

店家販售物品多為生活雜貨與創意作品，可以選購紀念品，或是在森林裡欣賞每個建築物不同特色的藝術風格；暖和之森裡的小山坡有個「飛天花園屋」，外型超可愛超夢幻，它曾在濱名湖花博展示過，當時是用起重機吊起設置而得名，在花博結束後才回到這裡。

甜點店大有來頭，一定要品嘗

如果逛累了可以到甜點店「菓子之森」稍作休息，這間甜點店的主廚可是有點來頭，他先在日本「王樣的菓子」比賽拿下優勝，再去法國巴黎參加比賽，拿下第10名後風光返國(日本人歷年最高)，所以這間菓子之森裡面的甜點不容小覷。

暖和之森是前往濱名湖途中會經過的地點，喜愛夢幻童話風格的人，可以順道安排。

✉濱松市西區和地町2949 ☎053-486-1723 🕙10:00～18:00(各店不同)、週四休館(週四如遇假日則改週三休館) 💲免費入園 🚌遠鐵巴士中心1號站牌搭乘巴士往館山寺溫泉方面(約40分鐘)，「すじかい橋」站下車徒步3分鐘 ⏱1～2小時 🔗www.nukumori.jp

建築師佐佐木茂良
旅遊小錦囊

佐佐木茂良並非建築相關科系畢業，也沒出國留學過，學歷是高工電氣科，直到30歲才考過二級建築師執照，此時已入行超過10年，正因為沒受過傳統建築教育，才會有天馬行空又不受傳統拘束的作品。日本建築師可略分為一級(國家發照)與二級(地方政府發照)，二級建築師在建造時會有面積、高度及材質的限制。佐佐木茂良說「二級」絕非「二流」，他立志做個一流的二級建築師。

濱名湖音樂盒博物館

浜名湖オルゴールミュージアム

有動態音樂演奏，十分特別

濱名湖畔的音樂盒博物館是以展示自動演奏樂器為主題的博物館，館內有70件貴重的收藏品，單就件數來說並不多，但卻是個很有特色的音樂盒博物館。它和對岸的濱名湖PALPAL、連結兩處的館山寺纜車，屬於一體化的相關休閒設施，同為遠鐵觀光開發公司所經營。

用兩場演奏表演介紹音樂盒

音樂盒博物館的重頭戲是每時10分的自動演奏表演(廣播也會提醒遊客)，所以記得在開演前先往博物館的中央表演區移動，這裡會看到鎮館之寶也是館內最大的自動演奏樂器「フェ

アグランドオルガン」，時間一到這個巨大音樂盒就開始表演，每個人形動作栩栩如生而且各自有不同的樂器，雖然全都是靠自動演奏樂器發音，但整體臨場感超有迫力。

第一場表演全程約5分鐘，之後會中間休息也開放讓遊客拍照留念，接著服務人員會說緊接著第二場演奏時間為每時25分開始。

第二場是由館內人員實際操作大型音樂盒演奏，全程約25分鐘，解說人員逐台推出音樂盒來實際演奏，同時解說音樂盒的歷史及發明過程，其中的人形音樂盒在各個細節都製作地相當精緻，很難想像這是100年前的作品。

人形自動演奏器介紹結束後，解說人員開始往表演區的四周移動，介紹館內較具特色的音樂盒並實際播放，在介紹結束後就是自由拍照與操作時間了，此時要盡快把握與這些大型音樂盒拍照留念的機會。

濱名湖博物館的頂樓是大草山展望台(不另收費)，可以從這裡遠眺濱名湖，天氣晴朗時

❶濱松音樂盒博物館的鎮館之寶就是這個大型演奏器／❷❸5分鐘的演奏之後服務人員將館藏較有特色的音樂盒推到台前解說／❹大草山展望台的組鐘在整點會自動演奏

還能看到富士山，展望台上有荷蘭製18個組鐘，整點時會自動演奏，可以讓遊客一邊聽著悅耳的音樂，一邊欣賞濱名湖風景。

上千種音樂盒商品任你選

離開音樂盒博物館前不要忘了參觀一下販賣店，這間可是東海最大級的音樂盒販賣店，有超過1,000種音樂盒相關的商品，樣式

多到讓人眼花撩亂，但價格並不便宜。各種音樂相關的紀念品，可說是音樂盒博物館及樂器之都濱松的最佳伴手禮。

濱名湖音樂盒博物館的規模不大，如果掌握好時間，再加兩場自動演奏樂器實演大概1小時半即可結束行程。這種以實演方式介紹音樂盒的方式相當特別，比起其他多為靜態展示的音樂盒博物館明顯不同，也是個親子好去處。

✉濱松市西區館山寺1891 ☎053-451-1128 ◷09:00～17:00、不定休 💲￥880、3歲～小學半價；入場加纜車來回￥1,580、3歲～小學￥790 ➡遠鐵巴士中心1號站牌搭乘巴士往館山寺溫泉方向(約50分鐘)，「浜名湖パルパル」站下車，轉乘館山寺纜車到終點站(4分鐘) ⏱1～2小時 🌐www.hamanako-orgel.jp ❓各月休館日及閉館時間會有不同，前往之前再確認

館山寺纜車
館山寺ロープウェイ
日本唯一跨越湖泊的纜車

館山寺纜車是連結濱名湖PALPAL遊樂園與音樂盒博物館的交通工具。特別的是，日本其他地區的纜車都是跨越山谷的移動工具，館山寺纜車是日本唯一跨越湖泊的纜車，唯有此處才能體驗坐著纜車往下眺望湖泊的感覺，在寂靜的湖泊上偶爾也穿插著幾聲遊樂園傳來的驚呼聲；山上的音樂盒博物館頂樓是大草山展望台，可以將整個濱名湖的山水風景盡收眼裡。另外，值得一提的是，館山寺纜車在2016年8月與台灣日月潭纜車締結了友好交流協定。

❶只有這裡才能體驗往下眺望湖泊的感覺／❷纜車班次很密集，每10分鐘就1班／❸纜車可乘坐49人，約4分鐘即達山頂

✉濱松市西區館山寺1891 ☎053-451-1128 ◷09:00～17:00(每10分鐘1班車) 💲來回票￥1,100、3歲～小學￥550 ➡遠鐵巴士中心1號站牌搭乘巴士往館山寺溫泉方向(約50分鐘)，「浜名湖パルパル」站下車即達 🌐www.kanzanji-ropeway.jp

濱名湖PALPAL遊樂園
浜名湖パルパル
濱名湖畔的超人氣樂園

❶水上遊樂設施在夏季頗有人氣／❷人氣設施「狂野風暴」

濱名湖的PALPAL遊樂園開設於1959年，是靜岡縣在地居民的人氣景點，園內有四次元雲霄飛車、狂野風暴、摩天輪、幻想鞦韆等35項遊樂設施，在夏天還有季節限定的大泳池，泳池與湖面讓人

有合而為一的錯覺，此外夏季還會舉辦煙火大會，搭配摩天輪夜間的LED燈形成夢幻景象，也能搭乘濱名湖遊覽船(需另外付費)，觀賞整個濱名湖，遊樂設施顧及各個年齡層，是個可以全家同樂的地方。

✉濱松市西區館山寺1891 ☎053-451-1128 ⏰10:30～17:30(會依季節改變)、不定期休園 💲Free Pass (含入園費)、大人(國中以上)平日￥4,000、假日￥4,200、小學生平日￥3,500、假日￥3,600、幼兒(3歲～未入學)平日￥2,100、假日￥2,000；僅入園費大人￥1,200、小學生￥800、幼兒￥700) 🚌JR濱松站北口搭乘遠鐵巴士往館山寺溫泉方向(約50分鐘)，「浜名湖パルパル」站下車即達 ⏳2～4小時 🌐pal2.co.jp

濱名湖周邊

濱名湖位於靜岡縣西部，為日本第十大湖，湖泊南部與海洋相通，棲息數量相當多的海中生物，養殖業也相當盛行，其中又以鰻魚最為有名，所以鰻魚飯成為濱松的著名美食。濱名湖環湖的長度為日本第三位，周圍有完備的自行車道，曾在此舉辦自行車比賽，也可以租借腳踏車悠閒地觀光湖泊風景；濱名湖在2004年曾舉辦濱名湖花博，現此改建為濱名湖花園，此外還有館山寺溫泉、濱名湖PALPAL、音樂盒博物館、濱松花卉公園等，觀光資源相當豐富，在2016年也與日月潭結為姐妹湖。

必訪景點1

濱名湖花園
浜名湖ガーデンパーク
享受當季花木的自由綻放

濱名湖花園在2004年4～10月作為濱名湖花博會場使用，閉幕後再重新整建，2005年改建為現在的濱名湖花園，是相當大型的都會公園，如果想要節省體力在園內移動，可以考慮租借家庭式腳踏車，或利用遊覽船從親水廣場往返

160

花之美術館。

園內分為三區，西側區為綠地廣場，當地居民會來這裡進行各種運動；街道區是當時花博的「水之園」，有親水廣場、體驗學習館、遊覽船以及地標覽望塔(入場¥300)，炎熱夏天時的親水廣場擠滿人潮，是整個花園中人氣最旺的區域；里之區是當時花博的「綠之里」，有國際庭園、百華園、花木園及花之美術館等設施，其中花之美術館重現了印象派畫家莫內當時在法國所建造的庭園，可以看到名作《睡蓮》的場景，相當值得前來參觀。

❶親水廣場在夏季期間擠滿前來玩耍的人潮／❷租借家庭式腳踏車遊園會輕鬆不少／❸夏日前來會有盛開的向日葵花海

📧濱松市西區村櫛町5475-1 📞053-488-1500 🕐08:30～17:30(會依季節改變)、12/29～1/3休園 💲免費入園 ➡遠鐵巴士中心1號站牌搭乘巴士往館山寺溫泉/村櫛方向(約55分鐘)，「浜名湖ガーデンパーク」站下車即達 ⏳1～2小時 🌐www.hamanako-gardenpark.jp ❓巴士班次少，也可從JR弁天島站搭乘計程車前往(約10分鐘、車資約¥1,500)

必訪景點2

濱松花卉公園
浜松フラワーパーク
四季皆有特色花卉可觀賞

📧濱松市西區館山寺町195 📞053-487-0511 🕐09:00～16:30 💲3～6月(3/19～6/12為花祭)¥600～¥1,000，價錢隨花季有異動；中小學牛半價、7～8月免費、9～2月¥500(另附¥300購物券)；中小學生免費 ➡遠鐵巴士中心1號站牌搭乘往館山寺溫泉方向(約40分鐘)，「浜松フラワーパーク」站下車即達 ⏳1～2小時 🌐e-flowerpark.com ❓入園費用及開園時間會因花季而變動

面積廣大的濱松花卉公園位於館山寺附近，園內種植3,000種、10萬棵植物，是個四季都有不同花卉可以觀賞的主題花園，而且入園費也會隨著各個季節有所改變。在初春有櫻花、鬱金香與紫藤花，也是花卉公園最推薦前來觀賞的時期，夏季有紫陽花，秋季有大波斯及玫瑰，冬季則有油菜花及梅花。此外還有因季節而展示不同花卉的大溫室「水晶宮」，冬季限定的夜間點燈、園內花卉火車等。

❶各個季節都有不同的花卉可以觀賞／❷冬季期間雖然花卉較少，但會舉辦各種夜間點燈活動／❸濱松花卉公園各個季節有不同的花卉可以觀賞(圖片提供：靜岡縣觀光協會)／❹櫻花季會有許多遊客前來賞櫻(❶❷❹圖片提供：濱松濱名湖觀光情報網站)

靜岡縣の旅宿

JR靜岡站周邊

靜岡在選擇住宿地點首推JR靜岡站周邊，這裡可以較低廉的價格入住高檔飯店，而且淡季會有相當優惠的價格，對於捨不得在名古屋或大阪等大都市花大錢住高檔飯店的人來說，靜岡車站的飯店是個好選擇。

Kuretake-INN Premium 靜岡站前

位於靜岡站最熱鬧的北口地區，自助早餐種類相當多，飯店還附有大浴場等設施，幾乎就是高級飯店的規格。

➡JR靜岡站北口徒步3分鐘 ☎054-252-1111 💲單人房￥5,600起、雙人房￥6,400起 http www.kuretake-inn.com/szok 🗺P.126／C4

HOTEL ASSOCIA靜岡

從靜岡站北口出來馬上就可抵達飯店，交通位置絕佳，可說是JR靜岡車站周邊最高級的飯店，而且價格比起其他都會區要來的便宜許多。

➡JR靜岡站北口徒步1分鐘 ☎054-254-4141 💲單人房￥7,700起、雙人房￥12,300起 http www.associa.com/sth 🗺P.126／C4

靜鐵HOTEL PREZIO靜岡站

南口

靜鐵飯店在南口及北口各有1間，南口店位於靜岡站2分鐘即可抵達的絕佳位置，1樓還有便利商店，相當方便。

➡JR靜岡站南口徒步2分鐘 ☎054-202-5000 💲單人房￥7,200起、雙人房￥7,900起 http www.hotel-prezio.co.jp/ekinan 🗺P.126／D4

北口

北口店與南口店在品質及價格都幾乎差不多，就看住宿者喜歡熱鬧的北口或是幽靜的南口。

➡JR靜岡站北口徒步3分鐘 ☎054-252-2040 💲單人房￥7,300起、雙人房￥7,900起 http www.hotel-prezio.co.jp/ekikita 🗺P.126／C4

HOTEL PRIVE靜岡

2020年9月重新整修後新開幕，地點位於南口徒步1分鐘的絕佳位置，頂樓還附加可以眺望富士山的大浴池。

➡JR靜岡站南口徒步1分鐘 ☎054-281-7300 💲單人房￥7,700起、雙人房￥10,700起 http www.hotel-prive.com 🗺P.126／D3

HOTEL GRAND HILLS靜岡

BBH飯店集團經營的高級飯店，位於靜岡站南口，房間全都位於18樓以上，可以觀賞靜岡的夜景。

➡JR靜岡站南口徒步1分鐘 ☎054-284-0111 💲單人房￥7,700起、雙人房￥12,600起 http grandhillsshizuoka.jp MAP P.126／C4

HOTEL GARDAN SQUARE靜岡

雖然離車站稍遠一些，但緊鄰德川慶喜公屋敷跡庭園，而且位處熱鬧的區域內，逛街或飲食都相當方便。

➡JR靜岡站北口徒步5分鐘 ☎054-252-6500 💲單人房￥7,000起、雙人房￥8,700起 http www.gardensquare.co.jp MAP P.126／C2

JR濱松站周邊

JR濱松站也是靜岡縣主要車站，交通便利，有不少飯店可選擇，價格也很優惠。

DaiwaRoynet Hotel濱松

位於濱松最熱鬧的北口地區，離JR、遠鐵、巴士總站都很近，而且Daiwa可讓小學生免費加人。

➡JR濱松站北口徒步3分鐘 ☎053-455-8855 💲單人房￥5,700起、雙人房￥7,700起 http www.daiwaroynet.jp/hamamatsu MAP P.127／B3

Comfort HOTEL濱松

美系知名連鎖平價商務旅館，既附有免費早餐又可讓小學生免費加人，而且濱松的價格更為平價。

➡JR濱松站南口徒步3分鐘 ☎053-450-6111 💲單人房￥4,800起、雙人房￥6,200起 http www.choice-hotels.jp/hamamatsu MAP P.127／C3

HOTEL CROWN PALAIS 濱松

HNI飯店集團經營，館店位置很好，離便利商店也近，而且早餐頗受好評。

➡JR濱松站北口徒步3分鐘 ☎053-452-5111 💲單人房￥5,000起、雙人房￥5,800起 http www.crownpalais.jp/hamamatsu MAP P.127／B3

HOTEL SORRISO濱松

標榜是離JR濱松站最近的飯店，一出車站南口馬上就抵達，晚餐期間還免費提供咖哩飯。

➡JR濱松站南口徒步1分鐘 ☎053-452-5000 💲單人房￥5,400起、雙人房￥7,900起 http www.hotelsorriso.jp MAP P.127／C3

北之庭THE KURETAKESO

2019年7月開幕，是濱松站北口最新的飯店，距離車站徒步只要3分鐘，飯店附有大浴池，早餐的評價也不錯。

➡JR濱松站北口徒步3分鐘 ☎053-453-7211 💲單人房￥6,200、雙人房￥7,200起 http kuretake-inn.com/hotel/kitanoniwa MAP P.127/B3

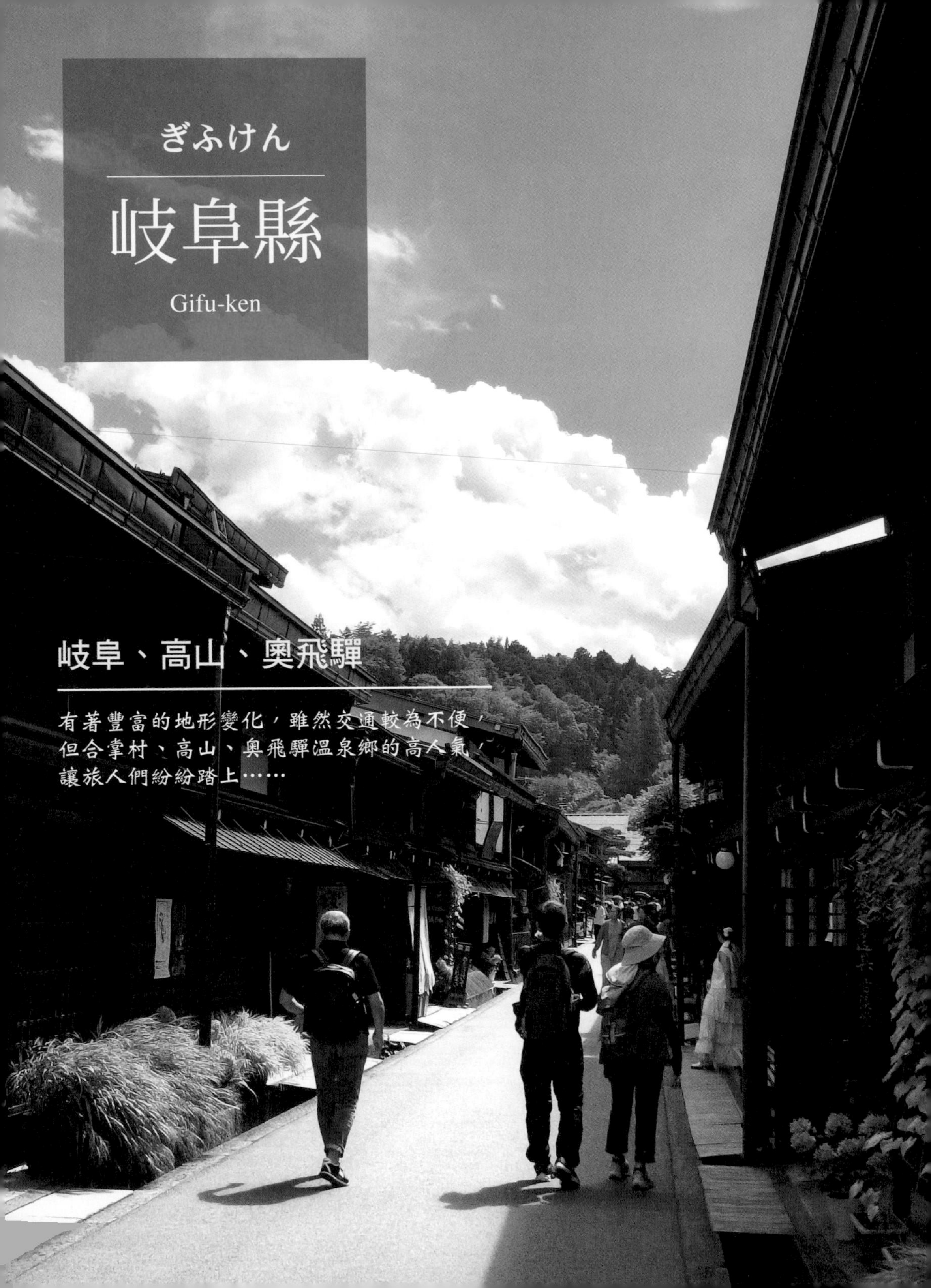

ぎふけん

岐阜縣

Gifu-ken

岐阜、高山、奧飛驒

有著豐富的地形變化，雖然交通較為不便，
但合掌村、高山、奧飛驒溫泉鄉的高人氣，
讓旅人們紛紛踏上……

ぎふけん

岐阜縣為日本8個內陸縣之一，上下分別緊鄰富山縣與愛知縣，歷史上分為美濃及飛驒這兩個行政區，境內地形極富變化，因此氣候變化也大。因為位處內陸，農畜業較發達，盛產飛驒牛、番茄、栗子、柿子等。縣內觀光也相當發達，著名景點有世界遺產合掌村、飛驒小京都高山、奧飛驒溫泉鄉等，近年前往高山及白川鄉的外國旅客有逐年增加的傾向。

岐阜縣內人口約200萬，為日本第十七位，縣廳所在地是岐阜市，也是縣內人口最多的都市。岐阜縣因境內地形變化大，交通較為不便，也是日本少數境內沒有機場的行政區，主要交通工具是鐵道與巴士，除了JR與名鐵之外，還有養老鐵道、長良川鐵道等私鐵，雖然境內也有新幹線車站岐阜羽島，但對於外國遊客來說幾乎沒有利用機會。

岐阜縣

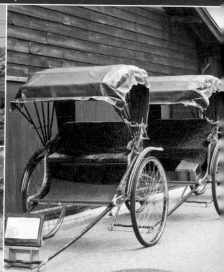

片提供：岐阜市

金澤

飛驒古川

新穗高

上高地

巴士1時10分

JR18分

巴士40分

巴士25分

巴士60分

白川鄉 — 巴士50分 → 高山 ← 巴士60分 → 平湯

新島々

ALPICO交通30分

JR特急40分

巴士1時30分

松本

下呂 — JR特急1時10分

JR特急2小時

各地前往高山的交通

岐阜 ← JR18分 → 名古屋

高山－三町老街地圖

● 景點　● 住宿　● 餐廳

安川通

Restaurant BOURBONS

● hotel around高山

高山本線

飛驒國分寺

つづみそば

桔梗屋

● 宮川朝市

飛驒高山まちの博物館

BISTRO mieux

あてや

國分寺通

藤井美術民藝館

平田紀念館

丸明
飛驒高山店

麵屋しらかわ

飛驒民俗考古館

萬代角店

COUNTRY HOTEL高山

本町通

三町老街

三町通

まさごそば

Restaurant LE MIDIEYE

🚌高山

Restaurant LE MIDI

飛驒牛食處天狗

SUPER HOTEL
飛驒高山

廣小路通

味の与平

SPA HOTEL ALPINA高山

Kitchen飛驒

東急STAY飛驒高山
結之湯

中橋

味藏天國

陣屋朝市

高山陣屋

高山櫻庵

豆天狗

實用交通票券

高山北陸周遊券／高山北陸エリア周遊きっぷ

使用期間：2016年10月1日起

有效期間：連續5日

票　　價：￥19,800、兒童半價

販售地點：這張高山北陸周遊券可以先在海外向旅行社購買兌換券(MCO)，然後3個月內到JR東海或JR西日本主要JR車站兌換，入境日本購買並兌換的程序會比較繁瑣。

　　這張周遊券可以連續5日內無限搭乘名古屋- 高山－富山、金澤－京都－大阪市內－關西機場之間的特急、快速及普通車的自由席，還能使用4次指定席(特急はるか除外)，另外也能搭乘富山－金澤－敦賀間的北陸新幹線(僅限自由席)，以及高山－白川鄉－金澤、新高岡－五箇山－白川鄉之間的巴士，相當適合想前往合掌村的遊客。

注意事項

1. 北陸新幹線かがやき號為全車指定席，無法搭乘。

2. 不能搭乘特急白鷺號(しらさぎ)從名古屋到金澤。

3. 高山－金澤之間巴士需事先預約，部分高山－白川鄉巴士不用預約也可搭乘。

☎ 濃飛巴士：0577-32-1688

☎ 北鐵巴士：076-234-0123

高山北陸周遊券交通路線圖

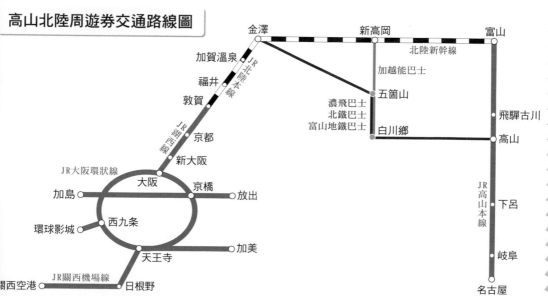

飛驒地區套票／飛驒路フリーきっぷ

使用期間：常態發行，但4/27～5/6、8/11～8/20、12/28～
1/6這3個連假期間無法使用

有效期間：3日內

票　　價：每人¥12,370 (無兒童票)

販售地點：出發站及周邊主要JR車站及旅行社營業所

施優惠券。套票的自由乘降區間是「飛驒金山－飛驒古川」，所以這張票適合安排下呂、高山、合掌村或新穗高地區3天2夜的外宿旅行。

注意事項

1.套票售價大人、兒童均一價。

2.劃好座位的指定席，更改班次以1次為限。

3.也可不選巴士2擇1兌換券，改為高山、飛驒古川、下呂路線食事兌換券3擇1。

　這張飛驒地區套票並非針對外國遊客發行的周遊券，而是JR東海常年發行的套票，內容包括特急飛驒號指定席往返各1次(購票時就要

預定往返車次)、自由區間不限次數上下車、巴士兌換券2選1(白川鄉濃飛巴士自由席來回票、高山&新穗高自由乘車券兩種)、部分觀光設

飛驒地區套票交通路線圖

← 至名古屋

飛驒金山　燒石　下呂　禪昌寺　飛驒萩原　上呂　飛驒宮田　飛驒小坂　渚　久々野　飛驒一ノ宮　高山　上枝　飛驒國府　飛驒古川

JR線自由乘降區間

JR線自由乘降區間以外無法途中下車

昇龍道巴士周遊券

使用期間：2017年4月1日起

有效期間：連續3日、5日

票　　價：3日券¥11,000、5日券¥15,000、3日券松本馬籠駒根路線¥9,000

販售地點：先在日本境外的旅行社購買兌換券，入境後再兌換為實體票券

有效期間：兌換時需指定使用日期起連續3日、5日使用

票券種類：昇龍道巴士周遊券分為3日券、廣域版5日券以及3日券松本馬籠駒根路線，以下分別介紹票券內容

① 3日巴士周遊券
3日巴士周遊券可以從名古屋前往岐阜、高山、白川鄉、金澤及富山；以及中部國際機場、小松機場與富山機場到市區的交通。

② 廣域版5日巴士周遊券
5日廣域版的使用範圍包括3日券的範圍，並還多了下呂、平湯、新穗高、神岡、松本、高岡等地區，包含高山北陸地區著名景點(上高地除外)。

從中部國際機場入境，就能立即在名鐵售票櫃台兌換昇龍道巴士券，但不能在此劃位

③ 3日松本馬籠駒根路線周遊券
2017年4月1日改版時新推出3日「松本·馬籠·駒根」路線的巴士周遊券，可以用在從名古屋前往高山、平湯、新穗高、下呂、馬籠、駒根、松本、長野，以及中部國際機場到市區的交通。

使用分析：

① 昇龍道3日及廣域5日巴士周遊券很適合前往高山、合掌村、金澤等中部北陸景點。

② **優點：**可以節省不少交通費，不過因為使用範圍和JR高山北陸周遊券，或阿爾卑斯&高山&松本周遊券有部分重疊，因此不適合搭配這兩張JR周遊券使用。

③ **缺點：**許多高速巴士都必須現場預約，如果事先已買好昇龍道巴士周遊券，但現場劃位時遇到旺季而沒座位，勢必打亂原本安排好的行程，而且不能退票，所以最好抵達日本時，盡速將所有行程的巴士班次，劃位完成。

優惠好康：利用昇龍道巴士券享有搭乘新穗高纜車往返票折扣，此外，也享有從高山前往新宿、京都、大阪等都市之折扣。

3日巴士周遊券路線圖

廣域版5日巴士周遊券路線圖

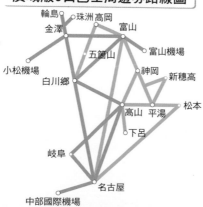

松本馬籠駒根路線圖

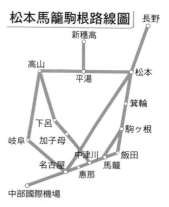

昇龍道巴士周遊券

區域	地點	營業時間
名古屋	中部國際機場的名鐵中部國際機場站售票櫃台	首班車～07:00 / 20:00～末班車
	中部國際機場名鐵旅遊廣場	07:00～20:00
	名鐵名古屋站中央改札口旁的售票窗口	首班車～末班車
	名鐵巴士中心3樓售票處	06:40～23:10
高山	濃飛巴士中心	06:00～19:00
金澤	北陸鐵道站前中心(金澤車站東口左側)	07:00～20:00
	小松機場外1號巴士站牌後方的售票處	09:00～21:00
富山	富山地鐵乘車券中心	07:00～19:00
	富山機場	06:10～21:00
松本	松本巴士中心	06:00～20:00
長野	長野站前案內所(WESTPLAZA一樓)	05:20～19:30

註；使用範圍內的車站才能兌換該張周遊券，例如金澤能兌換3日券及廣域版5日券，但無法兌換3日券松本馬籠駒根路線。

巴士劃位地點

區域	地點	路線	營業時間
名古屋	名鐵巴士中心(3樓售票處)	名古屋～郡上八幡/高山/白川鄉、飯田/伊那/箕輪/松本/長野	06:40～23:10
	JR東海巴士名古屋旅遊中心	名古屋～高山	06:00～23:30
岐阜	名鐵岐阜巴士轉運站	岐阜～高山	09:00～18:00
高山	高山濃飛巴士中心	岐阜～高山～白川鄉～金澤/富山	09:00～18:00
白川鄉	白川鄉巴士轉運站	高山～白川鄉～金澤/富山	08:30～17:30
金澤	北鐵車票中心	高山～白川鄉～金澤	07:00～20:00
富山	富山地鐵票務中心	高山～白川鄉～富山	08:30～19:00
松本	松本巴士中心	名古屋～松本	08:00～20:00
長野	ALPICO交通長野站前案內所	名古屋/飯田～長野	06:20～19:30
飯田	飯田站前售票處	名古屋～飯田～長野	04:15～19:35

3日巴士路線

路線	營運公司	是否需事先劃位
名古屋－高山	名鐵巴士/濃飛巴士/JR東海巴士	需事先劃位
岐阜－高山	濃飛巴士/岐阜巴士	需事先劃位
高山－白川鄉－金澤/富山	濃飛巴士/北陸鐵道巴士/富山鐵道巴士	需事先劃位
高山－白川鄉	濃飛巴士	
名古屋－白川鄉	岐阜巴士	需事先劃位
金澤－富山－高崗	富山鐵道巴士	
名古屋－中部國際機場	名鐵/名鐵巴士	
岐阜－中部國際機場	名鐵	
金澤－小松機場	北陸鐵道機場巴士	
富山－富山機場	富山鐵道巴士	
金澤－輪島	北鐵奧能登巴士	
金澤－珠州	北鐵奧能登巴士	

廣域版5日巴士路線

路線	營運公司	是否需事先劃位
3日券所有路線	詳參3日券	詳參3日券
高山－平湯－松本	濃飛巴士/ALPICO巴士	
高山－平湯－新穗高	濃飛巴士	
富山－富山機場－新穗高－平湯	濃飛巴士/富山鐵道巴士	需事先劃位
名古屋－富山	名鐵巴士/富山鐵道巴士	需事先劃位
名古屋－松本	名鐵巴士/ALPICO巴士	需事先劃位
白川鄉－五箇山－高岡	加越能巴士	
高山－下呂	濃飛巴士	
高山－神岡	濃飛巴士	
新穗高－松本(特定日運行)	濃飛巴士/ALPICO巴士	

3日松本馬籠駒根路線

路線	營運公司	是否需事先劃位
名古屋－飯田	名鐵巴士/信南交通	需事先劃位
名古屋－伊那・箕輪	名鐵巴士/信南交通/伊那巴士	需事先劃位
名古屋－松本－長野	名鐵巴士/ALPICO巴士	需事先劃位
飯田－長野	ALPICO巴士/信南交通/伊那巴士	需事先劃位
松本－長野	ALPICO巴士	
高山－平湯－松本	濃飛巴士/ALPICO巴士	
高山－平湯－新穗高	濃飛巴士	
新穗高－松本(特定日運行)	濃飛巴士/ALPICO巴士	
高山－下呂	濃飛巴士	
高山－岐阜	濃飛巴士	需事先劃位
下呂－合掌村	濃飛巴士	
高山－下呂－妻籠/馬籠	濃飛巴士	需事先劃位
下呂－加子母	濃飛巴士	
惠那－惠那峽	東濃鐵道巴士	
惠那－中津川	東濃鐵道巴士	
中津川－馬籠	北惠那交通	
中津川－加子母	北惠那交通	
名古屋－中部國際機場	名鐵/名鐵巴士	
岐阜－中部國際機場	名鐵	

高山濃飛巴士中心可以兌換票券，也能劃位

名鐵巴士中心3樓售票處是名古屋市區較方便的高速巴士劃位處

奧飛驒套票／まるごとバリューきっぷ

使用期間：常態發行，唯每年定期維修期間不能使用、上高地/奧飛驒套票使用期間為
4/17～11/15

有效期間：兌換當日使用、2日／3日內有效

票　　價：奧飛驒2日套票￥6,800，3日套票￥7,500、兒童半價；上高地/奧飛驒2日套票
￥8,700，3日套票￥9,500、兒童半價

販售地點：名鐵觀光服務中心、名鐵名古屋站服務中心(名鐵百貨B1)、チケットぴあ(7-11
或SUNKUS)、LAWSON(Loppi)、イープラス(全家或7-11)等處，購買「兌換
券」，再到高山濃飛巴士中心兌換乘車券

　　這張奧飛驒套票包括：高山往返新穗高纜車站的自由乘車券(可在平湯溫泉等站途中下車)+新穗高纜車來回乘車券+優惠券，對於想要前往新穗高的人是省錢必備，而且還能與JR高山北陸周遊券或立山黑部&高山&松本周遊券互補。此外，也有「上高地/奧飛驒套票」版本，是以「奧飛驒套票」為基礎，再加上平湯往返上高地的巴士乘車券。由於上高地冬天封山，所以只在上高地開放期間販售。

　　這張套票可以前往奧飛驒的平湯溫泉、新穗高纜車及上高地，而且使用範圍和高山北陸周遊券或立山黑部&高山&松本周遊券都沒有重疊，所以也很適合搭配這2張周遊券使用。另外，如果3日內除了新穗高、平湯溫泉、上高地這3處之外，還想再加白川鄉，建議改買信州飛驒廣域巴士周遊券，使用日數

多1日，每日均價也比這張3日券更優惠。

注意事項：

　　最方便購買兌換券的地點為LAWSON的Loppi(類似台灣的ibon)，購票時要輸入L-CODE(號碼每年更換)，之後照著指示操作即可，不過在便利商店購票無法刷卡。也可以直接在高山濃飛巴士中心購買並兌換。

濃飛巴士各種套票

一、信州飛驒廣域巴士周遊券

有效期間：4日

票　　價：¥14,500(不含新穗高纜車版為¥12,200)，冬天上高地封閉期間¥12,500 (不含新穗高纜車版¥10,200)

販售地點：濃飛巴士中心(高山／松本／平湯／下呂／新島等)

　　這張4日巴士周遊券的起點為高山或松本，可以用來前往白川鄉、下呂溫泉、平湯溫泉、新穗高、上高地、乘鞍高原、白骨溫泉等地區；如果拿這張PASS來跟5日昇龍道巴士券相比，優點是多了上高地，缺點則是少了可以長途移動的路線。

濃飛巴士中心緊鄰著JR高山站

　　另外，ALPICO也有發售2日的上高地乘鞍松本巴士周遊券，也就是飛驒信州巴士周遊券扣除濃飛巴士的行駛範圍，這張2日巴士周遊券售價為¥7,600，如果要再加1日則為¥9,100。

　　這張2日巴士周遊券最重要的就是可以從松本前往上高地，除此之外還能順便前往白骨溫泉或是乘鞍高原；如果從松本出發只想花1天去上高地，就是購買來回票，但如果想要順便前往其他景點，那麼這張巴士周遊券是個不錯的選擇。

巴士中心有許多置物櫃，方便旅客寄放行李

二、高山/平湯/上高地來回票

有效期間：7日

票　　價：¥5,130、兒童半價

販售地點：高山濃飛巴士中心

→濃飛巴士的各種優惠票券，大多能在濃飛巴士中心購買

這張套票內容為高山－平湯溫泉－上高地往返車票，如果不打算前往新穗高但又想前往平湯溫泉及上高地，就很適合購買這張套票；另外這張套票也有單程票¥2,650，兒童半價。如果不想返回高山，可以考慮買單程票，然後從上高地轉往松本移動。

三、其他套票

　　其他優惠票還有飛驒之里套票¥1,000、飛驒大鍾乳洞套票¥2,560、白川鄉民家園套票¥4,800、高山/新穗高2日乘車券¥4,190、高山1日乘車券¥630／2日乘車券¥1,050等，雖然利用機會較少，如果行程可以配合，也能加減節省一些交通費。

頂級黑毛和牛
飛驒牛

飛驒牛是岐阜縣飛驒地區所培育的黑毛和牛，為日本著名的和牛之一，肉質細緻口感香醇，但要稱作飛驒牛的等級必須為A3以上的A等或B等(日本食肉格付協會評定)，而且須在岐阜地區飼育14個月以上，如果未達到這些條件則稱為「飛驒和牛」。料理方式主要為排餐、炭烤及壽喜燒。高山車站附近知名的西式排餐店家有Restaurant BOURBONS、Restaurant LE MIDI(LE MIDIEYE為姊妹店)、Kitchen飛驒、BISTRO mieux等，日式料理店家有飛驒牛食處天狗、味藏天國、味の与平、あてや、丸明飛驒高山店、萬代角店等。

> 飛驒牛是日本著名的高級和牛

很值得嘗鮮
飛驒牛各式料理

許多遊客都想嘗試飛驒牛的滋味，不過名牛一餐吃下來必定不會太便宜，如果只想嘗鮮，不妨考慮飛驒牛串燒或是飛驒牛握壽司等相關食品與點心，例如高山的三町老街最有名的飛驒牛握壽司及飛驒牛串燒，或是飛驒牛肉包、可樂餅、大玉燒、捏肉餅棒等，不但相當多樣化，而且在飛驒地區四處都能買到，簡直就是飛驒牛樂園。

> 飛驒牛可樂餅

> 飛驒牛握壽司

> 捏肉餅棒

用黑醬油調味的獨特醬汁
高山拉麵

高山拉麵又稱為飛驒中華麵，湯頭主要為雞骨、野菜及小魚乾，再加上醬油與調理豬肉所用的獨特醬汁下去一起熬煮，麵條採用低加水的捲曲細麵，再加上拉麵三本柱「叉燒、蔥、筍干」，呈現出特有口感，蔥大多使用當地特產的飛驒蔥，拉麵本身不作過多的裝飾，但分量比一般拉麵略少。高山車站附近的知名店家有豆天狗、つづみそば、桔梗屋、麵屋しらかわ、まさごそば等。

> 高山拉麵的湯頭使用了醬油，所以呈現黑色

飛驒高山的家鄉味
朴葉味噌

朴葉味噌為飛驒高山地區的鄉土料理，但長野也有旅館或食堂使用。特色是以自家製作的味噌加上蔥、山菜、椎茸等，然後放在朴葉上燒烤並配飯食用，也常搭配飛驒牛一起享用，許多溫泉旅館都有提供這道鄉土料理；近年進化為加上野菜及肉類一起燒烤，此時不再配飯食用，而是作為一道料理。

朴葉味噌是高山地區的鄉土料理

當地著名小吃
五平餅

五平餅流傳於中部地區南部山區(包括岐阜縣及鄰近的長野、愛知、靜岡)，是一種將粳米壓成扁平狀再燒烤加味的鄉土料理，各地區的口味與形狀都有些許不同，飛驒地區的特徵是以當地盛產的荏胡麻為主，混合味噌後再加上醬酒與砂糖，形成當地著名的鄉土料理

五平餅是中部地區的鄉土料理

175

猿寶寶是高山最具代表性的伴手禮

飛驒高山的吉祥物
猿寶寶(さるぼぼ)

猿寶寶是飛驒高山地區的吉祥物，走在商店街或紀念品店四處可見，特徵是金太郎式的肚兜，姿勢呈現像在喊萬歲的大字形，五肢均為紅色(紅色有除病驅魔的功能)，手足末端為尖狀，臉部沒有五官，戴著黑色頭巾，不過近年開始有變化，開始發展出各種顏色的組合，而且還加上五官或是改變姿勢，也成為飛驒高山最具代表的伴手禮。

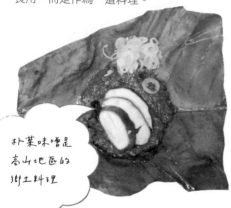

走進世外桃源的

銀白薑餅屋

176

合掌村分布於岐阜縣白川鄉與富山縣五箇山之間的山區村落，因為獨特景觀造型，1995年登錄為世界文化遺產「白川鄉與五箇山的合掌造集落」。登錄的三個村落為岐阜縣白川鄉的荻町村落、富山縣上平村的菅沼村落及平村的相倉村落，建物多是從江戶時代末期到明治時代所建造，但也有17世紀就興建的建物。

前人智慧造就獨特屋頂造型

白川鄉與五箇山村落因為房屋外部要能預防山區的豪雪，同時內部還要有足夠空間可以養蠶，所以發展出這獨特的屋頂造型，外型看起來像兩隻手掌以60度合起來的模樣，所以才叫合掌村；德國建築師布魯諾·陶德(Bruno Julius Florian Taut)在其著作《日本之美再發現》中評論合掌村是「符合建築學原理及生活邏輯」的民宅智慧，也使得合掌村聲名大躁。

✉岐阜縣大野郡白川村荻町2495-3(觀光協會) ☎05769-6-1013 ⏰自由 💲免費入村 🚃JR高山站搭乘濃飛巴士(約50分鐘)、或JR金澤站搭乘濃飛巴士、北鐵巴士(約1時10分)，「白川鄉」站下車 ⏳2～4小時 🌐www.shirakawa-go.gr.jp MAP P.177

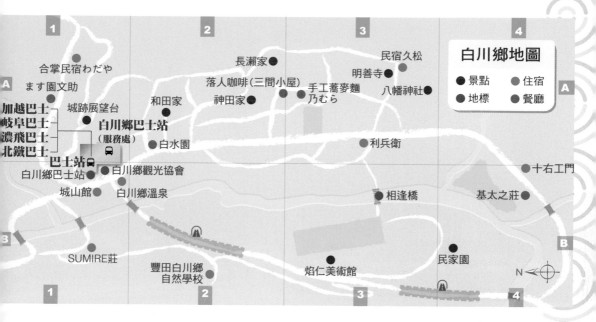

白川鄉地圖

● 景點　● 住宿
● 地標　● 餐廳

1

合掌民宿わだや
ます園文助
城跡展望台
白川鄉巴士站
（服務處）
加越巴士
岐阜巴士
濃飛巴士
北鐵巴士
巴士站
白川鄉巴士站
白川鄉觀光協會
城山館
白川鄉溫泉

SUMIRE莊

2

長瀨家
落人咖啡（三間小屋）
神田家
和田家
白水園
豐田白川鄉
自然學校
焰仁美術館

3

民宿久松
明善寺
八幡神社
手工蕎麥麵
乃むら
利兵衛
相逢橋
民家園

4

十右工門
基太之莊

N

　　一般人會以為合掌村的房屋是村民自己親手建造，但其實自製的部分只有屋頂鋪設茅葺與屋架，上半部都是用繩子連結不使用任何釘子，所以由村民親自進行，至於支撐屋頂和下半部的骨架則是由木匠展現專業技術完成。

　　屋頂的茅葺30～40年會更換1次，這即為村內的重大行事「結」，如果大雪從屋頂落下時，有時會連茅葺一起落下，此時就要進行修補作業，合掌村屋頂的茅葺替換及修補作

業必須靠全體村民通力完成，此時的壯觀畫面也是合掌村代表性的景象。

❶合掌村屋頂的茅葺一段時間就要進行替換及修補／❷屋頂及上方結構完全沒用到任何釘子／❸春天插秧的稻苗會在秋天收割

可進入合掌村屋內參觀

　　雖然合掌村有兩個地區，但一般多以白川鄉為代表，在村內有100多棟民宅，但並非每間民宅都是合掌造，村落內的野外博物館「民家園」裡，保存了27棟在白川鄉各地使用過的合掌造民宅，園內除了合掌造之外，還有農村樣態的水車小屋、馬廄、磨臼小屋等建物。

　　和田家1樓面積多達110坪，是村落最大級的合掌造建築，也是國家指定重要文化財，目前屋內雖尚有人居住，但部分區域開放見學(入場費￥400)，其他能入內參觀的還有長瀨家及神田家等建物(入場費￥400)，至於眺望白川鄉全景的城跡展望台，從巴士站徒步約20分鐘可抵達，不過因為沿途都是上坡，所以去程可以利用單次￥200的接駁車，再從展望台悠閒散步下來。

❶3間小屋在冬天白雪之中更增添幾許美感／❷合掌造上方是用茅葺，厚達80公分／❸和田家是白川鄉最大的合掌造建築／❹城跡展望台可以看到白川鄉的全景

白川鄉感覺上像是一個與外界隔絕的世外桃源，讓造訪遊客想要在此停下腳步悠閒度過一天，不過列入世界遺產後造成遊客大量湧入，所以村落也越來越商業化，這也是觀光景點無可避免的宿命。但換個角度思考，也因為遊客帶來商機才得以避免當地人口外移，這片獨特景觀的合掌村也才得以保留下來。

各有特色的合掌村四季

春天的合掌村在4月上旬仍有殘雪，如果想要賞櫻約為4月中旬～5月上旬。而在5月下旬會舉辦插秧祭，可以看到當地女性居民插秧的姿態。

夏天的合掌村顯得綠意盎然，整個村莊及周圍山區呈現新綠，而且也是向日葵等許多花草綻放的季節；春天插秧的稻苗也在夏季時變成整片綠油油的稻田，再加上藍天白雲的背景，色彩對比鮮明，呈現出美麗的夏季風情。

秋天的合掌村為紅葉季節，10月中旬～11月上旬為楓紅時期，紅葉染紅整個山谷，與綠色樹木形成強烈對比。另外因為合掌村由茅葺及木材建造，一旦發生火災後果將相當慘重，所以每年11月上旬會舉辦消防放水演習，屆時整個村莊呈現水柱齊發的景象，蔚為奇觀。

冬天的合掌村有如化上雪妝一般，也是知名的賞雪名所，尤其是1月下旬～2月上旬週末舉辦的夜間點燈活動更會湧入大批遊客，確切的點燈日期會在白川鄉觀光協會官網公布(公布時間每年不一)。

179

❶合掌村的櫻花季在4月中下旬／❷夏天的合掌村內到處有盛開的花朵／❸秋天村內的稻田收割後的景象／❹冬天雪妝的白川鄉是賞雪名所，城跡展望台更是擠滿人潮

❶夏天的合掌村顯得綠意盎然／❸落人咖啡的招牌是天然水製作的咖啡及紅豆湯／❷❹村莊內有許多飛驒牛相關產品

品嘗在地鄉村料理或飛驒牛小吃

許多遊客會擔心在這個與世隔絕的白川鄉覓食是否困難，其實白川鄉有許多運用當地食材的鄉土料理，例如「いろり」以鄉土料理及白川鄉名物合掌豆腐聞名、「ます園文助」以川魚製作各種料理、「蕎麥麵乃むら」以白山山系清水製作蕎麥麵、「白水園」提供飛驒牛及鄉土料理再加上罕見的熊鍋、「基太之庄」有獨特口味朴葉味噌料理，這些店家都是各具特色的用餐好去處。如果無法在正餐時刻前來白川鄉也不用擔心，走在街道處處可見飛驒牛串燒、可樂餅及捏肉餅棒等飛驒牛相關小吃，可以讓遊客走到哪吃到哪，垃圾記得要自

行處理。如果逛到累了想要休息一下，最推薦的場所為3間合掌造小屋的落人咖啡，老闆為一對親切的年邁夫婦，店內招牌為使用天然水所製作的咖啡及紅豆湯，而且在離去時老闆還會贈送3間小屋的明信片以及魚飼料，令人倍感溫馨。

住宿合掌村需電話或傳真預約

來到合掌村的遊客常會覺得當日往返返猶未盡，想要在合掌村住一晚，但合掌村的旅館或民宿只接受電話或傳真預約，如果日文溝通沒問題或是透過白金祕書應該可以順利預訂，語言不通的外國遊客就較為麻煩，JALAN的訂房網站僅有少數幾間旅館可用網路預約，所以最好使用白川鄉觀光協會網站，來預訂旅館或民宿。

網路訂房操作

進到白川鄉「中文官網」，點選網頁上方的「住宿」，點進去後下方可以看到白川鄉所有的旅館及民宿，點選「預訂白川鄉的住宿」，下個頁面就改為英文介面了，再來就是選擇要入住的旅館、日期以及套裝內容。決定好入住的套裝內容及日期之後，就進到預約頁面，因為都是英文，就照著頁面指示逐一填寫資料，最後將郵件送出即可。

旅遊小錦囊

🌐白川鄉觀光協會中文官網：shirakawa-go.gr.jp/zh/stay/zh

▲點選上方的「住宿」進到下個頁面　▲選擇要預定的旅館或民宿　▲選擇「預約民宿」即進入英文預訂頁面

參加冬季夜間點燈方式

參觀夜間點燈的遊客越來越多，自2019年起改採完全預約制，如果沒有預約將無法入村，預約方式有下列5種：

1.當天住在村內旅館
夜間點燈的住宿方式是到白川鄉觀光協會網站參加抽選，7月中旬會在官網公布冬季點燈的登記抽選日期，中選者會以電子郵件連絡。

2.預約停車位
如果是開車自駕前往，沒有要過夜，就需預約停車位，需在白川鄉觀光協會網站上預約，預約期間為9月上旬，數量有限、先搶先贏。

3.參加當地旅行團

預約方式就是到各旅行網站預訂，例如日本旅遊公司Club Tourism。
網址：Club Tourism：www.yokoso-japan.com(有中文)

4.搭乘點燈巴士
如果沒訂到旅館但又想一睹夜間點燈，可以利用點燈期間加開的夜間巴士。參加方式是到濃飛巴士等官網預約，約8月中旬會公布相關情報。
網址：濃飛巴士網站：www.nouhibus.co.jp/

5.搭乘計程車
計程車和一般車輛同樣都是需要先取得當天的停車位才能入村，旅客可向取得停車位的計程車公司預約。

白川鄉合掌村交通分析

前往白川鄉的巴士主要出發地為名古屋、高山、金澤及富山這4處。

1.名古屋1天僅有4個班次往返白川鄉(另有2班行經白川鄉前往金澤)，座位採預約制，車程約2時50分。

2.高山發車的巴士路線分為三種，「高山－白川鄉」路線為自由席(排隊上車)，如果客滿會加開班次，車程約50分鐘；「高山－白川鄉－金澤」及「高山－白川鄉－富山」路線則都採預約制，需在乘車前預訂座位，也就是說從金澤或富山出發到白川鄉的巴士都是預約制。

3.「白川鄉－金澤」車程約1時10分鐘，1天有10個班次往返。

4.「白川鄉－富山」車程約1時25分鐘，1天有4個班次往返。

前往白川鄉的優惠票券比較表

名稱	飛驒地區套票	高山北陸周遊券	昇龍道巴士3日周遊券
使用範圍	名古屋－飛驒古川	名古屋－高山－白川鄉－金澤－關西	高山、白川鄉、金澤、富山
售價	￥12,370	￥19,800	￥11,000
兒童票	大人、兒童同價	半價	未販售兒童票
指定席	來回各1次	4次	高速巴士均為指定席
前往白川鄉巴士	僅能坐自由席	預約席及自由席均可	預約席及自由席均可
有效期限	3日	5日	3日
購買地點	JR車站售票處	國內先買兌換券，JR車站兌換	國內先買兌換券，指定地點兌換
排除期間	4/27～5/6、8/11～8/20、12/28～1/6	無	無
綜合評析	適合只想前往高山、下呂、白川鄉的人	使用範圍最廣，能搭乘部分北陸新幹線，適合利用不同機場出入境	價格最優惠，還包含機場來回，但高速巴士如沒座位會打亂行程

※資訊時有異動，請依官網為準

下呂溫泉

具傳統魅力之

日本三大溫泉之一

下呂溫泉位於岐阜縣下呂市，擁有千年以上的歷史，和有馬溫泉及草津溫泉並稱為日本三大溫泉，沿著飛驒川為中心，有多達80餘家旅館，為日本首屈一指的溫泉勝地。泉質為鹼性單純溫泉，pH值高達9以上，容易使角質脫落，所以泡完湯的肌膚會相當光滑，因此有「美人之湯」的稱號。

著浴衣伴著搖曳柳樹，漫步溫泉街

下呂車站出來徒步就能到達溫泉街，由於離車站近又是有名的溫泉勝地，觀光人潮相當多，但進入夜晚之後就可明顯感受到與白天不同的氣氛，遊客穿著浴衣沿著河川旁散步，微弱的燈光加上搖曳的柳樹充滿溫泉街的風情，不過有些道路狹窄又有通行的車輛，因此不是全部區域都適合穿著浴衣散步。

下呂溫泉周邊有許多特產店，也有雨情公園、溫泉博物館(入

✉岐阜縣下呂市森922-6(下呂溫泉觀光協會) ☎0524-76-1000 ➡JR下呂站徒步5分鐘(溫泉街)
⌛1～2小時 http www.gero-spa.com

館費￥400)及溫泉寺等設施,所以街上有不少遊客行走,而且整個溫泉街有多達7個免費足湯,對於走累了想要停下來休息的旅客是一大福音。位於飛驒川河床的噴泉池是下呂溫泉的地標,由於它是露天的混浴風呂,再加上周邊沒有任何遮蔽物,所以觀光協會規定必須穿著泳衣才能下去泡湯。

下呂溫泉每年1～3月的週六在下呂大橋舉辦冬季煙水大會,由日本頂級煙火師傅企劃,每年主題都會更換並展示煙火新作品,

:旅行・小知識:

下呂溫泉的開湯傳說

傳說在很久之前,下呂原本有座水量充分的溫泉,但在某次大地震後溫泉就不再出水,讓村民感到相當難過,某日有隻白鷺停留在益田川的河岸,之後第二天及第三天也都停在同個地點,村民覺得奇怪就前往該處查看,結果發現源源不絕的溫泉,而白鷺離去後留下一尊藥師如來,原來白鷺正是他的化身,這就是下呂溫泉著名的「白鷺傳說」。

為冬季期間住宿者必看的活動。另外8月1～3日會舉辦下呂溫泉祭典,也是相當熱鬧。

❖下呂溫泉合掌村

特別推薦

合掌村與日本三大溫泉雙重體驗

✉岐阜縣下呂市森2369 ☎0576-25-2239 ⏰08:30～16:30 💲￥800、中小學生半價 ➡JR下呂站搭乘濃飛巴士往下呂交流館方向(約5分鐘),「合掌村」站下車 ⏱0.5～1小時 🔗www.gero-gassho.jp

從溫泉街搭乘巴士約5分鐘,就可以抵達下呂溫泉合掌村,它是下呂溫泉的大型觀光設施,性質屬於野外博物館,這裡移築了白川

❶噴泉池是免費入場的露天風呂／❷村內有10棟合掌造房屋／❸下呂溫泉的合掌村屬於博物館,所以沒有村民居住

鄉及五箇山的10棟合掌造房屋,如果沒時間前往白川鄉倒是可以來這裡感受合掌村的氣氛,同時體驗飛驒地區的生活文化,但如果行程已有安排白川鄉,就不用刻意前來這個迷你的合掌村了。另外,合掌村內有個長達175公尺的森林溜滑梯(玩1次￥100),是小朋友的最愛。

鵜飼捕魚

1300年的傳統捕魚技法

圖片提供：岐阜市

圖片提供：岐阜市

鵜飼是一種大型水鳥，體型約45～100公分，羽毛多為黑色或黑褐色，羽毛容易浸水，可以迅速地潛入水面下，嘴巴很長、前端呈現鉤狀，一旦獵物被捕獲就很難掙脫，所以漁民利用牠的習性再加以馴服後，發展出傳統的捕魚方法。漁民會在鵜飼的脖子上套著圈環，讓牠只能吞下小魚而無法吞下大魚，當鵜飼潛入水中捕到魚類後會躍出水面，這時漁民會發出特別的聲音將牠叫回船上，取出捕到的大魚後，餵牠吃小魚作為獎勵，再繼續讓牠下水捕魚。

操作鵜飼捕魚的人稱為鵜匠，身上穿著為風折烏帽、漁服、護胸及腰蓑等，每位鵜匠1次可操作5～10隻鵜飼。鵜匠在駕駛的小船前方焚燒篝火，除了作為照明之外，也可以驚動香魚活動，使得鵜飼更容易捕抓。鵜飼漁期為晚春到初秋的香魚解禁日，但滿月時不進行捕魚，因為滿月的月光明亮，會使得香魚對篝火的火光較不敏感而不會受到驚動。

這種千餘年歷史的傳統捕魚方式，因為漁獲效率不佳而逐漸減少，日本現今僅有13個地區流傳下來，最著名也歷史悠久的地區為岐阜縣的長良川，以及與愛知縣交界的木曾川，現在成為當地著名的觀光表演。

❀長良川鵜飼
國家指定重要無形民俗文化財

✉岐阜縣岐阜市湊町1-2(鵜飼觀覽船事務所) ☎058-262-0104 ➡JR岐阜站搭乘岐阜巴士「往高富」或「市內LOOP線左回」等經過長良橋路線(約15分鐘),「長良橋」站下車徒步1分鐘 🕐1~2小時 http www.ukai-gifucity.jp/ukai ℹ每年的5月11日~10月15日期間舉辦

時間&價錢

路線	A路線	B路線之一	B路線之二
價格	¥3,500 兒童¥1,800	平日¥3,200 假日¥3,500 兒童均為¥1,800	
出船時間	18:15	18:45	19:15
船上用餐	是(自備晚餐)	否	否

　　長良川鵜飼擁有1,300年歷史,為國家指定重要無形民俗文化財,鵜匠身穿傳統裝束,在小船上喊著「喔嗚~喔嗚~」同時自在地操作鵜飼,成為長良川夏日的古典風情。

　　預約觀賞長良川鵜飼是採電話或網路預約方式(如果有空位也能現場報名),路線分為A路線及兩種B路線,不管是哪條路線都是在19:45開始表演鵜飼補魚。

❶已成為表演活動的鵜飼捕魚活動(圖片提供:岐阜市)/❷一開始鵜匠會先說明鵜飼如何捕魚/❸鵜飼是一種大型水鳥(圖片提供:岐阜市)

❀木曾川鵜飼
首創白天觀賞且具有東海第一位女鵜匠

✉愛知縣犬山市犬山北白山平2(木曾川觀光株式會社) ☎0568-61-2727,傳真0569-61-6126 ➡名鐵犬山遊園站東口往犬山橋下的乘船場徒步3分鐘 🕐1~2小時 http kisogawa-ukai.jp ℹ每年的6月1日~10月15日期間舉辦

　　木曾川鵜飼的特徵是觀覽船相當靠近鵜舟,有時還會感受到篝火的熱氣及水花四濺。另外也是日本唯一進行白天鵜飼活動的地區,同時還有東海第一位女鵜匠。

　　木曾川鵜飼的預約是採電話或傳真方式(如果有空位也能現場報名),路線分為夜間一般路線及用餐路線,另外也有白天路線。

時間&價錢

路線	夜間一般路線	夜間用餐路線	白天一般路線	白天用餐路線
價格	¥3,000、兒童半價	¥3,000＋便當費用、兒童半價	¥3,000、兒童半價	¥5,000、兒童¥3,500
集合時間	19:00 (9~10月為18:30)	17:45 (9~10月為17:15)	12:30	11:30
船上用餐	否	是(晚餐可選、另外付費)	否	費用含午餐便當

岐阜

岐阜市為岐阜縣的縣廳在地,也是縣內人口最多的城市,岐阜市靠近金華山麓,昔日是岐阜城下町的繁華地區,流經市區的長良川也是日本名水百選之一。

岐阜市名產為長良川的香魚,另外岐阜和傘、提燈、扇子等工藝品也是特產。市內的觀光重點主要為岐阜公園一帶的歷史史跡與岐阜大佛、金華山的岐阜城、以及國家無形民俗文化財的長良川鵜飼;每年7月下旬及8月上旬舉辦花火大會盛況,也吸引許多遊客前來觀賞。

岐阜市的中心車站為JR岐阜站及名鐵新岐阜站,因為離名古屋只有20分鐘車程,所以和名古屋的關係相當密切。氣候雖然屬太平洋氣候,但也具有夏季炎熱、冬天寒冷的內陸性氣候特徵。

186

一日行程

起點
JR岐阜站

巴士到「岐阜公園歷史博物館前」

終點
JR岐阜站

巴士到「JR岐阜站」

徒步3分鐘

岐阜公園
建議停留0.5～1小時

岐阜大佛
建議停留0.5～1小時

金華山纜車

岐阜城
建議停留0.5～1小時

長良川鵜飼捕魚
建議停留1～2小時

搭纜車下車
徒步8分鐘

刊頭右圓圈圖、岐阜大佛、岐阜公園、長良川鵜飼捕魚,
圖片提供:岐阜市

岐阜車站周邊

　　JR岐阜站北口(長良口)一出來就能看到織田信長的黃金像,因為這一帶為昔日的岐阜城下町,現在也是岐阜最熱鬧的區域,所以商業大樓多位於此處,目前也正在進行都市開發整備計畫,兩棟高樓分別為岐阜CITY TOWER43及岐阜SKYWING37(從名稱就能直接得知樓高),其中CITY TOWER43頂樓有免費的展望台。名鐵新岐阜站及岐阜巴士中心也都位於北口,不過岐阜市主要的景點都位於岐阜公園及金華山麓一帶,北口並無徒步

❶夜間的岐阜站前北口在藍光的點綴下顯得更漂亮／❷岐阜車站南口的加納宿為昔日的中山道城下町(圖片提供:岐阜市)／❸北口出來的廣場就能看到織田信長的黃金像

可達的景點。至於南口(加納口)則有昔日中山道的加納宿。

旅行·小知識

織田信長小檔案

　　織田信長出生於尾張國(愛知縣西部),為戰國時代的大名,和豐臣秀吉、德川家康並稱「戰國三傑」,為求終結亂世,主張「天下布武」(即用武力取得天下之意),並將所在地命名為岐阜,展開漫長的日本統一之路。而正當勢力逐漸擴展時,因部下明智光秀叛變而葬身在京都的本能寺,留下波瀾萬丈的一生。在岐阜市建立120周年之際,為感念織田信長命名及發展岐阜的貢獻,故募資建立這座黃金像。

加納宿的由來

　　加納宿,自古以來因為是中山道的要衝而熱鬧,1601年因德川家康下令岐阜城廢城,取而代之的是建築加納城,所以加納宿因兼具城下町的角色而發展起來,成為美濃地區最大的宿場町,也是唯一的城下町,當時工商業相當發達,物資運送相當頻繁。不過加納城後來在1872年因廢城令受到廢城處分,建物也因此毀滅,現今只留下城跡。

岐阜公園
都會公園含括眾多觀光景點

岐阜公園是金華山山麓的都市公園，岐阜市內主要的觀光景點幾乎都位於這個區域，包括岐阜城、金華山纜車、岐阜市歷史博物館、加藤榮三/東一紀念美術館、名和昆蟲博物館、圓空美術

❶岐阜公園內的名和昆蟲博物館是日本少有的昆蟲主題博物館／❷年輕的織田信長雕像是北村西望的作品／❸公園內的歷史博物館展示岐阜市的歷史與傳統工藝(❶圖片提供：岐阜市)

館、正法寺等。此外還有織田信長居館遺跡、板原退助遭難之地等歷史景點，在織田信長居館入口佇立著織田信長年輕時的雕像和巨大冠木門，部分使用巨石建造的道路、石垣、溝渠等都加以保存並整修，成為公園內的觀光景點。

✉岐阜縣岐阜市大宮町1 ☎058-214-2182(公園整備課) ◷08:30～21:00 💲自由入園 ➡JR岐阜站或名鐵新岐阜站搭乘岐阜巴士「市內LOOP左回」或「清流LOOP」(約15分)，「岐阜公園歷史博物館前」站下車徒步1分鐘 ⌛1～2小時 🔗www.city.gifu.lg.jp/info/machizukuri/1007994/1008005/1008007.html

---

岐阜公園

日本三大佛像之一
✿岐阜大佛

✉岐阜縣岐阜市大佛町8 ◷09:00～17:00 💴￥200、中小學生半價 ➡岐阜公園徒步3分鐘 ⌛0.5～1小時 🔗gifu-daibutsu.com

岐阜大佛位於岐阜公園西側的正法寺，和奈良大佛與鎌倉大佛並列為日本三大佛，為岐阜縣指定重要文化財，佛像高達13.7公尺，歷經38年的時間修建，於1832年竣工。架構以木材組合而成，外部是良質的竹材與

粘土，成型後在上面貼付著寫有佛經的美濃和紙(由當時住持朗讀完，一張一張貼上)，塗漆後再貼上金箔，以此種技法建造的規模在日本堪稱第一。也因為是使用竹材編成竹籠所製成的骨架，所以又有「籠大佛」的別名。

❶岐阜大佛的表情既莊嚴又和藹(圖片提供：岐阜市)／❷日本三大佛雖有多個版本，但岐阜大佛殿外標示著它是日本三大佛

岐阜城
曾被廢城，1956年重建天守

岐阜城最早始於1201年二階堂行政在稻葉山築城，原名為稻葉山城，之後廢城再由齋藤氏興建，但於1567年織田信長攻落後改名為岐阜城，成為戰國風雲兒天下布武的根據地。織田信長在本能寺之變身故後，再經歷多次廢城、築城及燒毀，於1956年再次重建天守至今。

岐阜城為山城，是位於京都東方的重要關口，以難攻不落聞名，天守為獨立式望樓型3重4階構造，重建後的天守閣1～3樓都是史料展示室，4樓為展望台，可以將長良川及岐阜市街盡收眼裡。岐阜城旁有資料館，是利用以前的武器庫與食糧庫建造而成，裡面陳列了和岐阜城有關的各種資料。

....

✉岐阜縣岐阜市金華山天守閣18 ☎058-263-4853 ⊙08:30～17:30(3/16～5/11為09:30～17:30、10/17～3/15為09:30～16:30) 💲￥200、4～16歲￥100 ➡岐阜公園搭乘金華山纜車(5分鐘)，到達山頂站後徒步8分鐘 ⌛1～2小時 🔗www.city.gifu.lg.jp/kankoubunka/kankou/1013051/1005097/1005098.html

❶岐阜城為統一天下的起點／❷從4樓展望台可以眺望長良川及岐阜市區／❸岐阜城內展示著戰國時代的史料(圖片提供：岐阜市)

189

旅遊小錦囊

前往岐阜城的交通方式

岐阜城位於金華山上，必須從岐阜公園內搭乘金華山纜車上山，單程￥630、來回￥1,100，折價券可以在觀光案內所或飯店取得，平日每15分鐘1班、假日每10分鐘1班。到達山頂站徒步8分鐘就能抵達岐阜城，途中經過的松鼠村是日本第一間松鼠園(入場費￥400)，裡面飼養了約100隻松鼠，在園內可以近距離接觸松鼠。

前往岐阜城必須搭乘金華山纜車(圖片提供：岐阜市)

意外形成的人氣景點

❀莫內之池 モネの池

✉岐阜縣關市板取上瀨1643-17 ☎0581-57- 2111(板取事務所) ◎自由(建議早上前來) 💲免費參觀 ➡JR岐阜站12號站牌搭乘N83岐阜板取線到「ほらどキウイプラザ」下車轉接駁車,在「モネの池前」站下車徒步3分 ⏱0.5～1小時 http://www.kankou-gifu.jp/spot/5094/

❶池磧裡的鯉魚也是讓莫內之池加分的關鍵／❷莫內之池並不大,但天氣晴朗時會湧入許多遊客／❸因為照片在網路上流傳而意外爆紅的莫內之池

　　莫內之池原本只是根道神社參道旁的蓄水池,利用高賀山的伏流水來作為灌溉使用,當地居民稱呼它為根道神社之池。原本池塘長滿雜草,經由附近花苗販售商「FLOWER PARK板取」的經營者進行除草,再種植睡蓮等水生植物,周邊居民也將自家的鯉魚放生到池中飼養,才會形成這幅有如名畫的絕景。

　　因池內種植蓮花並飼養鯉魚,再加上池水清澈見底,景觀和印象派大師莫內的作品睡蓮非常相近,因此得到莫內之池的名稱,之後照片在社群網站上引起廣泛討論,使得這個原本沒什麼遊客來訪的地方意外成了人氣景點。

　　莫內之池的大眾交通較為不便,前往方式必須從JR岐阜站搭乘巴士到洞戶Kiwi Plaza站再轉接駁巴士,巴士班次並不多,往返莫內之池的交通時間需花上3小時,但跋山涉水之後能看到如此美景,會令人深感一切都是值得的。

　　前來莫內之池時最好選擇早上,因為上午時段最能將美麗的莫內之池完美呈現,而且也要避開下雨天,因為莫內之池是個蓄水池,下雨後會有大量雨水流入池塘,大幅降低池水的透明度。如果上午是安排莫內之池,下午回到岐阜車站可以安排市區半日行程,或者是晚上去長良川觀賞鵜飼捕魚。

190

高山

　　高山市位於岐阜縣北部,是日本面積最大的市,比香川縣及大阪府還大,約與東京都相同,由於和北方鄰接的富山縣交通方便,所以與富山縣往來較為頻繁。市中心保留了江戶時代的城下町及商家的原貌,因此有「飛驒小京都」的稱號,吸引許多國內外遊客前來,每年春季4月14、15日及秋季10月9、10日舉辦的高山祭,更湧入大量人潮。

　　高山市內最重要的JR車站為高山本線的高山站,但許多地區則仰賴濃飛巴士。高山大部分地區屬於日本海氣候,一部分為中央高地式氣候,因為屬於盆地地形,夏季非常炎熱而冬天又相當寒冷,最低氣溫常低於-10度。另外,高山最重要的名產為飛驒牛與其相關產品,以及朴葉味噌。

白壁土藏街,圖片提供/飛驒市觀光網站

三町老街
體現江戶風情的飛驒小京都

流經高山市區的宮川，將市中心分為兩個區域，東側的一之町、二之町、三之町，三者合稱「三町」，加上周邊片原町及神明町等東西約150公尺、南北約420公尺的區域，因為保留了江戶時代的城下町及商家的原貌，所以被選定為重要傳統建造物群保存地區，一般稱作「三町老街」。

走在江戶懷舊老街悠逛日式店鋪

三町老街保留的172棟建物，多是江戶後期到明治時代的和風建築，江戶時代風氣禁止奢華，所以限制每戶民家只能興建2層樓(不能比高山陣屋還高)，雖然民家外觀規定必須平實樸素，但許多民家內部裝潢卻相當奢華，而這

❶穿著和服搭乘人力車逛三町老街，既悠閒又能體驗老街風情／❷❻三町老街上的飛驒牛握壽司幾乎每間都大排長龍／❸漫步三町老街可以體會到日本傳統建物之美／❹藤井美術民藝館內有書畫、武器、生活用具等收藏／❺三之町是建物保存最完整的區域／❼三町老街有許多輕食與點心，可以邊走邊吃

類民家目前多改建為美術館或民藝館等供人參觀，例如藤井美術民藝館、平田紀念館、飛驒民俗考古館等。

在三町老街散步，看著位於水道兩側的民宅、木格窗、屋簷等，彷彿時空重回江戶時代，不過成為著名的觀光景點後變得更商業化，現今三町老街許多民家多為釀酒屋、味噌店、民藝品店、咖啡店、特產店等，而為了讓遊客更能體驗江戶風情，在老街內也有幾

間和服店提供和服出租的服務，如果想穿著和服悠閒地穿梭於老街中，也可以考慮租乘人力車，ごくらく舍提供了15、30、60分鐘三種路線，依2人或3人有不同價格。

欣賞傳統工藝及品嘗飛驒牛握壽司

三町老街仍有為數不少的古美術品與傳統工藝品的店鋪，其中又以區域品牌「一位一刀彫」最有名，因為使用的木材為飛驒地區的銘木紫杉(日文為「一位」)，再加上工匠使用的每一刀都是用心雕刻，才以此命名。

高山市區有著名的飛驒牛排、高山拉麵及飛驒蕎麥麵等美食，但對於喜歡走到哪吃到哪的遊客來說，當然不會錯過三町老街散步途中的各種點心與輕食，其中最有人氣首推飛驒牛握壽司，大排長龍的名店有：標榜使用飛驒牛最高等級的「咲くやこの花 こって」、百年老店「みちや寿し沖村家」、「廣壽司」、「坂口屋」等，其他還有像是飛驒牛串燒、飛驒牛肉包、可樂餅、捏肉餅棒等各種飛驒牛相關產品，不但選擇多、價格實惠，而且在傳統老街品嘗美食別有一番風情。

✉ 岐阜縣高山市三町 ☎ 0577-32-3333 ⏰ 各店不一 💲 自由參觀 ➡ JR高山站或濃飛巴士中心徒步12分鐘 ⧗ 2～4小時 http www.hidatakayama.or.jp，點選「観る」→「古い町並」

飛驒古川
電影《你的名字》的人氣小鎮

飛驒古川離高山站不到半小時車程，它堪稱是社區總體營造的典範，經由社區居民合作與努力，成功將瀨戶川及白壁土藏則成為觀光景點，也成為當地的驕傲。

走出JR飛驒古川站約5分鐘，就可以看到瀨戶川及白壁土藏街(酒莊倉庫)，散步道約500公尺，因為居民的努力，沿途重現昔日城下町風情，周邊還有飛驒古川祭會館及渡邊造酒店可參觀，散步道末端為本光寺，可以見識到飛驒工匠的雕刻及裝飾技巧，寺廟對面有壹之町咖啡店，是百年歷史的古民家改建而成，可以在此稍微休息。

原本是因為社區總體營造享有盛名的飛驒古川，在2016年新海誠電影《你的名字》中有多幕飛驒古川的場景，也讓這個小鎮湧入更多前來朝聖的觀光人潮，而車站的觀光案內所更是貼心地將電影中曾出現的場景逐一列出，方便遊客按圖巡禮，喜愛這部電影的粉絲可千萬不能錯過。

❶散步在悠靜的瀨戶川周邊讓人心曠神怡(圖片提供：飛驒市式觀光網站)／❷酒廠上方掛著的「杉玉」如果呈現枯萎的茶色，表示酒已經熟成(圖片提供：飛驒市式觀光網站)

✉ 岐阜縣高山市古川町殿町及一之町 ☎ 0577-73-2111(飛驒市觀光課) ⏰ 自由 💲 免費參觀 ➡ JR飛驒古川站徒步5分鐘 ⧗ 1～2小時 http www.hida-kankou.jp

高山兩大朝市

歷史悠久，深入當地人的飲食重鎮

❶從高山站出發，經過鍛冶橋左轉即為宮川朝市／❷宮川朝市末端這間七味粉是現場調製，可以買回去自用或送人／❸❺宮川朝市也有高山特產手工藝品猿寶寶／❹逛朝市最主要的目的是買飛驒地區盛產的水果

✤宮川朝市

✉岐阜縣高山市下三之町宮川沿岸　☎0577-32-3333(高山市觀光課)　🕐07:00～12:00(冬季08:00開始)　💲自由入市　➡JR高山站徒步10分鐘　⏳1～2小時　http www.asaichi.net　MAP P.166／A3

想逛朝市的必來！攤位、商品多樣化

　　宮川朝市位於高山市下三之町的宮川沿岸，和石川的輪島朝市、千葉的勝浦朝市並列為「日本三大朝市」，也是高山市著名的觀光名所之一。

　　宮川朝市販賣的物品不僅限於高山的名產，也有新鮮蔬果、手工雜貨等物品，再加上周邊商店及飲食店，使得宮川朝市既熱鬧又多元，

相當受在地居民及遊客的喜愛，和陣屋朝市並稱為「高山朝市雙壁」，如果適逢週末或假日會有更多人潮湧入，最好不要太晚去逛，以免人多擁擠或是產品售完。

　　高山的朝市歷史相當悠久，最早於江戶時期就有朝市的記錄，但現在的宮川朝市是於二次戰後集結開市，全盛時期多達300間店家，現在約有80～90間店家，不過會因季節及氣候而變動，販售的漬物有飛驒紅蕪菁、蘿蔔等，水果有蘋果、哈蜜瓜、水蜜桃、葡萄及櫻桃等，加工品有七味粉、團子、朴葉味噌等，手工藝品有猿寶寶、一位一刀彫等，其他還有季節山菜、蔬菜、鮮花及盆栽等。宮川另一側約有10間店家的營業時間也會配合朝市，早上8點開店營業，可以買到飛驒牛肉包、飛驒牛握壽司、飛驒牛奶及冰淇淋等。

❶陣屋朝市就位於高山陣屋前的大廣場／❷飛驒蘋果甜美多汁,是朝市必買的水果／❸陣屋朝市的店家以生鮮蔬果及漬物為主

❀陣屋朝市

✉岐阜縣高山市八軒町1-5 ☎0577-32-3333(高山市觀光課) ⏰07:00～12:00(冬季08:00開始) 💲自由入市 ➡JR高山站徒步10分鐘 ⌛1～2小時 http www.jinya-asaichi.com MAP P.166／C3

在高山陣屋前,行程上可安排一起

陣屋朝市與宮川朝市合稱為高山朝市,和三町老街、高山祭並列高山的三大景點,現在約有40～50間店家,規模比起宮川朝市略小,但因為朝市地點在高山陣屋前面的大廣場,對於安排要逛高山陣屋的遊客來說是必經之路。

陣屋朝市店家販賣的產品以新鮮蔬菜、水果、鮮花及盆栽等為主,不像宮川朝市那麼多樣化。對於外國遊客來說,漬物及蔬菜都

不便帶回國,所以最值得前來朝市購買的就是飛驒地區盛產的各種水果,不但新鮮多汁而且價格實惠,但記得不能帶回國。另外對手工藝品有興趣的人,也可在朝市購買當作紀念品或送朋友當禮物。

195

旅遊小錦囊

宮川v.s陣屋朝市,該去哪個好?

高山市區這兩個朝市該如何選擇?如果說想要單純以逛朝市為目的,宮川朝市產品較為多樣化、攤位較陣屋朝市多,而且店家沿著宮川呈一直線排列也比較好逛,沿路還可以欣賞宮川的景色。但如果上午有安排行程前往高山陣屋,那就是順道逛陣屋朝市。不管是哪個朝市,店家只要產品賣完就會提早收攤,所以看到好物就立即下手,但水果店家在收攤前會特價出清,所以也可以撿到優惠價。

高山祭典

屋台華麗雕工精細，日本三大美祭之一

高山祭分為春、秋兩次舉行，春天的「山王祭」每年4月14～15日在日枝神社舉辦，而秋天的「八幡祭」每年10月9～10日在櫻山八幡宮舉辦，期間會從各地湧入數十萬遊客，和京都「祇園祭」及埼玉「秩父夜祭」，並稱為「日本三大美祭」。有23座高山祭屋台在1960年被指定為重要有形民俗文化財，高山祭活動則是在1979年被指定為重要無形民俗文化財，同一件活動同時被指定為有形及無形文化財，在日本只有5例。

祭典一般使用的神轎及花車，日本通稱為「山車」或「曳山」，但在高山等中部地方則稱為「屋台」（一樣叫「屋台」，在博多卻是「攤販」之意），高山的屋台裝飾既精緻又華麗，素有「活動陽明門」[編注]稱號，平常保管在各個町內白壁土藏的倉庫，在祭典時才會從白壁土藏拉出來使用。

★編注：日光東照宮的陽明門是金碧輝煌的建築，故用「陽明門」比喻高山屋台的富麗堂皇。

旅遊小錦囊

觀賞高山祭，留意訂房與氣候

4/14及10/9是高山一年中最熱鬧的日子，當天晚上飯店非常難訂，最好半年前就先預訂，如果訂不到再往高山周邊延伸；再者要留意氣候，日本氣象非常準確，這些屋台都是貴重的文化財，一點水也碰不得，如果遇到下雨，像夜祭或宵祭等戶外活動就會停止，改在白壁土藏裡面觀賞屋台，或移到屋台會館內舉行。

❶入夜之後的高山祭更顯得熱鬧／❷高山祭的石橋台與龍神台／❸拉到會場的途中會進行交通管制／❹屋台平常保管在倉庫內，祭典時才會拉出來／❺工作人員的專著打扮能清楚辨認

196

高山祭的起源推測是始於江戶前期領國大名金森氏統治飛驒時期，之後進入幕府直轄後就發展成現在的屋台形式。春天山王祭會有12座屋台，秋天八幡祭則是有11座，屋台是上段、中段、下段3層構造，高度約7、8公尺，最上層的傀儡人形製作精細，加上巧妙操作，表現出纖細又大膽的動作，中層有名工雕刻、京都西陣織大作，還有華麗刺繡的大幕，底部車輪則有金色細工及華麗細緻的塗漆，夜晚的屋台還會掛上100個提燈，感覺屋台好像浮起來一般，會感受到與白天截然不同的氣氛。

❖ 高山祭屋台會館

✉ 岐阜縣高山市櫻町178 📞0577-32-5100 🕘08:30～17:00(12～2月為09:00～16:30) 💲￥1,000、高中生￥600、中小學生半價 ➡ JR高山站，沿著宮川朝市散步過去，約20分鐘 ⏱0.5～1小時 🔗www.hidahachimangu.jp/yataikaikan

全年都可看到實體屋台的會館

高山祭屋台會館位於櫻山八幡宮旁，是唯一可以看到高山祭實體屋台展示的地方，而且會定期更換(更換展示在3月下旬、7月下旬、11月中旬，1年3次)，對於無法在高山祭期間前來的遊客來說，高山祭屋台會館是能夠通年感受高山祭氣氛的地方，可以現場觀賞豪華屋台的400年歷史與工匠精緻的技巧。

❶秋天八幡祭是在櫻山八幡宮舉辦，高山祭屋台會館就位於旁邊／❷行神台的創建年代相當久遠，後來因一部燒毀而重建／❸鳳凰台是高山屋台裡最大級的屋台／❹如果無法在高山祭時間前來，在屋台會館就能觀賞屋台／❺屋台會館可以看到祭典實際使用的屋台

高山陣屋

保留江戶時期公務員辦公處所與官邸

❶高山陣屋是日本唯一現存的代官所／❷走進表門後就是高山陣屋的玄關／❸御白洲是古代審問罪犯的場所／❹湯吞所是江戶時代的茶水間，所以會吊著自在鉤

　　高山陣屋是江戶幕府設置管理飛驒地區的代官役所（「代官役所」是指官員辦公之處，「陣屋」則是指代官役所建物），過去在日本有60處以上，現在唯一僅存就只剩高山陣屋，由於保存完整被指定為歷史文化遺跡。以現代眼光來看，高山陣屋其實就是江戶時代日本公務員辦公處所與官邸，主要工作是管理裁判所和納稅的政府機構，因為管轄範圍可以獲取木材和礦物，所以是江戶幕府的經濟基礎來源。

　　高山陣屋內部有郡代役宅（「郡代」即為地方行政官）、大廣間、御藏、御役所、御白洲等，郡代役宅是郡代的豪華官邸，是江戶時代少見的3層建物，在此處可以體會當時的生活狀況；大廣間是進行開會及各種儀式的場所，有49疊的大空間，出席人員會因為身分而決定座位；御役所就是官員辦公的場所；御藏則是貯藏糧米的倉庫，是日本最古老也最大的御藏；至於御白洲則是古代審問犯人的地方，還能看到以前拷問犯人的刑具。另外，在陣屋內部也展示了江戶時代的歷史資料，陣屋外面也有高山兩大朝市之一的陣屋朝市（朝市即為早上的市集，主要販售農產品及手工藝品），所以最好早上前來參觀高山陣屋，而且還能順便逛朝市。

✉岐阜縣高山市八軒町1-5 ☎0577-32-3333 ⏰08:45～17:00（11～2月至16:30、8月至18:00）💲￥440、高中生以下免費 ➡JR高山站徒步10分鐘 ⏳1～2小時 🌐jinya.gifu.jp 🗺P.166／C3

奧飛驒

奧飛驒地區是指高山市靠近飛驒山脈的地區，以奧飛驒溫泉鄉為中心再加上周邊景點，境內多為山區地形，擁有豐富的自然景觀及充沛的溫泉，由於距離高山市約1小時車程，成為前往高山市區旅行時順道前來的地區。

當地最主要的觀光景點為奧飛驒溫泉鄉，此外還有新穗高纜車、乘鞍疊平等。另一個很有名的景點是上高地雖然位於長野縣，但從平湯溫泉搭車只要25分鐘就能到達，因此也常被列入奧飛驒地區必去的景點。奧飛驒地區因為屬於山區地形，夏季非常涼爽，像是新穗高及上高地的8月均溫都不到20度，冬天則相當寒冷，但因為是賞雪好去處，也有許多旅客在冬季前來。

一日行程

起點 平湯巴士站

平湯巴士站

巴士40分鐘

新穗高
停留2～3小時

巴士25分鐘到「上高地」

巴士25分鐘

上高地
停留3～4小時

巴士10～30分鐘

終點 平湯巴士站

巴士10～30分鐘

奧飛驒溫泉區
停留1～2小時

新穗高纜車
遠眺北阿爾卑斯山美景

❶第二纜車是日本最初也是唯一的兩層式纜車／❷巴士坐到「新穗高纜車站」下車就能看到纜車站／❸可以在西穗高口站購買明信片，再從最高的郵筒寄回家鄉／❹5樓展望台可以從360度視野眺望北阿爾卑斯山／❺白樺平站出來有戶外桌椅及足湯可以稍作休息／❻新穗高到了6月仍有殘雪

新穗高纜車是連接新穗高溫泉與西穗高岳的索道，分為第一纜車及第二纜車，其中第二纜車是日本唯一兩層構造的纜車，搭乘纜車可以眺望有日本屋脊之稱的北阿爾卑斯山，不論是新綠、紅葉或白雪等各個季節前來，都可以體驗不同的風貌。

新穗高纜車的起點為新穗高溫泉站，標高1,117公尺，站內設有特產店及輕食店，可以

買到新穗高纜車燒等限定商品，也有芥茉冰淇淋、溫泉蛋、飛驒牛肉包等飛驒名物，另外也設有寄物櫃，可以在此先寄放行李，以減輕身上裝備重量好方便上山行走。

纜車沿途有美食、露天風呂、散步道

第一纜車的移動距離為573公尺，運行時間4分鐘，終點鍋平高原站，標高1,305公尺，到站後徒步2分鐘即可抵達第二纜車的起點白樺平(しらかば)站，標高1,308公尺。由於這區是纜車的轉乘站，所以設施相當充實，站內餐廳有朴葉味噌飛驒牛排、飛驒牛咖哩等餐點，麵包店則有頗受好評的人氣商品牛角麵包。站外有足湯、露天風呂「神寶乃湯」，介紹北阿爾卑斯山資料的山樂館等，另外還有鍋平高原自然散步道，全程約2.3公里、1小時路程，可以沉

浸在山毛櫸等林木之中，同時觀賞高山地區的各種植物，即使冬天前來也能穿上雪鞋行走。

第二纜車的終點站是西穗高口站，標高2,156公尺，車站5樓的展望台，可以360度的視野眺望槍岳、西穗高岳等北阿爾卑斯山脈，可說是搭乘新穗高纜車上山的主要目的，展望台上還設置郵筒，是日本最高的通年型郵筒。站外的千石園地是個廣大的自然生態區域，可以散步在原生林之間的小徑，5～10月期間可以觀賞山野草及高山植物，冬季期間則會出現巨大的「雪之迴廊」，可以在雪壁之中散步及遊玩。

✉岐阜縣高山市奧飛驒溫泉鄉新穗高 ☎0578-89-2252 ➡高山站(約95分鐘)或平湯溫泉站(約40分鐘)搭乘濃飛巴士，「新穗高纜車站」下車即達 ⏰2～3小時 http shinhotaka-ropeway.jp

纜車時間

發車站	新穗高溫泉站(上行)		白樺平站(上行)		西穗高口站(下行)	
營業時間	始發	最終	始發	最終	始發	最終
4/1～11/30	08:30	16:00	08:45	16:45	08:45	16:45
8/1～8/31	08:00	16:00	08:15	16:15	08:15	16:45
10月的週末及假日	08:00	16:00	08:15	16:15	08:15	16:45
12/1～3/31	09:00	15:30	09:15	15:45	09:15	16:15

備注：第一纜車每時00、30分發車、第2纜車每時15、45分發車

※資訊時有異動，請依官網為準

纜車價錢

乘車區間	單程	來回往返
第一、二纜車	￥1,900	￥3,300
第一纜車	￥500	￥700
第二纜車	￥1,800	￥3,200

備注：小學生價格均為半價；行李如超過6公斤，需再加購行李券

※資訊時有異動，請依官網為準

上高地
徜徉在消暑的人間仙境

上高地是位於長野縣西部飛驒山脈南部梓川上游的名勝，屬於中部山岳國立公園的一部分，也是國家特別名勝．特別天然紀念物。上高地(かみこうち)原本是稱作「神垣內」(是指穗高神社與明神池，日文發音同：上高地)，後來才改用漢字「上高地」。

上高地每年有超過100萬的遊客造訪，在海內外都是極具人氣的景點，清澈的溪流、多樣又豐富的動植物，各個季節前來都有不同風貌。從中之湯到上高地路段，在冬季期間(通常是11/16到隔年4/16)車輛無法通行，如果想要在冬季前往上高地，就只能乘坐普通巴士到中之湯，然後靠步行通過釜隧道前往上高地。

散步路線1：河童橋－明神橋路線

上高地主要的散步路線有兩條，第一條為河童橋－明神橋路線，行走距離約7公里，所需時間約2.5小時，起點為上高地玄關的巴士中心，這裡有食堂、商店、行李寄放所及觀光案內所等，觀光案內所內可以得知開花狀況及登山步道狀態。從巴士中心徒步5分鐘即可抵達上高地的中心河童橋，它是架設在梓川的木製吊橋，也是最能代表上高地的景觀，從橋上朝上游及下游都能欣賞到不同風景，不但是絕佳的眺望台，也是每個旅客都會拍照留念的景點。

❶河童橋也是個眺望台，可以往上游及下游觀賞風景／❷河童橋是上高地的代表景觀

旅遊小錦囊

上高地的由來

上高地是從大正池到橫尾全長約10公里、寬度最大約1公里的堆積平原，因為燒岳火山群的白谷山噴發後，梓川將岩石沖積所造成的地形。狹義的平原是指著名景點河童橋周邊，如此高度有這麼廣大平原，在日本其他方很少見。

❸明神二之池的水面與山丘形成獨特神祕感／❹岳澤溼原保留了不被破壞的原始景觀／❺明神一之池的寂靜湖面與倒映樹木／❻嘉門次小屋現在是飲食兼住宿所／❼穗高神社奧宮為日本阿爾卑斯的總鎮守

岳澤溼原－穗高神社奧宮－明神池－嘉門次小屋－明神橋

　　渡過河童橋沿著梓川右岸步道行走，約15分鐘就能抵達岳澤溼原，可以邊散步邊欣賞沿途清澈湧水的溼原、水面上的野鳥以及各種野生植物，地面鋪設有非常方便行走的木道，即使夏天也不覺得炎熱。徒步約45分鐘可以抵達穗高神社奧宮，神社的祭神是穗高見命，為日本阿爾卑斯山的總鎮守，本宮則位於安曇野市。上高地另個著名景點明神池位於穗高神社奧宮裡面的神域(參拜費¥300)，葫蘆形狀將池塘分為一之池及二之池，明神岳常年湧出伏流水，因此明神池顯得格外清澈，寂靜的湖面與倒映的樹木呈現出絕景，每年10月8日在此會舉辦例行大祭，祈禱一整年山林安全與萬物安寧。

　　明神池附近的嘉門次小屋擁有130年歷史，可以在此用餐或輕食休息一下。到達明神橋就準備要返回了，回程的梓川左岸步道多為山坡地形，可以充分享受高原森林的氣氛，偶爾也能看到野生動物，約50分鐘能走回河童橋，如果正值用餐時間也可以在河童食堂或上高地食堂用餐。

散步路線❶

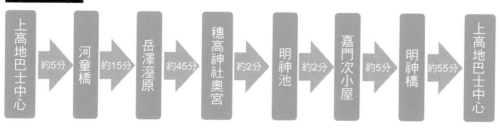

上高地巴士中心 → 約5分 → 河童橋 → 約15分 → 岳澤溼原 → 約45分 → 穗高神社奧宮 → 約2分 → 明神池 → 約2分 → 嘉門次小屋 → 約5分 → 明神橋 → 約55分 → 上高地巴士中心

❶清澈無比的大正池也是上高地的著名景觀╱❷大正池曾經是森林，後來被水淹沒，現在只剩枯萎的樹枝╱❸從自然研究路可以遠眺穗高連峰

散步路線2：大正池－河童橋路線

　　第二條路線行走距離約3.7公里，所需時間約1小時，起點為大正池巴士站(上高地巴士中心前2站)，下車即可看到上高地的另個代表景觀大正池，1915年燒岳火山噴發後，大量泥石流攔截了梓川後形成大正池，曾經是森林因被水淹沒後剩下乾枯的樹幹，形成了特殊又夢幻的景觀。

大正池－田代溼原－自然研究路－田代橋－威斯頓石碑－河童橋

　　從大正池徒步20分鐘會進入田代溼原及田代池，因為地下有湧泉，所以田代池在冬天也不會結冰，但由於霞澤岳泥砂持續注入，使得田代池逐漸縮水，有些地方已變為溼地。離開田代溼原後為自然研究路，有分為行走於針葉樹林的森林路線以及欣賞河面與穗高連峰的梓川路線；走完步道會經過田代橋及穗高橋，從橋上可以眺望梓川與穗高連峰的景觀。渡橋後來

到威斯頓石碑，他從康橋大學畢業後成為登山家並征服日本許多山脈，著有《日本阿爾卑斯的登山與探險》一書，讓日本阿爾卑斯山揚名世界，為了紀念他而在此設立石碑，每年6月還會舉辦威斯頓祭；之後再徒步15分鐘就抵達象徵上高地的景觀河童橋。

　　如果時間充分且體力良好，可以大正池站下車，然後循大正池→河童橋→明神池→上高地巴士中心路線，就可以把兩條基本路線走完，甚至可以在明神池繼續往上游走到德澤及橫尾(明神池→德澤約1小時、德澤→橫尾約1小時)，如果時間或體力不允許，就在這兩條基本路線中視情況及喜好擇一即可。

✉長野縣松本市安曇上高地4468(上高地旅客中心) ☎0263-95-2606 ⏰08:00～17:00 💲免費入內 ➡平湯巴士中心搭乘濃飛巴士/アルピコ巴士(約25分鐘)；或JR松本站轉松本電鐵上高地線到新島々站(約30分鐘)，再轉搭アルピコ巴士(約65分鐘)，「上高地」站下車即達 ⏳3～5小時 🔗www.kamikochi.or.jp

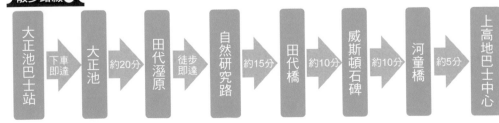

▶散步路線❷

大正池巴士站 →下車即達 大正池 →約20分 田代溼原 →徒步即達 自然研究路 →約15分 田代橋 →約10分 威斯頓石碑 →約10分 河童橋 →約5分 上高地巴士中心

204

奧飛驒溫泉鄉
露天風呂之鄉，數量日本第一

奧飛驒溫泉鄉是由平湯溫泉、福地溫泉、新平湯溫泉、櫟尾溫泉及新穗高溫泉等5個溫泉所構成，溫泉湧出量相當豐沛，在日本僅次於別府及由布院，各溫泉有許多免費的共同浴場及露天風呂。奧飛驒溫泉鄉的楓葉也是著名景觀，入選為飛驒‧美濃紅葉三十三選之一，非常值得前來。

作為奧飛驒玄關入口的平湯溫泉歷史相當悠久，交通位置也非常重要，是前往各個景點的交通要道，離JR高山站約60分鐘車程、離JR松本站約85分鐘車程，可說相當便利；福地溫泉為溫泉鄉中最幽靜、也最能感受懷舊氣氛的地方；新平湯溫泉的旅館型態相當多樣化，最能感受到溫泉鄉的繁榮；櫟尾溫泉多為充滿家庭氣氛的旅館；新穗高溫泉是山脈所包圍的溫泉，因為位處新穗高纜車站及北阿爾卑斯山的登山口附近，溫泉旅館數

❶平湯溫泉的巴士中心同時也是飲食店、土產店及共同浴場／❷新平湯溫泉區的旅館最為多樣化／❸新穗高溫泉區對於登山或搭乘纜車的人來說很方便／❹平湯溫泉位處重要的交通據點，為奧飛驒人氣住宿地點／❺森之燈塔為平湯溫泉的地標，同時也可以泡足湯

量相當多。5個溫泉之間都相距不遠，可以利用濃飛巴士或悠閒地散步前往各個溫泉。

✉岐阜縣高山市奧飛驒溫泉鄉新穗高(奧飛驒溫泉鄉觀光案內所) ☎0578-89-2458 ➡JR高山站搭乘濃飛巴士(約60分鐘)，「平湯溫泉站」下車 ⏱1～2小時 http
www.okuhida.or.jp

| 平湯 | 巴士約10分 | 福地 | 巴士約4分 | 新平湯 | 巴士約3分 | 櫟尾 | 巴士約15分 | 新穗高 |

岐阜縣の旅宿

JR高山站周邊

JR高山站是岐阜縣重要的交通中心，而且隔壁的濃飛巴士中心也可以前往白川鄉及奧飛驒等地區，再加上高山市的景點都在車站徒步可達的距離，所以JR高山站周邊是最方便的住宿地點。

SPA HOTEL ALPINA 高山

交通位置極佳，離JR高山站4分鐘、離高山陣屋5分鐘、離三町老街7分鐘。飯店各方面評價都不錯，還附有大浴池。

☎0577-33-0033 ⑤單人房￥5,200起、雙人房￥8,400起 ➡JR高山站徒步4分鐘 http www.spa-hotel-alpina.com MAP P.166／C2

東急STAY飛驒高山 結之湯

2020年4月1日新開幕的飯店，高山站東口一出來很快就能看到，在房間清潔度、溫泉及餐點的評價都非常好。

☎0577-36-1109 ⑤單人房￥10,500以上、雙人房￥11,600以上 ➡JR高山站徒步2分鐘 http www.tokyustay.co.jp/hotel/HTM/ MAP P.166／C1

SUPER HOTEL飛驒高山

SUPER在日本連鎖平價商務旅館之中的評價始終保持前三名，既提供免費早餐又有大浴池可泡湯，而且離JR高山站超近。

☎0577-32-9000 ⑤單人房￥5,280起、雙人房￥7,980起 ➡JR高山站徒步3分鐘 http www.superhotel.co.jp/s_hotels/takayama MAP P.166/C2

COUNTRY HOTEL高山

雖然是有點歷史的旅館，但因位處高山站及濃飛巴士站對面，1樓又是便利商店，絕佳的位置與經濟實惠的價格，使得它頗受旅客青睞。

☎0577-35-3900 ⑤單人房￥4,600起、雙人房￥6,400起 ➡JR高山站徒步1分鐘 http www.country-hotel.jp MAP P.166／B1

hotel around高山

2021年7月30日新開幕的飯店，在清潔感、房間及早餐的評價都很好，從JR東口出來往北徒步4分，濃飛巴士徒步3分，距離飛驒國分寺非常近。

☎0577-36-2811 ⑤單人房￥7,400以上、雙人房￥11,200以上 ➡JR高山站徒步4分鐘 http hotel-around.com/takayama/ MAP P.166/A1

高山櫻庵

　附有溫泉大浴池，早晚餐也頗受好評，距離三町老街及高山陣屋只要10分，價格雖然高了一些，但還在可接受範圍內。

☎0577-37-2230　💲單人房、雙人房￥14,100以上　➡JR高山站徒步5分鐘　http www.hotespa.net/hotels/takayama/　MAP P.166/C1

JR岐阜站周邊

　JR岐阜站離名古屋站只有20分鐘車程，而且也有名鐵可以前往犬山或直達中部國際機場，雖然周邊不像名古屋熱鬧，但經過都市整備計畫之後整個煥然一新。最重要的是房價相對便宜許多，尤其是週六名古屋車站周邊房價漲得相當可怕，所以如要節省旅費倒是可以考慮改住岐阜。

Comfort HOTEL岐阜

　美系知名連鎖平價商務旅館，既附有免費早餐又可讓小學生免費加人。離JR岐阜站超近。

☎058-267-1311　💲單人房￥5,200起、雙人房￥6,600起　➡JR岐阜站「中央北口」徒步2分鐘　http https://www.choice-hotels.jp/gifu

天然溫泉 金華之湯 dormy inn岐阜站前

　dormy是網路及滿意度問卷評價都很好的連鎖商務旅館，但近年來價格有明顯上漲趨勢(尤其是大都市)，旅館最受好評的是天然溫泉大浴場及具有地方特色的早餐，而且岐阜的房價頗為優惠。

☎058-267-5489　💲單人房￥5,590起、雙人房￥7,890起　➡JR岐阜站「中央北口」徒步8分鐘　http www.hotespa.net/hotels/gifu

HOTEL RESOL 岐阜

　離JR岐阜站與名鐵岐阜站都是徒步5分鐘，以便利的交通與寬敞的房間頗受旅客好評。

☎058-262-9269　💲單人房￥5,000起、雙人房￥5,800起　➡JR岐阜站「中央北口」徒步5分鐘　http www.resol-gifu.com

DAIWA ROYNET HOTEL岐阜

　距離名鐵岐阜站只要2分，地點方便，又可讓小學生免費加人。

☎058-212-0055　💲單人房￥4,800以上、雙人房￥6,800以上　➡JR岐阜站長良口徒步7分鐘　http www.daiwaroynet.jp/gifu

岐阜CASTLE INN

　雖然離JR岐阜站略遠，但離名鐵岐阜站只要2分鐘，是間具有居家風格的商務旅館。

☎058-262-3339　💲單人房￥4,800起、雙人房￥8,200起　➡JR岐阜站「中央北口」徒步7分鐘　http www.gifu-c.jp

ながのけん
とやまけん

長野縣
富山縣

Nagano-ken
Toyama-ken

松本、富山、魚津

這兩縣的重頭戲當然非立山黑部莫屬了，以及有日本祕境之稱的黑部峽谷，每年開山期間，從世界各地湧入人潮，觀看過雪壁絕景及峽谷壯闊景色之後，都會大呼：「值得啊！」

託運及隨身行李注意事項

手機用的行動電源與相機的鋰電池不能託運，只能隨身帶上飛機；液體類、指甲剪或瑞士刀等物品不能帶上飛機，只能託運。筆電或平板等電子設備如果要託運，必須將電源完全關閉，並將它收納於防撞外盒或用衣服捆包，作為衝撞保護，違反規定者最高將處以￥50萬日圓罰金，必須特別留意。

購買自用藥品規定

依據臺灣政府規定，去日本旅遊購買藥品回台的攜帶自用藥物數量，藥品(非處方箋)每種最多12瓶，總數最多36瓶。

旅遊實用資訊

鐵道系統

日本鐵道有JR、新幹線、地鐵及私鐵，以台灣現有鐵道解釋，JR相當於台鐵、新幹線相當於高鐵、地鐵相當於捷運，至於私鐵就是由私人企業經營的鐵路。

攜帶大型行李搭乘新幹線

2020年5月起，攜帶大型行李搭乘東海道・山陽・九州新幹線的乘客，必須事先預約有行李放置處的指定席，辦理預約不另外收費，但如果沒有預約就攜帶大型行李上車的乘客，必須支付行李箱保管費￥1,000。大型行李是指3邊合計超過160公且低於250公分者，小於160公分不需事先預約，超過250公分則不能帶上新幹線。

購買票券

在日本購買鐵道車票可以選擇人工窗口或自動售票機，如果語言不通就盡量利用自動售票機，唯部分套票及兌換周遊券須到人工窗口。搭乘普通列車需要基本乘車券，乘特急或新幹線需要特快車券(分為指定席及自由席兩種)，新幹線的綠色(頭等)車廂則需要綠色車廂券。

時刻查詢

事先查好各項交通工具時刻才能讓整個行程更為順利，如果搭配使用轉乘案內App(見P.22)更能有效節省時間並便於規畫行程。

中部地區常搭乘的鐵道
- JR東海：jr-central.co.jp
- 名古屋鐵道：top.meitetsu.co.jp
- 近畿鐵道：www.kintetsu.co.jp
- 富山地方鐵道：www.chitetsu.co.jp

利用能查詢全國鐵道資訊的網站：
- YAHOO路線情報：transit.yahoo.co.jp
- JORUDAN乘換案內：www.jorudan.co.jp

中部地區常會搭乘的巴士網站
- 濃飛巴士：www.nouhibus.co.jp
- 名鐵巴士：www.meitetsu-bus.co.jp
- 岐阜巴士：www.gifubus.co.jp
- 靜鐵巴士：www.justline.co.jp
- 遠鐵巴士：bus.entetsu.co.jp
- 三重交通：www.sanco.co.jp
- アルピコ交通：www.alpico.co.jp/traffic

名古屋 · 靜岡 · 岐阜 · 愛知 · 長野 · 富山 ·

日本中部深度之旅

世界主題之旅108

作　者	阿吉	
總編輯	張芳玲	
發想企劃	taiya 旅遊研究室	
編輯部主任	張焙宜	
企劃編輯	張焙宜	
主責編輯	張焙宜	
修訂主編	鄧鈺澐、黃琦	
封面設計	何仙玲	
美術設計	何仙玲	
地圖繪製	涂巧琳	

國家圖書館出版品預行編目 (CIP) 資料

名古屋．靜岡．岐阜．愛知．長野．富山
：日本中部深度之旅 / 阿吉作 . -- 三版 .
-- 臺北市：太雅出版有限公司, 2024.03
　　面；　　公分 . -- (世界主題之旅；108)
ISBN 978-986-336-495-5(平裝)
1.CST: 旅遊 2.CST: 日本
731.9　　　　　　　　　　112022522

太雅出版社
TEL：(02)2368-7911　FAX：(02)2368-1531
E-mail：taiya@morningstar.com.tw
太雅網址：http://taiya.morningstar.com.tw
購書網址：http://www.morningstar.com.tw
讀者專線：(02)2367-2044、(02)2367-2047

出版者　　太雅出版有限公司
　　　　　106020 臺北市辛亥路一段 30 號 9 樓
　　　　　行政院新聞局版台業字第五〇〇四號

讀者服務專線　TEL: (02) 23672044 / (04) 23595819#230
讀者傳真專線　FAX: (02) 23635741 / (04) 23595493
讀者專用信箱　service@morningstar.com.tw
網路書店　　　http://www.morningstar.com.tw
郵政劃撥　　　15060393（知己圖書股份有限公司）

法律顧問　　　陳思成律師

印　　刷　　上好印刷股份有限公司 TEL：(04)2315-0280
裝　　訂　　大和精緻製訂股份有限公司 TEL：(04)2311-0221

三　　版　　西元2024年03月01日
定　　價　　500 元
(本書如有破損或缺頁，退換書請寄至：
台中市西屯區工業 30 路 1 號 太雅出版倉儲部收)

ISBN 978-986-336-495-5
Published by TAIYA Publishing Co.,Ltd.
Printed in Taiwan

填線上回函
名古屋 · 靜岡 · 岐阜 · 愛知 ·
長野 · 富山：日本中部深度之旅
（新第三版）

https://reurl.cc/GkGOzd

ながのけん
とやまけん

立山黑部兩側的入口分別為長野縣的黑部及富山縣的立山，也拜立山黑部盛名所賜，順道前往長野及富山的遊客也越來越多。

長野縣

長野縣與岐阜縣同為日本8個內陸縣之一，古地名為「信州」，境內多為山岳地區，因為位處內陸，氣候屬於內陸型氣候，但長野為南北狹長形狀，所以同縣的各都市氣候差異很大。縣內農畜業發達，盛產蕎麥、蘋果、高原蔬菜等，而多樣的地形也使得長野縣內有許多觀光景點，境內最有名的山嶽景觀就是立山黑部，此外還有名氣毫不遜色的人間仙境上高地、避暑勝地輕井澤、指定名勝天龍峽、國寶松本城及善光寺、具有美麗鄉村景觀的安曇野、古代宿場的妻籠宿與奈良井宿等。

富山縣

富山縣位於北陸地區，面臨日本海，屬於豪雪地帶，面積雖然不大，但地形上有3,000公尺以上的山脈，也有遼闊的日本海，觀光景點相當多樣化。縣內有稻米、鬱金香等特產品，也因為面臨日本海而盛產各種海產。最著名的觀光景點為立山黑部，尤其每年開山時期，更吸引國內外大批遊客擁入。

富山縣

長野縣

圖1圖片提供：黑部峽谷鐵道株式會社
圖2圖片提供：富山市觀光協會

各地前往松本的交通

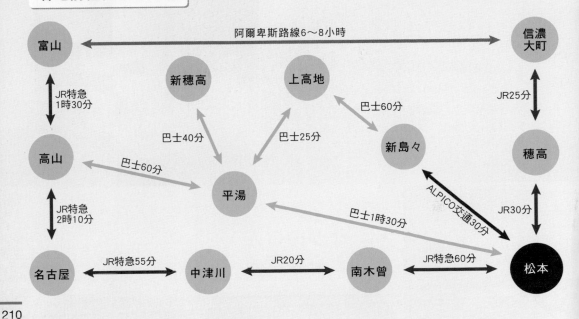

富山　——　阿爾卑斯路線6～8小時　——　信濃大町

富山　JR特急1時30分　高山

信濃大町　JR25分　穗高

新穗高　巴士40分　平湯

上高地　巴士25分　平湯

上高地　巴士60分　新島々

高山　巴士60分　平湯

穗高　JR30分　松本

新島々　ALPICO交通30分　松本

高山　JR特急2時10分　名古屋

平湯　巴士1時30分　松本

名古屋　JR特急55分　中津川　JR20分　南木曽　JR特急60分　松本

各地前往富山的交通

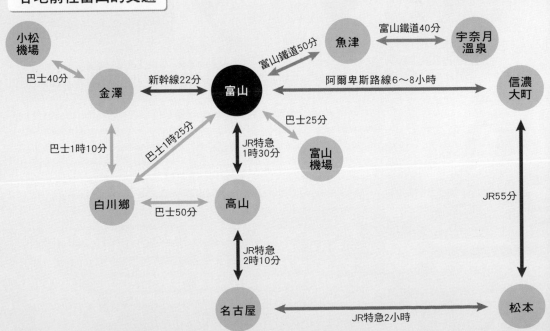

魚津　富山鐵道40分　宇奈月溫泉

小松機場　巴士40分　金澤

金澤　新幹線22分　富山

富山　富山鐵道50分　魚津

富山　——　阿爾卑斯路線6～8小時　——　信濃大町

金澤　巴士1時10分　白川鄉

白川鄉　巴士1時25分　富山

富山　巴士25分　富山機場

富山　JR特急1時30分　高山

白川鄉　巴士50分　高山

高山　JR特急2時10分　名古屋

信濃大町　JR55分　松本

名古屋　JR特急2小時　松本

長野 富山 實用交通票券

立山黑部&高山&松本周遊券／アルペン&高山&松本エリア周遊きっぷ

使用期間： 4/15～11/12(每年開山日會有變動)

有效期間： 連續5日

票　　價： ¥21,200、兒童半價

販售地點： 這張立山黑部高山松本周遊券可以先在海外向旅行社購買兌換券(MCO)，然後3個月內到JR東海主要JR車站兌換，入境日本購買並兌換的程序會比較繁瑣。

> 名古屋
> ↓
> 立山黑部必備

　　這張周遊券的使用範圍是名古屋－松本－信濃大町、名古屋－高山－富山的JR特急(自由席)、快速、普通列車可以無限搭乘，還能利用4次指定席，也能無限搭乘阿爾卑斯路線的各種交通工具。對於想要從名古屋前往立山黑部的旅客來説是必備票券，價格比起常態發行的立山黑部套票更優惠。

注意事項

1. 這張周遊券的使用路線是中央本線及高山本線，想要順道前往金澤的人必須另外購票，或搭配購買JR西日本發行的北陸地區周遊券。

2. 若從小松或富山機場入境並想使用這張周遊券，JR高山站是最近的兌換地點，但需留意兌換時間為10:00～18:30。

立山黑部&高山&松本周遊券交通路線圖

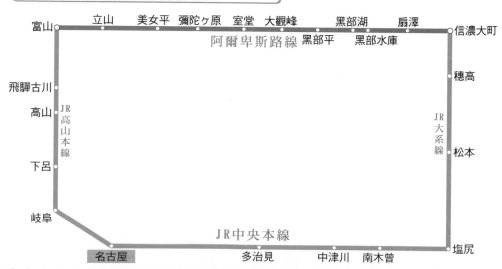

立山黑部套票 ／立山黑部アルペンきっぷ

使用期間：4/15～11/30(每年開山日會略有變動，且黃金週及盂蘭盆節連假期間無法使用)

有效期間：連續8日

票　　價：1.飛驒路線(經由高山線・中央線)，￥21,180(名古屋出發)，兒童￥10,710

　　　　　2.白鷺路線(經由北陸線・中央線)，￥24,480(名古屋出發)，兒童￥12,350

販售地點：出發車站及其周邊主要JR車站(中部國際機場是「名鐵」，沒有販售)

　　立山黑部套票並不是專門針對外國觀光客所發行的周遊券，使用方式也和周遊券略有不同，這張套票內容分為去程票、自由乘降區間(信濃大町－富山)、回程票這三個部分，購買前要先決定從何站出發(同時也是終點站)，出發站有名古屋、靜岡、濱松、岐阜、大阪、京都等站，也只有這些出發站才能購得此套票。

　　以名古屋為出發點的去程與回程路線不能相同，必須採繞一圈方式前進，不管是哪個路線，「名古屋－富山」、「松本－名古屋」的去程與回程各可以使用1次特急指定席，而「富山－信濃大町」的自由乘降區間就是周遊券的概念，在此區間可以無限次數自由上下車。去程票與回程票都有可以途中下車的區間，分別為高山本線的「岐阜－飛驒古川」、中央線的「中津川－洗馬」、大系線的「信濃大町－松本」，但「途中下車」只能單向前進而

無法往回走，和「自由乘降」可以折返的使用方式並不相同。如果選擇白鷺路線，則可以在「金澤站」途中下車。

注意事項

1.套票的兩張指定席在購買時就須告知搭乘班次時間，劃好座位後要更改時間以1次為限。

2.如果要利用套票延伸行程到宇奈月溫泉，需另外購買「寺田－宇奈月溫泉」區間的票。

3.如果購買京都或大阪為出發站的套票，去程與回程的路線可以相同，也可以繞一圈。

立山黑部套票交通路線圖

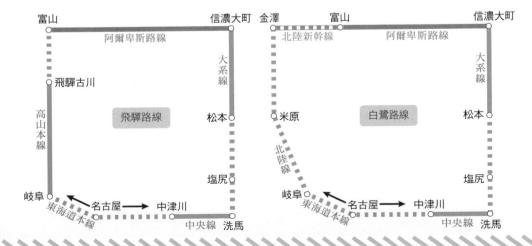

北陸地區周遊券

使用期間：2017/4/10起
有效期間：連續4日
票　　價：¥7,000、兒童半價
販售地點：這張周遊券可以先在日本境外購買兌換券(MCO)，3個月內到JR西日本的京
　　　　　都、大阪、新大阪、關西機場、小松、金澤、富山、敦賀、新高岡及福井
　　　　　等JR車站兌換，也可以入境後在京都或關西機場的JTB關西旅遊訊息服務中
　　　　　心，以及日本旅行TiS京都分店或大阪分店購買；也可以先在網路預約，入境
　　　　　後再到上述車站領取(敦賀、新高岡及福井這3個站除外)。

這張周遊券可以連續4日內無限搭乘範圍內的特急、快速及普通車的自由席，以及金澤到黑部宇奈月溫泉站的北陸新幹線自由席。最適合的使用方式就是直接從小松或是富山機場入出境，或是使用阿爾卑斯&高山&松本周遊券或立山黑部套票的遊客，可以加購這張周遊券前往金澤或宇奈月溫泉(黑部宇

奈月溫泉－宇奈月溫泉須另外購票)。

JR西日本也同時發行另一張能夠搭乘北陸新幹線的關西&北陸地區周遊券，售價為￥19,000，使用期限為7天，這張周遊券基本上就是關西廣域周遊券再加上北陸地區周遊

券，適合從關西機場出發前往北陸地區的旅客。

北陸地區周遊券交通路線圖

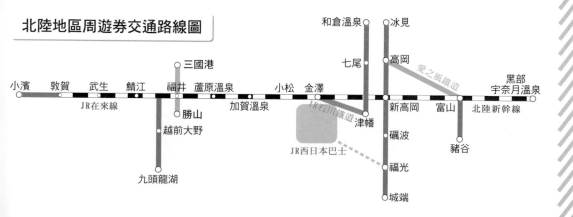

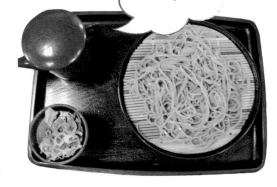

> 信州蕎麥麵在日本具有很高的知名度

日本三大蕎麥麵之一
蕎麥麵

　　信州蕎麥麵已登錄為日本商標，一般是指長野縣製作且含40%以上蕎麥粉的乾蕎麥麵，在日本具有很高的知名度，特別在松本市內有許多名店，而且各家口味都不同，也經常搭配天婦羅或馬肉一起食用。因為蕎麥適合在高冷地區栽種，長野縣的地形與氣候剛好適合，其中最著名的蕎麥產地為戶隱及開田等地區，戶隱蕎麥麵也是日本二大蕎麥麵之一，如果適逢8月期間到戶隱，還能觀賞到滿地盛開的蕎麥花。

214

日本第二大產量
蘋果

　　長野縣的蘋果產量占日本的20%，為全日本第二位，僅次於青森，兩縣產量合占日本的75%。也因為長野縣日夜溫差大、日照量多，又較少受到颱風侵襲，所以才培育出不論是色澤、含糖量、果汁果肉都很優質的長野蘋果，酸甜滋味且味道相當濃郁；縣內有許多獨特的蘋果品種，也都聞名全日本。

品質極優產量大
山葵

　　長野縣安曇野的大王山葵農場為日本規模最大的山葵農場，清澈的水質、不斷流動的水、水溫要夠低，才能培育出優質的山葵。在安曇野這三者條件兼具，所以山葵成為長野的特產之一，而且在當地還有山葵冰淇淋及山葵可樂餅等名物。

> 信州的蘋果品質優良又多汁

> 信州的山葵產量與品質都很出色

長
野
縣
經
典
美
食
與
物
產

香嫩炸雞腿肉
山賊燒

　　山賊燒是長野縣松本市一帶的鄉土料理，是將雞腿肉醃漬上發酵過的大蒜與生薑，再淋上濃郁醬汁而成的炸雞，簡單來說就是「大塊的炸雞腿肉」。這道鄉土料理既不是山賊，也不是燒烤料理，之所以稱為「山賊燒」的由來有二說，一是塩尻市有間名為「山賊」店的元祖料理，二是為松本市的食堂「河昌」當時賣炸雞，因為一句「山賊は人から物を取り上げる」(山賊會搶別人的東西)，而將「取り上げる」聽成「雞揚げる」(兩者發音相同)，所以演變成「山賊燒」。

山賊燒就是炸雞腿肉

215

信州的許多水果都相當優質

品質優質，香甜多汁
信州水果

　　長野縣除了蘋果享譽日本之外，也盛產許多水果，葡萄、梨子及桃子的產量也都是日本第二位，其中又以盛產的巨峰葡萄最為有名，還有無籽又可帶皮食用的新品種。長野的南水梨為信州獨特品種，吃起來水分充沛，口感甜又脆，聞名全日本；中島白桃產於長野市川中島，既香甜又多汁，是長野縣的代表桃子品種；千曲市的杏之鄉為日本最有名的杏子栽培地區，除了直接銷售新鮮杏子之外，也有各種加工品。此外產量豐富的梅、李、柿子、核桃、藍莓等水果，品質也都相當優質，長野縣真可說是水果王國。

> 鱒魚壽司是日本著名的十大鐵路便當之一

日本十大鐵路便當
鱒魚壽司

　　鱒魚壽司是富山的鄉土料理，同時也是日本著名的十大鐵路便當之一，從1912年就開始販售，光是富山市內的店家就超過40間，各家口味會有些許不同；鱒魚壽司便當的外盒是以圓形木盒盛裝，壽司本身外面是用粽葉包著，也讓壽司帶有粽葉的香味，為了不讓鱒魚發酵而添加了醋，因此口感上兼具了酸味與甜味。

216

富山特產，口感清甜
白蝦相關料理

　　白蝦是棲息在深海的小型蝦種，體長只有6、7公分，為富山灣沿岸的特產，又稱為「富山灣的寶石」，外型呈現白色透明又帶有粉紅色，口感是絕佳的甜味，每年4～11月漁獵時期的白蝦刺身是代表料理，當然作為炸物的酥脆口感也大受歡迎。而加工製成的白蝦仙貝，因為口感輕薄酥脆，甜度與鹹度恰到好處，也是富山的人氣特產。

> 白蝦為富山灣沿岸特產

湯頭濃郁帶鹹辣
富山黑拉麵

　　富山黑拉麵的湯頭因為加了濃郁醬油及黑胡椒，所以呈現黑色，最初是供給體力勞動者及運動員補充鹽分用，因為在長期勞動下容易大量流汗而流失鹽分，所以才會在湯頭加入比一般拉麵更為濃郁的醬油，整體帶有獨特的鹹辣口感，所以也有不少人會搭配著白飯一起享用。

> 富山黑拉麵因為加入醬油使得湯頭呈現黑色

富山縣經典美食與物產

富山縣的縣魚
螢光魷

螢光魷是非常小的魷魚，身長約7公分，可以發光來引誘獵物，富山縣的富山灣為主要產地，平時棲息在深海，每年3～6月會到富山灣岸邊產卵，將整個海面點綴滿藍光，成為當地有名的景觀，因為是富山縣盛產的魚類，因此將牠選為「縣魚」，發光之謎目前仍未解開，但外表美麗又含有豐富的牛磺酸，可以有效降低膽固醇，成為當地的名產。

冬季味覺之王
松葉蟹

松葉蟹是日本最為美味的螃蟹，素有冬季味覺之王的稱號，每年11～3月是松葉蟹的漁獲期，產地在富山灣一帶的漁港。松葉蟹肉質細緻，調理方法相當多樣化，有火烤、清蒸、生食、火鍋等，不論哪種方式都各有特色。另外，富山灣也盛產另一品種的紅松葉蟹，漁獲期較長，價格也更為親民。

螢光魷的體積相當小(圖片提供：富山市觀光協會)

松葉蟹是冬季味覺之王

217

富山縣會販售限定的哆啦A夢商品(圖片提供：網友大胖)

哆啦A夢作者的故鄉
哆啦A夢周邊商品

富山縣的高岡與冰見分別為哆啦A夢兩位作者藤本弘與安孫子素雄的出生地，即使富山縣境內沒有設立相關的博物館，但高岡或是冰見等地區，大多都有販售哆啦A夢的各種周邊商品。

安排一趟
屬於自己的壯麗行程

立山黑部阿爾卑斯路線

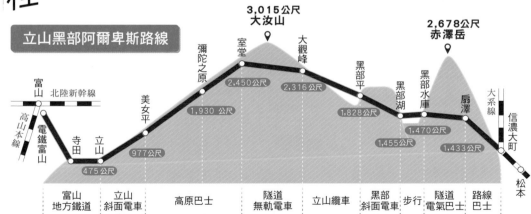

3,015公尺
大汝山

2,678公尺
赤澤岳

富山 北陸新幹線			美女平	彌陀之原	室堂 2,450公尺	大觀峰 2,316公尺	黑部平	黑部湖	黑部 水庫	扇澤	大系線	信濃 大町

高山本線
電鐵富山　寺田　立山
1,930 公尺
1,828公尺
1,455公尺
1,470公尺
1,433公尺
977公尺
475公尺

松本

富山 地方鐵道	立山 斜面電車	高原巴士	隧道 無軌電車	立山纜車	黑部 斜面電車	步行	隧道 電氣巴士	路線 巴士
65分	7分	50分	10分	7分	5分	15分	16分	40分

☎076-432-2819 　◷4/15～11/30(每年開山日會變動) 　$¥13,820(電鐵富山－信濃大町)、兒童半價 　➡扇
澤：JR松本站轉大系線到信濃大町站(約55分鐘)，搭乘路線巴士到扇澤站(約40分鐘)；立山：JR富山站徒步3
分鐘到電鐵富山站，搭乘立山線到立山站(約60分鐘) 　⏲6～8小時 　http www.alpen-route.com

立部黑山行程規畫

❶扇澤站是黑部側的玄關／❷旺季期間湧入的遊客會將車站擠得水洩不通／❸電鐵立山站則是立山側的入口，從此側入山是在這站領取乘車整理券

　　立山、富士山及白山並稱為「日本三靈山」，所謂的「立山」是指主峰雄山(3,003公尺)、大汝山(3,015公尺)及富士折立(2,999公尺)的總稱。立山黑部一般是指富山側立山站──長野側扇澤站的這段路線，全長約40公里，正式名稱為「立山黑部アルペンルート」，要穿越這條路線必須不斷地更換交通工具；一般狀況從富山側進入的遊客較多，但旺季期間從兩側湧入的人潮都相當多。

　　從立山穿越到扇澤，光是搭乘交通工具、等車及徒步的時間最少就需要3小時，如果再加上散步及用餐等中途停留時間，大約要花上6～8小時，因此立山黑部行程規畫方式大致分為以下3種：

一、中途折返型

　　如果從立山出發，可以選擇到室堂、大觀峰或是黑部湖這3個點再折回；如果從扇澤出發，可以選黑部湖或室堂這2個點再折回。

優點 不用把行李運到另一側。

缺點 較為耗時且回程風景重複，如果不利用周遊券，交通花費也較高，以立山出發到最遠的黑部湖再折回為例，交通費為￥16,480，時間則至少需要8小時，如果再適逢旺季人潮，可能要減少景點的停留時間才可完成，如果從扇澤到室堂折回，花費時間約6小時，交通費為￥12,300。

室堂是最重要的景點，站內也有用餐食堂

二、當日穿越型

可以選擇扇澤側或是立山側出發，一日穿越立山黑部。

優點 沿途景觀不會重複。

缺點 行李需另外花錢先運送到對側，前後一晚必須選擇住在兩側附近的飯店，這樣才能有充裕的時間，可以穿越立山黑部。

三、山上過夜型

放慢行程腳步，在山上過一晚，但立山黑部的飯店很少，主要位於室堂及彌陀之原。

優點 有充分的時間可以停留在山上，還能觀賞夜晚星空，也方便機動調整行程。

缺點 山上飯店價位會比平地貴上許多。

善用交通票券省旅費

立山黑部的交通費相當昂貴，富山－信濃大町的單程交通費高達￥13,820，所以要善用各種交通票券以節省支出。

立山黑部區間能使用的票券有：

・**立山黑部&高山&松本周遊券**(見P.211)

・**立山黑部套票**(見P.212)

以上票券都無法事先上網預訂班次。

比較這兩張票券的差異，立山黑部套票唯一優勢是「有效日期8日」，其他都是立山黑部&高山&松本周遊券勝出，因此除非行程超過5日，或者要走白鷺路線順道去金澤的旅客才需要立山黑部套票，否則當然是購買立山黑部&高山&松本周遊券比較划算與便利。

行家小提醒

原本疫情前有發售適合從富山到黑部水庫折回的富山鐵道・立山黑部5日乘車券，以及適合單向前進的立山黑部加購票，在疫情過後截至本書出版時都還沒有公布發售的消息。另外，日本會在每年4月公布新一年度的各種交通票券資訊，也請讀者記得出發前到官網查詢最新資訊。

「立山黑部&高山&松本周遊券」vs.「立山黑部套票」比較表

項目	立山黑部&高山&松本周遊券	立山黑部套票(飛驒路線)
名古屋～信濃大町	可無限次數上下車及折返 **勝**	只能單向前進不能往回走，洗馬－中津川、松本－信濃大町之間可途中下車
名古屋～富山	可無限次數上下車及折返 **勝**	只能單向前進不能往回走，岐阜－飛驒古川之間可途中下車
指定席	4次 **勝**	2次
阿爾卑斯路線	立山－扇澤可無限次數上下車	立山－扇澤可無限次數上下車
販售地點	海外購買，日本買不到	出發站購買，海外買不到
使用期間	4/15～11/12	4/15～11/30
例外期間	期間內都可使用 **勝**	4/27～5/6、8/11～8/20不能使用
有效日期	5日	8日 **勝**
票價	￥21,200	￥21,180

體驗特色交通工具，立山黑部另類樂趣

阿爾卑斯路線約40公里，穿越過程除了信濃大町到扇澤的路線巴士，以及立山到富山的富山地方鐵道以外，整個路線總共利用6種各具特色的交通工具，所以到立山黑部旅遊除了觀賞大自然的風景之外，也可以藉此瞭解日本如何利用各種交通方式，來克服大自然的障礙。

特色：立山黑部限定版交通工具

關電隧道電氣巴士：
扇澤－黑部水庫路段

班次為30分鐘1班，搭乘時間16分鐘，關電隧道無軌電車又稱為「電氣巴士」，簡單來說就是利用電力行走的巴士，這是當初在興建黑部水庫時為了搬運物材，設計用來在隧道行走的交通工具，目前日本境內只有關電隧道與立山隧道才有，所以是立山黑部限定版交通工具，而此處行走路線為貫通赤澤岳(2,678公尺)下方的隧道。

特色：日本唯一全線採地下式斜面電車

黑部斜面電車：
黑部湖－黑部平路段

黑部湖(黑部水庫站徒步15分鐘)～黑部平的交通工具是黑部斜面電車，班次為20分鐘1班、搭乘時間5分鐘，黑部斜面電車為標高差約400公尺、最大傾斜度達31度的鋼索鐵道電車，為了兼顧保護自然環境及防止雪害，是日本唯一全線採用地下式的斜面電車。

原本的無軌電車已在2018年正式畫下句點，2019年起改為充電型的電氣巴士

為顧及保護環境及防止雪害的全線地下式黑部斜面電車

立山纜車：黑部平－大觀峰路段

　　班次為20分鐘1班，搭乘時間7分鐘，立山纜車的標高差為500公尺，又稱為「移動的展望台」，這種中途連一根支柱也沒有使用的纜車，稱為「ONE-SPAN」方式，日本此類纜車之中，距離最長的就是立山纜車。

立山纜車採沒有使用任何支柱的「ONE-SPAN」方式

立山隧道無軌電車：大觀峰－室堂路段

　　班次30分鐘1班，搭乘時間10分鐘，立山隧道無軌電車和關電隧道無軌電車，同為利用電力行走的巴士，此處行走路線為貫通立山主峰雄山(3,003公尺)正下方的隧道。

立山隧道無軌電車也是靠電力行走，為穿越立山主峰雄山正下方隧道的電氣巴士

立山高原巴士：室堂－美女平

　　班次30～40分鐘1班，搭乘時間50分鐘，巴士分為途中可在彌陀之原下車以及直達的巴士，排隊上車時須留意乘車的月台不同，這段路程標高差達1,500公尺，沿途車窗所見的景觀相當漂亮。此路線另有車輛上方採全開放式玻璃的E～SORA「立山全景巴士」，可以盡情欣賞沿途風景，但每日僅1班次往返(最好事先上網預約)，且須另加￥500特別乘車料金。

室堂－美女平之間的交通工具是立山高原巴士

立山斜面電車：美女平－立山

　　班次20分鐘1班，搭乘時間7分鐘，立山斜面電車為路線平均傾斜度24度的鋼索鐵道電車，車輛為兩輛構成，內部為階梯式構造，外部後方還附有曾經作為資材搬運的貨物架。

立山斜面電車為兩輛構成，內部為階梯式構造

遊覽精采壯麗景區

室堂
立山黑部第一絕景

標高2,450公尺的室堂高原是阿爾卑斯路線的最高處,也是立山黑部行程中人氣最高又最值得停留的景點,尤其是開山之際高達20公尺的雪壁,更是立山黑部遊客最高峰的時節,其他季節前來也都有不同風貌,因此除了封山時期之外都有許多旅客前來造訪。

室堂車站1樓為無軌電車及高原巴士乘車處,也設有立山山頂簡易郵局,除了受理郵政業務,也販售特殊明信片及通行證明書等紀念品;2樓有許多店家、餐廳以及立山飯店;3樓為前往高原的出口,出口處可看到立山石碑與立山玉殿湧水,這是在進行立山隧道挖掘工程時,發現在斷層破碎帶噴出的湧水,也是日本名水百選之一,不時有遊客拿出瓶子盛裝。

室堂散步路線

室堂(也稱為室堂平)是立山火山活動所形成的熔岩台地,以室堂車站為起點,繞著兩個絕景的火口湖周邊一圈散步,全程約1小時,沿途遊步道都有經過整理,是一般遊客都能接受的大眾路線。如果時間充裕再加上天氣良好,可以考慮走到較深處的雷鳥澤及地獄谷,全程約2小時30分。

❶開山階段的室堂雪壁吸引大批遊客前來朝聖／❷❸室堂高原的白色石灰岩與高山植物,構成獨特的景觀／❹室堂平是立山黑部路線的最高處,也是遊客最多的地方

室堂車站 → 徒步25分 → 御庫裡池展望台 → 徒步5分 → 碧池 → 徒步15分 → 立山室堂山莊 → 徒步5分 → 玉殿之岩屋 → 徒步20分 → 立山玉殿的湧水 → 徒步即達 → 室堂車站

夏季群山倒影——御庫裡池

代表堂室的地標就是御庫裡池(みくりが池)，它是1萬年前噴火活動所形成的火口湖，也是室堂最大的湖泊，冬春時期呈現結冰狀態，夏季前來可以在深青的湖面看到群山的倒影，而且池邊仍留有殘雪。御庫裡池周邊有立山的天然紀念物雷鳥棲息，牠的特別之處在於冬天時羽毛會變成雪白色。

御庫裡池再往前走可以看到遠方有幾個支離破碎的小水池，這是立山爆裂的火山跡，因為酸化鐵的緣故而變成暗紅色，所以稱為「血池」。離開血池不久即可看到另一個火口湖「碧池」(みどりが池)，湖泊的形狀比較細長，水深僅1.6公尺，從清澈的湖面即可看到湖底，碧池名稱由來是因為湖面呈現深綠色(みどり為綠色之意，漢字寫成「綠」或「碧」)。

離開碧池不久會經過立山室堂山莊，這是古時為了登拜雄山山頂的雄山神社所搭建，也是日本現存最古老的山小屋。附近有玉殿之岩屋，這是立山室堂山莊建立之前，作為宿泊的場所，裡面供奉著阿彌陀如來。再繼續行走即可抵達立山玉殿的湧水，這也表示散步行程已經回到終點室堂站。

❶碧池的形狀比較細長／❷立山玉殿的湧水是進行隧道挖掘工程所發現／❸血池就是幾個破碎的小水池／❹御庫裡池是室堂最大的湖泊，也是室堂的代表景觀／❺運氣好的話，會在御庫裡池附近看見雷鳥

黑部水庫
觀光放水霸氣十足

黑部水庫是日本代表性的水庫之一，同時也是立山黑部著名的景點，而且還是連續數年日本無料景點票選第一位，名氣響亮比起室堂的雪壁毫不遜色，尤其是每年6/26～10/1期間的觀光放水，每秒10公噸以上的水量，十分壯觀，對於無法在雪壁期間前往立山黑部的旅客，黑部水庫觀光放水是最值得前來觀賞的景點。

日本最大及堤坊最高的水庫

標高1,470公尺的黑部水庫儲水量達2億立方公尺以上，是日本最大的水庫，水庫堤防高度186公尺也是日本第一，同時為富山縣內最高的建築物，壯麗的拱形堤防高186公尺、長492公尺，是世界屈指可數的規模，往水庫一端遠眺過去，青翠的山與綠色湖面呈現出美麗的湖天一色景觀。

黑部川第四發電所利用黑部水庫的水力發電，所以又稱為「黑四水庫」，1956年開始興建，被稱為是戰後最大工程的「世紀大事業」，歷經7年於1963年建造完成，因為興建黑部水庫在當時是極為艱難的建設，過程中不幸有171位殉職者，1968年還拍攝成由石原裕次郎主演的電影《黑部的太陽》，敘述黑部水庫的建設物語。

1 2

展望台觀賞水庫壯麗景觀

　　黑部水庫有兩條路線可以選擇，其一是直接穿越水庫上方到達對面車站，除非真的是趕時間快速通過，不然一般遊客都會選擇另一條路往上爬到水庫展望台，不過要到展望台可是要走220個階梯(超過10層樓的高度)，雖然過程不輕鬆，但從極高的位置往下方眺望黑部水庫的壯麗景觀，會覺得一切是值得的。從展望台社戶外移動到堤防的途中，會經過新展望廣場，在這裡能以更近的距離觀賞水庫放水。

　　水庫下方還有黑部湖遊覽船，乘船費用

3

❶春天的黑部水庫雖然沒有放水，但雪景依然很有看頭／❷時間充裕可以搭乘遊覽船近距離觀賞湖面／❸堤防通道連結黑部湖站與黑部水庫站／❹到展望台要先走過220個階梯

¥1,080(兒童半價)，營業時間09:00～15:00，每40分鐘1個航次，全程約30分鐘，可以近距離觀賞黑部湖。黑部水庫在滿水時的湖面為1,448公尺，為日本最高處的湖泊，如果時間充裕，不妨搭乘遊覽船環湖賞景。

　　黑部水庫站到黑部湖站的連結為水庫堤防散步道，徒步時間約15分鐘，堤防寬8.1公尺、長492公尺。在黑部水庫站附近有個殉職者慰靈碑，用來祭悼水庫興建中的犧牲者；在行走堤防途中，也可從不同角度觀賞魄力滿點的觀光放水。

黑部水庫站　→ 徒步25分 →　黑部水庫展望台　→ 徒步10分 →　新展望廣場　→ 徒步5分 →　黑部水庫紀念室　→ 徒步5分 →　殉職者慰靈碑　→ 徒步10分 →　黑部湖站

大觀峰
四季景色各有千秋

1

標高2,316公尺的大觀峰站,是立山纜車和立山隧道無軌電車的換車地點,連接黑部平和大觀峰的立山纜車又被稱為「移動的展望台」,從纜車裡面望過去,可以把後立山連峰為背景的黑部湖美景一覽無遺。

❶楓紅期間的山峰坡面呈現一整片紅葉／❷春天的大觀峰呈現雪白色,展望台擠滿前來觀賞的旅客／❸楓紅季節的立山纜車擠滿前來觀賞的遊客

景觀隨著方向而變化

位於正中央的山峰斜面,每年9月下旬到10月上旬的楓紅季節時會呈現一片紅葉的景色,是大觀峰最美麗的季節,而且大觀峰會因為從「黑部平→大觀峰」或「大觀峰→黑部平」之方向不同而觀賞到不同的風景。

黑部平往大觀峰移動的途中,天候良好可以看到標高3,015公尺的大汝山及標高2,999公尺的富士之折立。黑部平站標高1,828公尺,1樓是販賣店及餐廳,2樓為眺望台,從眺望台可以遠眺後立山連峰及黑部湖,車站外面除了廣大的黑部平庭園之外,徒步2分鐘還能到達高山植物觀察園。

大觀峰站也有特產店,規模比黑部平略小,不過這裡有限定的特產「大觀峰酒」,屋頂設有眺望台,從眺望台可以觀看赤澤山岳等,壯麗絕景令人難忘。

3

彌陀之原
漫步在高山植物寶庫

彌陀之原標高1,930公尺，是立山黑部行程中可以輕鬆散步的高地溼原，這一片南北2公里、東西4公里的高原既寬廣又幽靜，沿途除了許多高山植物之外，天氣好時還能遠眺大日岳。彌陀之原也在2012年被登錄保全世界貴重溼地的「拉姆薩公約」之中。

彌陀之原為日本國內高山植物的寶庫，溼原上到處開著白羊毛鬍子草，因為花穗呈現白色的毛球狀，別名為白色妖精，沿途也有不少開花的高山植物；溼原上的小水池又稱為餓鬼田，因為在立山信仰中，它是餓鬼所製造的田圃。

❶散步道設有木製步道，走起來輕鬆悠閒／❷彌陀之原散步道設有標界點，好方便遊客規畫路線／❸彌陀之原標高1,930公尺，散步途中有展望台／❹彌陀之原有許多高山植物，白色圓球是別名為「白色妖精」的白羊毛鬍子草

散步道分內外圈

散步道共有A～F六個標界點，而行程依據這六個點分為A→B→E→F→G→A的內圈行程及A→B→C→D→E→F→G→A的外圈行程。內圈行程約40分鐘可走完，外圈行程則約1小時20分鐘可走完，散步道沿途都設有木製步道，可以悠閒輕鬆散步。

散步道的起點A位於彌陀之原旅館附近，途中會經過展望台，B點是個分岔點，如果選內圈行程就要左轉到E點，選外圈行程則是繼續往前走到C點。到D點之前會經過一段比較陡峭的地區，來到D點後照案內板所示，此處另有一條松尾峠展望台路線，不過時間要再增加1小時，如果時間充裕的話倒是可以考慮延伸行程。

美女平 立山杉林中享受森林浴

美女平一帶除了有樹齡超過百年的立山杉之外，還有許多生長茂盛的闊葉樹，所以被選為「日本森林浴之林100選」，同時棲息著60種以上的野鳥，也被稱為觀察鳥類的聖地。美女平站標高977公尺，車站內部有販賣部，2樓有屋上展望台，可以遠眺立山山麓的風景。

享受森林浴的探勝步道

美女平探勝步道的入口就在車站出來右方不遠處的美女杉，全程距離約2.1公里，約需1小時15分鐘，整體來說步道比起彌陀之原更為陡峭。從美女杉徒步20分鐘可走到森林浴之森，這裡有樹齡100年以上的立山杉、山毛櫸、七葉樹、朴木等生長茂密的大樹，再徒步約45分鐘即可抵達子育杉，這是探勝步道中最巨大的立山杉，樹幹周圍約將近10公尺，相當壯觀；步道也可以延伸到山毛櫸坡，沉浸在樹齡超過200年的山毛櫸原生林之中，全部行程約需2小時半。

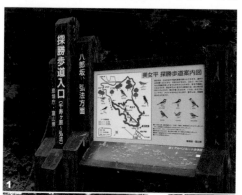

❶美女平為立山的入口，區域有許多山毛櫸／❷走進美女平探勝步道可以讓人沉浸在森林浴之中／❸美女平站名的由來是因為站前的美女杉

229

：旅行・小知識：

美女平名稱的由來

傳說在1,300年前開拓立山時，有位青年與美麗的少女互訂終身，少女為見青年而登山，但因為當時女性禁止入山的規定而被迫下山，下山途中少女向某棵杉樹許願希望可以見到青年，之後如願和青年永結連理，因此這棵杉樹被稱為「美女杉」，這個區域則稱為美女平。

掌握四季及服裝準備

立山黑部在各個季節都有不同自然風貌，在安排行程時如果能事先了解季節特色及活動日期，就能使旅行更增添樂趣，也更方便準備入山時的穿著服裝。至於各個季節的人潮擁擠程度，照官網區分為A～E等級，A級在等待斜面電車或纜車等交通工具時，排隊時間可能需要1.5小時，B等級則是可能會等上1小時，C等級可能等候數10分，至於D與E等級則幾乎一路順暢到底，所以在規畫行程前最好事先了解人潮情況，好方便因應準備。

 **4～6月**

立山黑部每年在4月中旬開山(每年確切日期會略有變更)，許多遊客搶在這個時間造訪立山黑部，就是為了一睹高達20公尺的雪壁(持續到6月上旬，但高度會逐漸變矮)，所以也是遊客最多的季節，尤其是4月中旬開山到5月初的黃金週假期，照官網預測人潮擁擠程度都是最高等級的A級，要等到5月中旬之後人潮才會減少。

保暖的帽子　　容易穿脫的上衣

方便行走的運動鞋

室堂4月的溫度會出現0度以下低溫，即使進入5月的溫度仍為0～10度，所以仍以冬季的服裝穿著為主，防水外套、長靴、手套、圍巾、帽子等禦寒衣物不可缺少。

夏 7～8月

6月26日起黑部水庫開始觀光放水，彌陀之原的白羊毛鬍子草也開始綻放，而6月是雷鳥育子的時期，比較有目睹雷鳥的機會。進入7月以後，室堂的許多高山植物也會開花，不過即使是夏季前來，室堂仍有不少殘雪。至於6～8月期間人潮情況，除了8月中旬適逢盂蘭盆節連假會遇到A或B等級，其他日期都還算順暢。

即使到了盛夏的8月，室堂最高均溫仍為17度左右，所以在夏季前來立山黑部，仍要準備長袖上衣、針織衫或是薄外套等方便穿脫的衣物。

太陽眼鏡　　　遮陽帽

透氣又防晒的上衣

秋 9～10月

保暖的帽子

厚外套　　　保暖長袖

秋天一到就邁入賞楓季節，從9月中下旬開始依高度而逐漸楓紅，原則上依序為室堂、彌陀之原、大觀峰／黑部平、美女平等。其中最著名的賞楓場所就屬大觀峰－黑部平這段纜車路程，整個山區滿是紅黃色楓葉。9月第三週及10月第二週各有1次3連休，又剛好是楓紅季節，所以會遇到A或B等級的人潮，其他時期就都還好。

保暖的帽子

防寒衣

防滑鞋

冬 11～3月

10月之後的立山黑部，均溫會驟降到10度以下，所以要準備厚實又方便穿脫的冬裝，才能應付天氣多變的山上氣候，到了11月已經開始飄雪，氣溫則會降至0度以下，所以務必要準備冬季的禦寒衣物。12月1日起立山黑部就封山，無法再入山。

231

❶秋天的立山黑部氣候多變，務必注意保暖／❷夏天的立山黑部仍有殘雪／❸立山黑部在11月至開山時的氣溫會低於零度，所以要穿著冬季服裝

4張服裝穿搭圖片提供：立山黑部官網

便利的行李寄送服務

立山黑部アルペンルート 手荷物回送 受け承ります

回送先
宇奈月温泉・富山市内
各ホテル・旅館

受付時間
午前九時三十分まで

詳しくは、当店係員にお尋ね下さい

1

在進行阿爾卑斯山穿越行程之前，最好事先處理行李的問題，才能輕鬆享受登山的樂趣，當地業者為了解決旅客的行李問題，提供行李寄送的有料服務，可以幫助遊客將行李送往穿越行程的另一端，費用每件為￥2,500。

行李寄送服務，
須留意受理及領取時間

寄送方式為雙向的寄送服務，就看遊客行程安排來決定要如何寄送，不過要留意3個地方的服務時間與領取時間都不同。

依據官網資料，行李寄送方式有2種：

（富山）電鐵富山站站務室		信濃大町站前巴士等待處
受理：上午10點前 領取：下午3點30分～6點止	￥2,500	受理：上午7點40分～10點30分止 領取：下午3點～5點45分止
	￥2,500	大町溫泉鄉旅館 受理：上午8點30分前 領取：下午4點30分後

電鐵富山站的受理時間為早上10:00以前，領取時間為下午15:30到18:00止，服務窗口為剪票口前的站務室；信濃大町站前巴士等待處的受理時間為上午07:40到10:30，領取時間為下午15:00到17:45。

疫情過過有飯店提供行李寄送服務的地區只有大町溫泉鄉，至於宇奈月溫泉站、HOTEL立山、彌陀之原HOTEL等都未提供服務。有提供這項服務的飯店如官網所列，不過僅限於住宿者才享有這項服務，受理時間為早上08:30以前，領取時間為16:30以後。

雖然單件行李的寄送費用並不便宜，不過這樣能以較輕鬆的裝備進行立山黑部行程，而且

❶大町溫泉鄉的特產店也有提供行李寄送服務／❷抵達飯店辦理Checkin同時，服務人員也會將送達行李取出

當天就能送達另一側，所以還是有使用的必要性。另外，因為行李是論件計酬，所以儘量把行李整理成一件才能節省費用。

立山黑部官網
http www.alpen-route.com/information/forwarding.html，點選「總合案內」→點選「手荷物‧車回送」

踏上群山環抱的

深V峽谷祕境

圖片提供／黑部峽谷鐵道株式會

234

黑部峽谷是位於富山縣黑部川中游到上游的V字形峽谷，是日本三大溪谷，也是祕境百選之一，屬於中部山岳國立公園，自古以來即為人煙罕至的祕境，明治時代開放入山後逐漸有登山客進入。在戰前為了開發電源，黑部峽谷的交通才逐漸改善，也開始湧入觀光客，除了有富山縣最大級的溫泉地宇奈月溫泉，深山峽谷中還有許多祕湯，同時還有日本第一的V字峽谷絕景，也因此發展成兼具溫泉與峽谷風景的觀光地區。

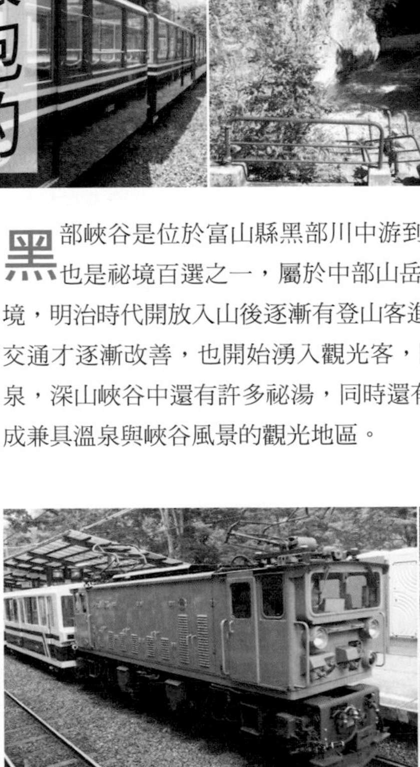

觀光小火車｜黑部峽谷トロッコ電車

黑部峽谷鐵道採用日本較少見的軌間762mm特殊狹軌

日本北陸的黑部峽谷鐵道原本是為了開發黑部川電源工事所鋪設的軌道，沿著斷崖峽谷前進的小火車，卻意外提供了欣賞黑部峽谷絕景的機會，從此運輸小火車轉型為觀光小火車。

黑部峽谷鐵道的乘車券可當日購買(早上6點50分開始販售)，也可事先上網預購3個月前的車票，如是楓葉旺季，最好事先上網預購，避免遇到當日乘車券一票難求的情況。

http 乘車券預約：www.torokko-yoyaku.com

不藏私推薦

2024年夏季，黑部峽谷小火車終點櫸平站將開通全長約18km的新路線抵達黑部水庫，從

旅遊
小錦囊

阿里山森林鐵道與黑部峽谷的票證互惠

台灣阿里山森林鐵道與黑部峽谷鐵道以「票證互惠」方式締結「姊妹鐵道」，只要在活動期間拿著「嘉義－奮起湖」「使用過」的來回車票，即可兌換「宇奈月－櫸平」來回車票，而且不限搭乘車廂等級。使用這優惠方案需至阿里山森林鐵道官網下載並填寫「黑部峽谷鐵道姊妹鐵道乘車預約申請兼回答用紙」，於乘車日前3個月～15日前傳真至黑部峽谷鐵道營運中心，該中心收到傳真會回覆是否有預約成功。

http 阿里山森林鐵道官網：afrch.forest.gov.tw，點選「林業鐵路」→「姊妹鐵道」→「日本」→黑部峽谷鐵道

此日本第一V字峽谷的黑部峽谷就可以連結到立山黑部，形成新的觀光路線，也讓遊客可以一趟行程就同時造訪這2大壯麗的自然景觀。

火車分三種等級車廂及費用

黑部峽谷小火車從起點宇奈月站到終點櫸平站，沿途會經過許多車站，但乘客能上下車的只有宇奈月、黑薙、鐘釣及櫸平這4個站。小火車有2種等級的車廂，普通客車為一般開放式車廂；豪華客車也是自由開閉的車窗，座位可以轉向，而且更為寬敞，一列只有3人，車資則是基本運費再加付￥530。

欣賞峽谷沿途風光景致

黑部峽谷小火車全程要花費1時20分鐘，途中可以從車窗中欣賞聳立的岩壁、青綠的水庫、清澈的河川等絕景，而這也是小火車之旅的第一個重點。

小火車出發不久，即可從車窗中看到山彥橋(山彥為「迴音」之意)及新山彥橋，因為列車聲音會形成迴音響徹溫泉街，故以此命名；秋天之際，此處山谷間會呈現楓紅，形成「紅橋與紅葉」的特殊景觀。

從宇奈月站經過山彥橋不久即可看到2001年完工的宇奈月水庫，這是黑部川唯一多目的水庫，可以儲存20個東京巨蛋的蓄水量。此段路程沿著黑部川行駛，可觀賞青綠的連峰倒映在碧綠河面上，偶爾還能看到水鳥的蹤跡。

到達第一個車站黑薙站不久可看到高達60公尺的後曳橋，可以從橋上眺望險峻的V字峽，橋名由來是因為入山者如果往後看，會有山谷整個把人往後拉的感覺，所以才稱為「後曳橋」。

236

❶特別客車為封閉式車廂，但車窗可自由開閉／❷豪華客車更為寬敞，而且座位可以轉向／❸經過出平水庫有時可看到放水景觀／❹從出發站的山彥遊步道前往展望台，可以觀賞小火車通過山彥橋

經過貓又站後會看到前面有座形狀有如釣鐘的岩山，全山由晶質石灰岩(大理石)所構成，不久即抵達鐘釣站，之後再沿著清澈又美麗的河川行走，最後即抵達終點站欅平。

❺猿飛峽展望台裡面有長椅，可以坐下來悠閒地休息並欣賞猿飛峽絕景／❻綠色連峰倒映在碧綠河面上，形成奇景／❼青綠的水庫湖面映出紅橋景像／❽從車窗中觀賞到碧綠的湖面蔚為奇觀

經典散策步道，峽谷、名湯、猿飛峽、萬年雪相伴

位處深山大自然中的欅平站為黑部峽谷小火車的終點，由於這裡有奧鐘山(橋)、祕境名湯、人食岩及猿飛峽等名勝，為黑部峽谷鐵道各站中最多遊客造訪的地方，所以此處務必安排散步行程，才不枉費跋山涉水乘坐黑部峽谷小火車來到這深山野嶺。

欅平站出來沿著黑部川行走遊步道，大約20分鐘就能到達黑部川本流中最狹窄的地方，也就是絕景猿飛峽，這裡河川寬約3～4

公尺，呈現直角轉彎的型態，可以觀賞到Z字形狀的河流，在楓紅季節，猿飛遊步道會布滿楓葉，與碧綠色溪流構成美麗的畫面。

猿飛峽位於中部山岳國立公園境內，在昭和39年7月和奧鐘山同時被指定為特別名勝天然紀念物，之所以取名為「猿飛峽」，是因為以前曾有猿猴飛越黑部川最狹窄的地方。

離開欅平的回程途中如果還有時間，不妨在鐘釣站途中下車，這裡除了有斷崖與自然美景外，還有黑部萬年雪，至於萬年雪的形成，是因為百貫山雪崩後堆積在山谷，雪塊還未能溶解時冬天就已來臨，於是形成萬年

①由上方往奧鐘橋看下去更顯得黑部峽谷的壯觀 ／②走在人食岩下方，有種驚險及恐懼感／③前往祕境溫泉區途中的驚險程度一點也不輸給人食岩／④從櫸平站出來走下階梯，有個足湯及河原展望台可以稍作休息／⑤祖母谷祕境之中的明隧道／⑥祖母谷川不愧是山中祕境，沿岸的風景十分美麗

雪。從萬年雪展望台再徒步20分鐘可到達河原露天風呂，因為這個地區有溫泉從地下湧出，所以形成天然的露天風呂(即野湯)。

沿線車站祕湯及山菜料理

櫸平站往祖母谷川的方向有奧鐘橋及人食岩等著名景點，往深山繼續前進探險，還有名劍溫泉及祖母谷溫泉等祕湯，只不過山路險峻，入口處還貼標示提醒入山者留意自身安全。

穿越高達34公尺的紅色奧鐘橋後，就開始步入險峻地區，此處有提供遊客安全帽，以免發生意外事故；很快地就會看到山壁中的奇岩，因為遊客走在下方，感覺岩石好像要把底下的人給吃掉，所以才稱為人食岩。

從櫸平站沿著祖母谷川的斷崖徒步15分鐘，就能到達傳說中的祕湯名劍溫泉，在這裡可以泡湯與用餐，餐點有山菜及岩魚料理。從名劍溫泉往深處移動，再穿越斷崖絕壁徒步30分鐘，即可到達另一個祕湯祖母谷溫泉，除了有

大自然裡的露天風呂之外，也有提供季節限定的山菜料理。

如果想泡湯但時間不夠或不想走太遠，最佳選擇是河原展望台附近的猿飛山莊，一樣有可以遠眺大自然景觀的露天風呂，但如果要用餐就必須回到櫸平站2樓的レストイン櫸食堂。

📞0765-62-1011，傳真0765-62-1764 🕐運行期間為4月中旬～11月底(始運日每年不一) 🚃富山鐵道宇奈月溫泉站出來往左徒步3分鐘 ⏱3～5小時(含搭車時間) http www.kurotetu.co.jp ❓終點櫸平站於5月中旬開通(依當年積雪情況而定)

宇奈月溫泉

　　宇奈月溫泉是富山縣內規模最大的溫泉區，同時也是黑部峽谷觀光小火車的起點，泉質為無色透明的弱鹼性單純泉，又名為「美肌之湯」。溫泉街上有許多溫泉旅館及特產店，宇奈月溫泉站前利用溫泉水的噴水，更讓前來的遊客一出站就能明顯感受到溫泉區的風情，往東南方徒步3分鐘即可到達黑部峽谷鐵道宇奈月站，因此吸引了許多來造訪黑部峽谷的遊客順道到這裡泡湯。

充滿藝術氣息的溫泉街

　　宇奈月溫泉的飯店及旅館共有10餘間，而特產店及餐飲店則有30餘間，屬於幽靜又帶有藝術氣息的中型規模溫泉街，因為宇奈月溫泉街共有20餘座雕刻家的銅像作品散落在各個旅館前、宇奈月車站周邊、溫泉會館及富山第一銀行等場所附近，所以在溫泉街散

步之餘，欣賞這些藝術作品也是其他溫泉街所沒有的樂趣。

➡富山鐵道宇奈月溫泉站出來往左徒步3分鐘　⏳1～2小時　http www.unazuki-onsen.com

周邊景點

　　宇奈月地區除了溫泉街之外，還有介紹黑部川電源開發及黑部峽谷自然景觀的黑部川電氣紀念館(免費入館)、以黑部大自然繪畫為主的セレネ美術館(入館費￥610)，以及宇奈月谷親水公園遊步道、山彥遊步道(積雪期間不可進入)等景點。

❶溫泉街上有個無料休息所及屋內型的足湯「いっぷく」，同時也是觀光案內所／❷一出宇奈月溫泉站就能看到溫泉水噴泉／❸宇奈月溫泉街的商店較為分散

溫泉街四處有藝術雕像

長野縣
富山縣・專題 03

安曇野

鄉間與美術館的美麗交織

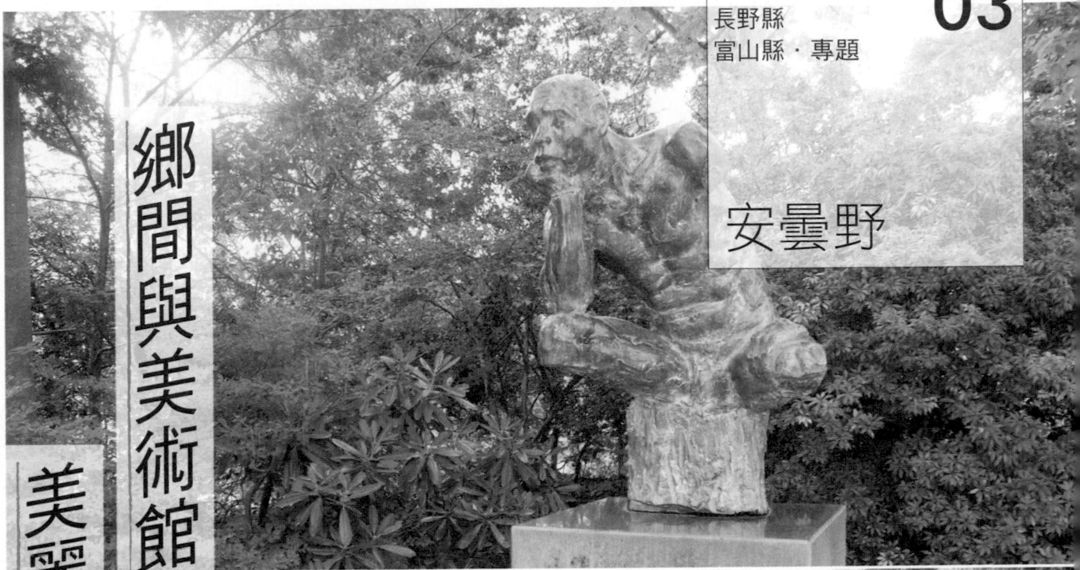

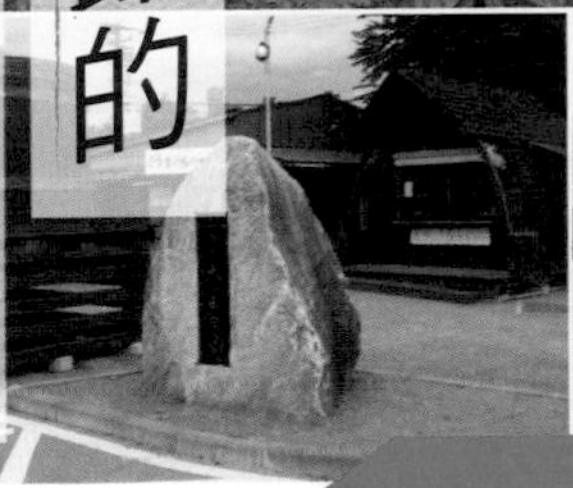

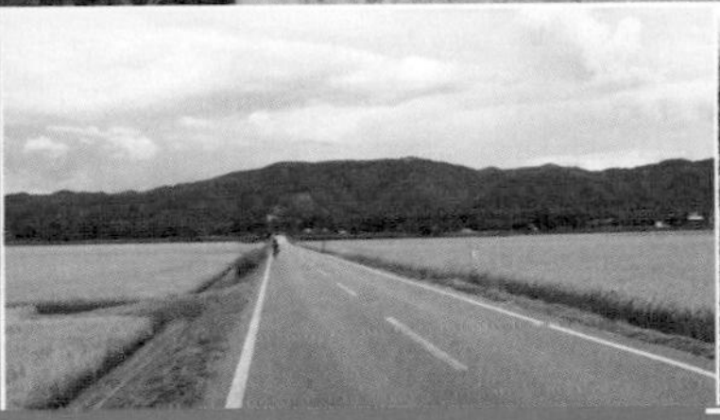

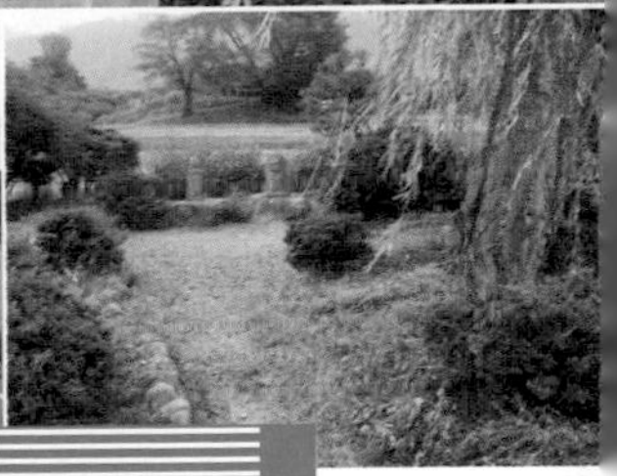

安曇野散策

安曇野是指日本長野縣的白馬村、大町市、松川村、池田町、穗高町與豐科町，在這個地區有著日本最密集的美術館及博物館，可說是全日本最具藝術人文氣息同時又兼具鄉村之美的小鎮。

一般到安曇野旅遊，多是搭乘JR大系線到穗高車站下車，不過因為景點離車站都有點距離，最適合在寧靜的安曇野旅遊的交通工具就屬自行車了，在穗高車站附近主要有ひつじ屋、しなの庵這兩家自行車租借中心，提供普通自行車、越野自行車及電動自行車等多種車輛，而且租借期間可以寄放行李。

單車漫遊鄉村風光

以基本的2小時自行車行程為例，從穗高站作為起點，沿途的景點有穗高神社、東光寺、本陣等等力家、大王山葵農場、水色之時道祖神、早春賦歌碑、碌山美術館等，如果再加上中途停留時間，全程約3小時。

1 2

首先抵達的穗高神社離穗高車站徒步只要5分鐘，穗高神社又被稱為日本阿爾卑斯山的總鎮守，主祭神為穗高見命，每年的9月26日及27日會舉辦例行祭典「御船神祭」，是為了紀念在9月27日白村江之戰戰死的阿曇氏英雄「安曇比羅夫命」。

離開神社往大王山葵農場移動途中，一眼望過去盡是一大片的稻田，只有少數幾間房屋點綴其中，途中會經過寺門口有個大木屐的東光寺及本陣等等力家，這是室町時代地方豪族的舊邸(入場費￥300)。抵達大王山葵農場並停留一段時間後，再從另個方向往穗高車站移動，沿途會經過水色之時道祖神及早春賦歌碑，在歌碑一帶的遊步道又稱為「早春賦公園」，春天時是著名的賞櫻場

❶早春賦歌碑一帶是賞櫻名所／❷東光寺門口有兩雙大木屐／❸穗高神社離車站徒步5分鐘即可抵達

所，每年4月29日(昭和之日)，會在歌碑前舉辦早春賦祭典。

回程路線來到碌山美術館時，就表示即將回到穗高車站，以2～3小時行程大致能去這些景點，如果還想前往ジャンセン美術館，單程約30分鐘，而ちひろ美術館單程則約50分鐘。

旅遊小錦囊

自行車租借中心資訊

ひつじ屋
🕒08:30～18:00(不定休)
💲普通自行車1小時￥300、4小時￥900、1天￥1,500
★店家兼賣咖啡及土產，並提供部分美術館及飲食店的優惠券
🔗www.hitsujiya-azumino.com

しなの庵
🕒08:00～18:00(冬季休業)
💲普通自行車1小時￥200、4小時￥800、1天￥1,500
★租借價格較便宜，且老闆會提供自製地圖
🔗www.shinano-an.com

3

自行車漫遊路線

自行車租借中心 →約5分→ 穗高神社 →約10分→ 東光寺 →即達→ 本陣等等力家 →約15分→ 大王山葵農場 →約5分→ 水色之時道祖神 →約5分→ 早春賦歌碑 →約15分→ 碌山美術館 →約5分→ 自行車租借中心

安曇野知性美術館之旅

安曇野是最能代表日本鄉村景觀的地方，日劇《陽子》的故事就是以此處為背景，但它除了美麗的風景之外，還有大大小小20餘間的美術館、博物館或藝廊，每間各有展出的主題與特色，如果來到安曇野，可以挑選有興趣的美術館，在旅行途中增加藝術人文氣息。其中3間最值得逛的美術館，就是詹森美術館、安曇野知弘美術館以及碌山美術館。

✿詹森美術館·ジャンセン美術館

經典必去 1

✉長野縣安曇野市穗高有明4018-6 ☎0263-83-6584 🕐4～11月09:00～17:00、12～3月10:00～16:00，週二休館(假日、黃金週、8月除外)、年底休館 💲￥1,000、中小學生￥600 ➡JR穗高站自行車約30分鐘；計程車約7分鐘 ⌛0.5～1小時 http www.musee-de-jansem.jp ⁉網站可列印￥100門票優惠券

❶❸自行車是前往各個美術館的好工具／❷安曇野是藝術小鎮，也是戰國時代的川中島古戰場／❹岩崎知弘融合西方水彩畫與東方傳統繪畫，創造出自己獨特風格／❺從穗高站騎自行車到知弘美術館要花上50分鐘／❻館內重現岩崎知弘的書房／❼館內餐廳裡面也能觀賞到岩崎知弘的作品

世界首座詹森作品美術館

詹森(ジャンセン)為亞美尼亞人,幼年逃過種族大屠殺到法國並開始學畫,自第一幅作品獲得好評後就不斷參展並獲獎,風格隨著年代變遷而改變,擅長運用天生獨特的色彩感覺與色彩技法,喜愛使用黑、灰、褐、綠、紅及黃等多樣化的顏色;作品內容同時呈現光明面與黑暗面,也就是光與影交織的真實世界。以《芭蕾舞者》為例,他並沒有去描繪舞者在舞台演出時獲得觀眾掌聲的場景,而是刻畫出舞者在幼年時代不斷接受嚴苛訓練的表情;又如《鬥牛》系列作品,他作畫的對象並非受人尊敬的鬥牛士,而是被屠殺的牛。

詹森為畢卡索之後的法國畫壇巨匠,作品收藏在巴黎市立美術館、艾奴利美術館等地,1993年在安曇野開館的美術館是世界首座詹森的專門美術館,畫作收藏數量為世界第一。

5 6 7

243

❖安曇野知弘美術館‧ちひろ美術館

經典必去 2

✉長野縣北安曇郡松川村西原3358-24(安曇野ちひろ公園內) ☎0261-62-0772 ⏰3～11月09:00～17:00(黃金週及盂蘭盆節連假～18:00)、每月第二及第四週的週三休館(如遇假日則隔日休)、冬季12～2月休館 💲¥900、高中生以下免費 ➡JR信濃松川站徒步30分鐘;自行車15分鐘;計程車5分鐘 ⏳1～2小時 🌐www.chihiro.jp/azumino ❓網站填寫問卷後可列印¥100門票優惠券

著名的兒童繪本美術館

岩崎知弘(原名為松本知弘)是日本相當著名的水彩畫及兒童繪本作家,她融合了西方水彩畫與東方傳統繪畫,發展出畫風細膩的獨特技法,也因此獲得許多國際賽事獎項。岩崎知弘因為兒童時期經歷過戰爭,所以終其一生的繪畫主題都是「孩童」,作品流露出孩童各種栩栩如生的神韻,除了展現其敏銳的觀察力與卓越的技巧,也藉由描繪小小生命來訴說和平的可貴。

岩崎知弘在日本有兩間繪本美術館,第一間開設在東京都練馬區,而在紀念開館20周年的1997年,選擇了岩崎知弘雙親戰後生活的安曇野地區,開設了安曇野知弘美術館,也讓參觀者可以遠離都會日常生活的喧囂,在這個美麗鄉村度過悠閒舒適的時光。

美術館位於安曇野知弘公園內,館內有岩崎知弘作品展示室、世界繪本畫家展示室、繪本歷史展示室、繪本室及兒童室等,展出相當多樣化;公園內還有岩崎知弘生前的別墅兼工作室,以及捷克繪本畫家柯薇‧巴可維斯基(Kveta Pacovska)所設計的池塘與雕像,逛完美術館之餘也可以順道在公園內散步,還能觀賞四季不同風貌的花壇與阿爾卑斯山壯麗景色。

❀碌山美術館

✉長野縣安曇野市穗高5095-1 ☎0263-82-2094 ⏰3～10月09:00～17:10、11～2月09:00～16:10，5～10月無休、11～4月週一及國定假日隔日休館、12/21～12/31休館 💲¥900、高中生¥300、中小學生¥150 ➡JR穗高站徒步7分鐘 ⏱0.5～1小時 http www.rokuzan.jp ℹ網站可列印¥100門票優惠券

安曇野的特色地標

在安曇野為數眾多的美術館之中，1958年開館的碌山美術館應該是最具代表性的美術館，它所紀念的是安曇野出身的近代雕刻家荻原碌山，館內主要展示他生平的作品與資料，同時也有和荻原碌山交情不錯的高村光太郎、戶張孤雁、中原悌二郎等藝術家們的作品。

荻原碌山原本是赴美學習繪畫，但看到羅丹的作品《沉思者》後深受感動並立志改學雕刻，毅然決定離開美國前往法國學習雕刻，學有所成後再向羅丹學習，成為羅丹唯一的日本弟子，因此荻原碌山又被稱為「日本的羅丹」，也成為打開日本近代雕刻之門的藝術家，不過遺憾的是在學成歸國兩年後就因病驟逝，留下的雕刻作品並不多。其中最重要的作

❶紅磚建築使得美術館具有濃厚的古典氣息／❷第一展示棟與第二展示棟間的《女立像》為喜多武四郎的作品／❸戶外展示著作品《勞動者》／❹自行車路線的最後一站為碌山美術館／❺碌山美術館本身就是一件藝術作品

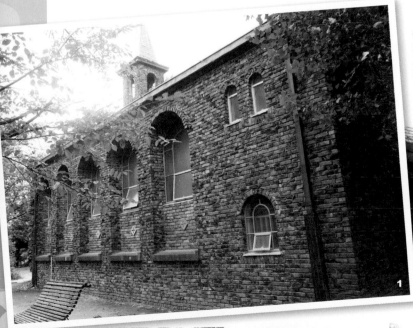

品就是《女》，此作品堪稱為日本近代雕刻的最高傑作，據說是以他暗戀的女藝術家為雛形所創作的女體雕刻。

　　碌山美術館的建築物本身就是一件藝術作品，它是棟基督教教堂風格的紅磚建築，建物外牆爬滿長春藤，從遠方看起來像是一棟綠色大樓，但走近一看卻又是西式教堂，這種特殊的風格讓它成為安曇野的美術館與建築物的代表之作。

順遊安曇野獨特的藝術路線

　　安曇野有條藝術路線(ART LINE)，這是將安曇野的10餘間美術館、博物館及公園連結而成的路線，為世界上少有的藝術路線，範圍是從安曇野市到白馬村約50公里的地區，除了上述3間代表性的美術館之外，其餘主要美術館的基本資料如下：

名稱	到達方式	入場費	公休日	特色	網址
安曇野高橋郎節記念美術館	穗高站徒步30分鐘	￥410	週一	高橋節郎為代表現代工藝美術界的漆藝家，展出作品多以「家鄉」為主題。	azumino-bunka.com/facility/setsuro-museum/
大熊美術館	穗高站自行車30分鐘	￥800	週二、三	主要展示傳統耶誕節的繪皿及丹麥陶瓷器。	www11.plala.or.jp/okuma-dk
有明美術館	穗高站自行車30分鐘	￥700	週二、三、12～2月休館	櫟林包圍的私人美術館，展示內容有雕刻、陶瓷、繪畫、版畫。	w2.avis.ne.jp/~y-kenji
安曇野山岳美術館	穗高站自行車30分鐘	￥700	週三、四	主要展示足立源一郎的作品，他是日本山岳畫界的巨匠。	azumino.mt-museum.jp
繪本美術館森のおうち	穗高站自行車30分鐘	￥800	週四	主要展示作品為《賣火柴的小女孩》等繪本作品及宮澤賢治的詩集。	www.morinoouchi.com
安曇野市豐科近代美術館	豐科站徒步15分鐘	￥520	週一	主要展示為高田博厚的雕刻、宮芳平的繪畫及小林邦的西畫。	www.azumino-museum.com
田淵行男記念館	柏矢町站徒步15分鐘	￥310	週一	田淵行男被稱為安曇野的法布爾，收藏作品有山岳寫真及高山蝶的研究。	azumino-bunka.com/facility/tabuchi-museum/
安曇野市豐科鄉土博物館	豐科站徒步15分鐘	￥100	週一	博物館展示著安曇野的道祖神、安曇野歷史及鄉土出身的藝術家作品等。	www.city.azumino.nagano.jp/site/museum/
北アルプス展望美術館	信濃松川站計程車15分鐘	￥400	週一	主要為喜愛安曇野這個地方的藝術家作品。	www.navam-ikd.jp

※資訊時有異動，請依官網為準

旅遊小錦囊

大王山葵農場｜大王わさび農場

日本規模最大的山葵農場

　　大王農場是日本最大規模的山葵農場，面積達15公頃，每年除了可收成150噸的山葵之外，還吸引許多觀光客到此旅遊，再加上農場內水車小屋為黑澤明導演電影《夢》的拍攝場景，因此成為安曇野知名的觀光景點。

　　山葵要長得好有三大要件，分別是乾淨的水質、不斷流動的水、水溫要夠低。大王農場使用了北阿爾卑斯山的湧泉，每日12萬噸，水溫常年12度，三大要件都符合，所以成為日本最大級的山葵農園。而培育出名產山葵的湧水，也被指定為「名水百選」，安曇野也被選為「水之鄉百選」。

園區內許多知名景點供遊賞

　　農場入口處為第一個必見景點「水車小屋」，這是國際知名導演黑澤明電影《夢》的拍攝場景，即使沒看過這部電影，也會覺得蓼川及水車小屋景觀真的很漂亮，作為拍攝場景也不過是錦上添花罷了。水車小屋旁的蓼川清澈見底，除了可以在河邊觀看清流之外，也可以搭乘汽船遊覽，時間是4月下旬到10月下旬

5

的10:00～14:00，路線全程約20分鐘、費用￥1,200。

來到大王農場就能實際觀賞到山葵的種植方法，因為需要不斷流動的水灌溉，以致乍看之下有點像是直接浸泡在水裡，在4～9月期間，山葵農田的上方還必須蓋上黑色遮陽網，以免日曬過多影響生長。

大王農場裡面的參觀景點除了一望無際的山葵農園、蓼川與水車小屋之外，還有大王神社、幸福橋、阿爾卑斯展望台、親水廣場、開運洞及大王窟等。大王神社供奉著民間傳說中保護安曇野的勇士「魏石鬼八面大王」，據說八面大王死後的身軀埋葬在這裡，因此農場也以「大王」來命名，讓這位昔日的勇士作為農場的守護神。大王農場的另一個名所就是「幸福橋」，傳說只要情侶一起過橋就能得到幸福，渡過幸福橋即可看到開運洞，如果能在洞裡摸到七福神就會有幸運降臨；大王窟是八面大王最後的居住地，但遊客只能從外面觀看而無法入內，繩子的後方看過去似乎是一面牆壁。

在大王農場境內的土產中心可以品嘗到著名的山葵冰淇淋、山葵可樂餅等各種山葵製品，而且幾乎沒有一位遊客是空手走出來，難怪大王農場不用收入場費，因為免費入場才能吸引更多的人進來買伴手禮。

長野縣安曇野市穗高3640　0263-82-2118　3～10月09:00～17:20、11～2月09:00～16:30　免費入園　JR穗高站徒步30分鐘　1～2小時　www.daiowasabi.co.jp　從JR穗高站租借自行車前往較輕鬆

❶❼水車小屋及蓼川為大王山葵農場必見景點／❷開運洞的內部其實還滿深的／❸農場內可以看到山葵的栽種方式／❹只要情侶一同走過就能得到幸福的幸福橋／❺大王神社是農場名稱的由來／❻4～9月，農場會在山葵農田上蓋上一層黑色遮陽網

6

7

松本

　　松本市位於長野縣中部，人口僅次於縣廳所在地的長野市，為縣內第二大都市，被指定為國際會議觀光都市，因為未受到戰火的摧殘，保留許多歷史古蹟。松本市內的觀光景點有松本城、松本市美術館、舊開智學校等，而中部地區著名自然景點「上高地」也位於松本市郊區。

　　松本市盛產農產品，例如水稻、蘋果、葡萄、西瓜以及許多野菜，松本最重要的交通樞紐為JR松本站，為連結名古屋與東京兩大都市的交通要衝，另外ALPICO交通經營的松本電鐵上高地線起點也位於松本站，終點站新島島站可再轉乘巴士前往上高地，而松本站東口有巴士中心、百貨公司及商店街等，為松本市最熱鬧的區域。

一日行程

起點　JR松本站

松本美術館
建議停留1小時

徒步10分鐘

徒步10分鐘　JR松本站

徒步15分鐘

松本城
建議停留1～2小時

終點　JR穗高站

轉大系線JR30分鐘

自行車

JR穗高站

礫山美術館
建議停留0.5～1小時

大王山葵農場
建議停留1～2小時

自行車

出站往左行
徒步7分鐘

松本市美術館
展有草間彌生作品

松本市美術館位於松本市市區，於2002年開館，玄關外展示著草間彌生的作品《幻之華》，為松本市美術館的地標，館藏作品以草間彌生、上條信山、田村一男，與信州有淵緣的藝術家為主，除了常設展之外，也會不定期舉辦各種企劃展。

松本市美術館的作品之中，最有名的就是目前活躍於前衛藝術的草間彌生，她作品特色就是使用大量的圓點，再配上高彩度對比的顏色，就算沒聽過她的大名，也絕對看過她的作品，尤其是直島的南瓜，更是讓人印象深刻；草間彌生因為幼時罹患綜合失調症，導致常幻覺或幻聽，從那時起她就開始描繪本身所感受到的幻覺與幻聽，也因此形成她作品獨特的風格，當然她那融合作品風格的穿著打扮一樣也令人驚豔不已。

❶松本市美術館的館藏作品主要為信州出生的藝術家 ／❷美術館外的《幻之華》為草間彌生作品／❸館內到處可見草間彌生的圓點風格／❹位於松本市美術館對面巷子裡的「そば処浅田」，是頗有人氣的蕎麥麵專賣店

上條信山為出身松本市的書法家，作品知性，字跡雄勁又帶有都會性，於戰後致力於擴大書法教育；田村一男出生於東京，擅長風景畫，其油畫帶有山水畫的東洋感，創造出自己獨特的畫風。

249

✉長野縣松本市中央4-2-22 ☎0263-39-7400 🕐09:00～17:00、週一休館(週一遇假日則隔日休)、12/29～1/2休館 💲¥410、高中大學¥200、國中以下免費 ➡JR松本站徒步12分鐘；或搭乘市內周遊巴士(東路線)在「松本市美術館」下車 🕐1～2小時 🌐matsumoto-artmuse.jp

妻籠～馬籠
中途下車走進江戶傳統街區

中山道是連接江戶(東京)與京都兩大都市的道路，橫跨埼玉、群馬、長野、岐阜等4個縣，全長約530公里，沿途設有69個宿場，因為經過位於深山的木曾路又被稱為木曾街道。在長野及岐阜的木曾路宿場之中，最有名的就屬保存良好的妻籠宿與馬籠宿。前往妻籠宿是轉乘巴士到JR南木曾站，再搭乘特急前往松本站約60分鐘車程；前往馬籠宿是轉乘巴士到JR

:旅行‧小知識:

宿場的由來

　　所謂宿場，就是江戶時代為了傳驛制度所設立的中途驛站，提供給來往的人住宿飲食，以現代眼光來看，就是類似公路的休息站，隨著日本交通的發達，鐵路與公路不斷興建，往昔這些宿場也失去功能，只有少數保存著舊有風貌轉型為觀光地區，而妻籠宿正是第一個被選為日本重要傳統建物群保存地區。

中津川站，再搭乘特急前往名古屋站約50分鐘車程；而兩站之間約20分鐘車程。

❋ 妻籠宿

✉長野縣木曾郡南木曾町百妻2159-24-1(觀光協會) ☎0264-57-3123 ⏰08:30～17:00 💲自由入內 ➡JR南木曾站搭乘地域巴士往馬籠‧保神方向(約10分鐘)，「妻籠站」下車；或搭乘計程車(約10分鐘) ⏳1～2小時 http www.tsumago.jp

完整保存江戶時代建物樣貌

　　位於中山道42號宿場的妻籠宿是以前的交通要衝，相當熱鬧繁華，也因為最早被指定為傳統建物群保存地區，當地居民對於保護街道的活動顯得格外用心，當時的妻籠宿家數有31間、1間本陣(主將所在地)、1間脇本陣(主將的預備陣地)，也因為妻籠保留了這些江戶時期的建物群，散步在街道中，有著時間倒回江戶時代的感覺。

　　現今妻籠的觀光區域以中央長條街道為主，街道內聚集了販售手工藝品及伴手禮的商店、餐廳與民宿，此外還有歷史資料館、妻籠宿本陣及脇本陣奧谷(3館共通券¥700)、郵便史料館(位於郵局內)、熊谷家住宅、高札場、口留番所跡等可以參觀。

旅遊小錦囊
體驗妻籠宿場住一晚

　　目前妻籠宿約有10間旅館或民宿，都是舊式的日式建築，如果想要體驗在江戶時代過一晚的感覺，利用妻籠宿官網左方的「泊まる」，就可以查到各家旅館的基本資料及網站，大部分旅館需透過電話預訂，但有少部分旅館可以利用網路預訂。

江戶傳統建築

❶妻籠宿為日本第一個重要傳統建物群保存地區／❷❻妻籠地區完整的保留了昔日木曾街道的原貌／❸本陣是以前主將所在地,現改為資料館／❹妻籠宿的脇本陣也完整保留下來,現為資料館／❺有郵便史料館位於妻籠郵局裡面,可自由入內參觀

✿ 馬籠宿

✉ 岐阜縣中津川市馬籠4300-1(觀光協會) ☎ 0573-69-2336 ⏰ 08:30～17:00 💲 自由入內 ➡ JR中津川站搭乘北惠那巴士馬籠線(約25分鐘)；或從「妻籠」搭乘地域巴士馬籠線(約30分鐘)，「馬籠站」下車 ⌛ 1～2小時 http www.kiso-magome.com

浴火後重建江戶風貌

馬籠宿原屬長野縣木曾郡，但在2005年的越縣合併被編入岐阜縣中津川市，位於中山道第43號宿場，與相鄰的妻籠宿都屬著名的觀光景點。

馬籠宿在1895年及1915年先後發生大火，原本的老街除了中央石造階梯與「枡形」的隘口之外，其餘建物群都為事後復原重建，由於重建後的建物群維持了原本江戶時代的風貌，所以吸引旅客前來成為人氣景點。

馬籠的觀光區域以中央石坂坡道為主，兩側店家多為土產店及飲食店。位於中央位置的宿場本陣，現改建為「藤村紀念館」，用以紀念生長在馬籠的小說家與詩人島崎藤村，他的長篇歷史小說《破曉前》(夜明け前)的故事背景就是馬籠；除此之外還有脇本陣史料館(入館費¥300)、清水屋資料館(入館費¥200)、高札場等史跡，而坡道南部的枡形與水車小屋，也成為馬籠的代表景觀。

馬籠的建物雖然是復原重建，但石坂街道店家較多也較商業化，比起妻籠更顯得熱鬧，不過妻籠的可貴在於它保存了江戶時期的建物群；雖然常在網路看到許多人發問，如果兩者擇一該選哪個好？但因為各有特色與風情，所以得到的答案幾乎都是建議兩者都去。

❶坡道南部的枡形與水車小屋為馬籠代表景觀／❷馬籠中央石坂坡道兩旁有許多商店及飲食店，相當地熱鬧／❸宿場脇本陣現改建為史料館／❹島崎藤村紀念館是宿場本陣改建

旅遊小錦囊

體驗馬籠宿場住一晚

目前馬籠有8間旅館或民宿，和妻籠同於舊式日式建築，但旅館規模比妻籠略大，利用馬籠宿官網上方的「宿泊」，就可以查到各家旅館的基本資料及網站，大部分旅館需透過電話預訂，僅有「馬籠茶屋」及「梅の家」這兩間可以利用網路預訂。

妻籠 ←→ 馬籠的交通方式

對於想要同時前往妻籠與馬籠的旅客來說，必須考慮JR與巴士時間的配合，所以常為行程安排傷透腦筋。歸納起來就是先妻籠再馬籠或是先馬籠再妻籠這兩個方式，至於兩者之間是搭乘巴士或徒步，就看個人行程安排與喜愛。

路線規畫需使用到的巴士網站：

🌐 おんたけ交通巴士網站(南木曾地區)：
www.rosenzu.com/ontake

🌐 北惠那交通巴士網站(馬籠線)：
www.kitaena.co.jp/timetable

旅遊小錦囊

妻籠～馬籠散策步道，完步證明書

妻籠～馬籠這段中山道自然步道全程約8公里，徒步約3小時，可以實地感受日本田園風景及古人長途跋涉的辛勞，所以深受遊客喜愛。在觀光案內所有提供行李寄送的服務(1件￥500)，好讓遊客能輕裝上路，同時也可出租或購買驅熊鈴，讓遊客邊健行邊搖鈴使山區的熊不敢出來，如果走完全程還能申請完步證明書(1張￥200)。

馬籠→妻籠

JR中津川站(特急或快速均停靠)→北惠那巴士→馬籠→おんたけ巴士或徒步→妻籠→おんたけ巴士或計程車→JR南木曾站

路線小提醒

走這條路線，須留意馬籠→妻籠的巴士較少(1天5班)，務必要掌握時間，而妻籠→JR南木曾站巴士車次雖然也不多，但因為車程只要7分鐘，如果沒適合班次可改搭計程車。

妻籠→馬籠

JR南木曾站→おんたけ巴士或計程車→妻籠→おんたけ巴士或徒步→馬籠→北惠那巴士→JR中津川站

路線小提醒

這條路線如果是從名古屋出發，須先在中津川站轉車才能到達南木曾站。再者，需要留意南木曾→妻籠、妻籠→馬籠的巴士時間。

妻籠馬籠交通路線圖

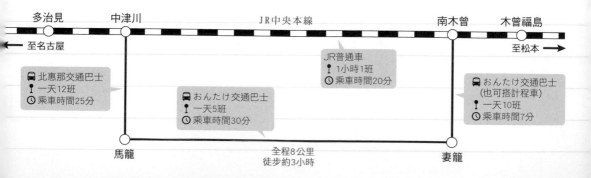

多治見　　中津川　　　JR中央本線　　　南木曾　　木曾福島
← 至名古屋　　　　　　　　　　　　　　　　　　　　至松本 →

🚌 北惠那交通巴士
🚏 一天12班
🕐 乘車時間25分

JR普通車
🚏 1小時1班
🕐 乘車時間20分

🚌 おんたけ交通巴士
🚏 一天5班
🕐 乘車時間30分

🚌 おんたけ交通巴士
(也可搭計程車)
🚏 一天10班
🕐 乘車時間7分

馬籠　　　　　全程8公里　　　　　妻籠
　　　　　　徒步約3小時

木曾地區套票 / 木曾エリアフリーきっぷ

JR東海推出的木曾地區套票，除了可去妻籠、馬籠，還可以順道去奈良井宿與藪原宿，對於木曾路有興趣的遊客可以考慮購入。

使用期間：全年可用，4/27～5/6、8/11～8/20、12/28～1/6這三個日本連假期間無法使用

有效期間：3日內

票價：￥10,000（無兒童票）

販售地點：出發站及日本旅行社營業所

這張套票內容包括：特急信濃號指定席往返各1次、自由區間「中津川～洗馬」不限次數上下車、木曾路ENJOY TICKET(木曾路購物券＋木曾路食事兌換券）。

購票時拿到的Enjoy Ticket要在中津川、南木曾、上松、木曾福島、奈良井等這5個車站的觀光案內所兌換，在套票的有效期間內可兌換飲食及購物。至於食事券及購物券內容及特典店鋪資料，請詳見官網資料。

http://railway.jr-central.co.jp/tickets/kiso-area/

注意事項：

1. 這張套票大人、兒童均一價，如有兒童同行需先計算一下是否划算。畢竟JR車票兒童是半價。

2. 劃好座位的指定席，更改班次以一次為限。

木曾地區套票

← 至名古屋

○ 中津川 — ○ 落合川 — ○ 坂下 — ○ 田立 — ○ 南木曾 — ○ 十二兼 — ○ 野尻 — ○ 大桑 — ○ 須原 — ○ 倉本 — ○ 上松 — ○ 木曾福島 — ○ 原野 — ○ 宮ノ越 — ○ 藪原 — ○ 奈良井 — ○ 木曾平沢 — ○ 贄川 — ○ 日出塩 — ○ 洗馬

JR線自由乘降區間

JR線自由乘降區間以外無法途中下車

富山

圖片提供／
富山市觀光協會

　　富山市為富山縣的縣廳所在地，也是縣內最大的都市，在二次大戰曾受到空襲，戰後重建為新城市。郊外有遼闊的水田，吳羽地區則有廣大的梨園，在海岸部的四方及水橋都有漁港，當地名產為八町米、吳羽梨、各種海鮮以及鱒魚壽司。

　　富山市內有兩種不同系統的路面電車，均可在JR富山站轉乘，單次運費¥200，為了歡迎外國觀光客來到富山，特別提供了輕軌電車PORTRAM與CENTRAM的免費乘車券兩張，只要向住宿飯店索取即可。此外，富山市自2010年起成為日本第一個導入公眾自行車「アヴィレ」的城市，外國觀光客想要短期使用的話，可以在合作飯店申辦一日Pass，使用方式就和台灣的Ubike一樣，利用感應卡取車及還車。

池田屋安兵衛商店、松川
遊覽船圖片提供：富山市
觀光協會

半日行程

起點
JR富山站

路面電車到「國際會議場前」

路面電車到「西町」

終點
JR富山站

徒步10分鐘

富岩運河公園
停留1～2小時

池田屋安兵衛商店
停留0.5～1小時

經到東元保天
丹魂反中越
銃老衛兵屋田池

往北口，
徒步10分鐘

富山城
停留1小時

徒步5分鐘

松川遊覽船
停留1小時

路面電車到「富山站」

JR富山站
往北口

富山藥都巡禮
全國聞名的藥都

富山市因為市內有不少傳統藥店，而且部分店鋪還是從江戶時代開店至今，尤其在發生「江戶城腹痛事件」後就素有「藥都」之稱，也因此聞名全日本。

:旅行‧小知識:
富山藥都的由來

相傳在元祿3年(1690年)，當時三春藩主秋田輝季在江戶城內突然腹痛，此時的富山藩第二代藩主前田正甫從懷中取出「反魂丹」給他服用，結果腹痛居然就神奇地好了，在場諸藩大名見狀，紛紛向前田正甫懇請富山藥商到其領地賣藥，從此富山藥品開始推廣到全國各地，此為坊間流傳的「江戶城腹痛事件」。

富山賣藥的代表商法為「先用後利」，也就是先將藥品放置在各個家庭內，必要時先使用，至於費用則是等到後續結算時再支付，這種商法對顧客十分便利，也讓富山的藥流傳到全國各地。

❶前田正甫是初代藩主前田利次的次男，同時也奠定了越中賣藥的基礎／❷富山的藥商在江戶時期聞名全日本

❀藥種商之館金岡邸

✉富山市新庄町1-5-24 ☎076-433-1684 🕒09:30～17:00、週二及年底休館 💲¥200、學生免費 ➡富山地方鐵道「東新庄」站徒步5分鐘 ⏱0.5～1小時 http www.bunka-toyama.jp/kanaoka

日本少見的藥業資料館

江戶時期的金岡家因經營藥材而致富，故將其當時的邸宅改建為資料館，館內展示著當時製藥所使用的各種道具，以及170種的藥材原料，在日本是少見的藥業資料館，也是富山市內現存唯一的藥材商建築物。

❶❸館內展示著各種製藥道具及藥材／❷因經營藥材而致富的金岡家邸宅(以上3張圖片提供：富山市觀光協會)

✿池田屋安兵衛商店

📧富山市堤町通リ1-3-5 📞076-425-1871 🕐09:00～
18:00、年底休館 💲免費入內 ➡️路面電車「西町」徒
步3分鐘 ⏱0.5～1小時 🌐www.hangontan.co.jp ❓2樓
餐廳每週三公休

鼎鼎有名的「反魂丹」就是這家

　　池田屋安兵衛商店的暢銷商品就是鼎鼎有
名、擁有400年歷史的胃腸藥「反魂丹」。商
店內還能體驗製作藥丸的過程，也有展示各種製藥的器具，至於這裡的名產，當然就是店內販售的各種復古包裝的漢方藥了，位於2樓的餐廳還有供應健康的藥膳料理。

❶越中反魂丹的製作工具／❷店內的伴手禮當然就是各種藥品／❸商店內可以體驗製作藥丸／❹歷史悠久的池田屋安兵
衛商店(以上4張圖片提供：富山市觀光協會)

富山城／松川遊覽船

乘覽船進入浪漫櫻花隧道

❶❹搭乘松川遊覽船是富山市獨特的賞櫻體驗(圖片提供：富山市觀光協會)／❷富山城從中世開始，歷經安土桃山、江戶、明治、昭和及平成，已經有400年歷史／❸富山城址公園是富山市民休憩的好去處

　　富山城址公園是當地居民的休閒場所，公園北側的松川茶屋是松川遊覽船乘船處，運行期間為4～11月(花季期間乘船費用￥2,000、3歲～小學生￥1,000；非花季期間￥1,600、3歲～小學生￥750)，尤其在每年櫻花盛開季節吸引許多遊客前來，搭乘遊覽船沿著松川緩慢地穿梭在櫻花隧道之中，水面也呈現開滿櫻花的倒影，形成極為漂亮的春天景觀，為日本櫻花名所百選之一，同時也是富山市觀光的人氣景點，即使在非櫻花季節，也能乘船穿梭在綠色隧道裡，體驗城下町的風情與優雅。

　　位於富山城址公園內的富山城是富山市的代表景點，它在明治6年(1873年)廢城，解體之後的城跡變成街道的風貌，直到戰後才於原址重建天守閣，也成為災後復興的象徵。昭和29年在戰災復興事業結束時，富山城址一帶舉辦富山產業博覽會，因此重新建設了富山城天守閣，博覽會結束後成為富山市立鄉土博物館，之後變為介紹鄉土歷史、文化的博物館，也介紹富山城400年

的歷史；公園內也有佐藤紀念美術館，想要進一步了解富山的歷史與文物，有空也可順道來此參觀。

✉富山縣富山市本丸1-62 ☎076-432-7911 🕐09:00～17:00 💲￥210、中小學生￥100 ➡JR富山站南口徒步10分鐘，或路面電車「國際會議場前」徒步2分鐘 ⏳1～2小時 🌐www.info-toyama.com/spot/11014；松川遊覽船：matsukawa-cruise.jp

旅遊小錦囊

順遊佐藤紀念美術館

　　佐藤紀念美術是為了紀念當地企業家佐藤氏而創建，展示作品主要為佐藤氏捐贈的日本畫、茶道具、墨蹟及陶瓷等，總共千餘件東洋美術作品，此外還有柳汀庵及助庵等兩間茶室，這兩間茶室都是從佐藤氏的老家移築過來。

富岩運河環水公園
內有世界最美的星巴克

富岩運河環水公園在富山都市未來計畫中定位為地標區，由於公園面積廣大加上內部有縣立美術館等多項設施，因此又號稱富山市內的新綠洲，也是市民休閒的好去處。

環水公園是日本歷史公園百選之一，得過第二十九次都市公園競賽最高賞、國土交通大臣賞(設計部門‧大規模)，4～11月(運航期間每年不一)在富岩運河上還可以搭乘遊覽船前往中島閘門與岩瀨カナル會館，是個相當值得參觀的公園。

環水公園內對愛喝咖啡的人來說還有個非來不可的地方，就是日本第一間開設在公園內的星巴克，還有雜誌介紹這是世界上最美麗的星巴克，所以也成為富山市內的著名景點。

星巴克建物外形設計簡單，已和環水公園合為一體，同時也成為公園內不可或缺的設施之

❶原先的富岩運河連結了港町岩瀨與市區街道，經過整備後成為現在的環水公園／❷兩座展望塔的頂樓有長達58公尺的命運紅色電話線，是熱門的告白地點／❸公園內的星巴克已經成為當地居民與外來遊客休憩的好去處／❹夜晚的公園有著與白天不同的寧靜感

一，店內使用大量木材裝潢，還運用大片落地窗引進自然陽光，讓人可以邊喝咖啡，同時欣賞窗外的運河景色，難得在日本可以體驗到這麼奢侈的悠閒時光。

按照星巴克的官方說法，為了與運河有一體感，特別設立了開放式的戶外區，夜晚的公園裡，還能感受到與白天截然不同的氣氛。

261

✉ 富山縣富山士湊入船町62-4 ☎076-444-6041 ⏰全日開放(展望塔09:00～21:30、星巴克08:00～22:30) 💲免費入園 🚃JR富山站北口徒步10分鐘 ⏱1～2小時 http
www.kansui-park.jp

魚津

魚津是位於富山市東北方、臨著日本海的小市鎮，人口4萬多居富山縣第七位，但它最引以為傲的是有全國聞名的蜃氣樓、埋沒林、螢光烏賊群游海面等三大奇觀，諏訪神社夏季舉辦的たてもん祭典，登錄為聯合國無形文化遺產；魚津盛產蘋果、梨子、葡萄等農產品及海鮮。

市內愛之風鐵道的魚津站為中心車站，可以利用地下道通往富山電鐵新魚津站，舊市街中心也有同系統的電鐵魚津站，北陸新幹線未在魚津設站，最近的車站為黑部宇奈月溫泉站，可以利用富山電鐵轉乘。由於魚津是富山前往宇奈月溫泉的途中必經之地，所以也吸引不少遊客順道前來遊玩。

半日行程

起點
宇奈月溫泉站

蜃氣樓
停留1小時

徒步5分鐘

埋沒林博物館
停留1小時

富山鐵道40分鐘

新魚津站

西口轉巴士，巴士到
「海之站蜃氣樓」

新魚津站

巴士到「新魚津站」

終點
電鐵富山站

富山鐵道55分鐘

蜃氣樓
傳說中的海市蜃樓奇觀

蜃氣樓是魚津三大奇觀之中最有名的景點,在每年的3月下旬~6月上旬會在海邊看到傳說中的蜃氣樓(即海市蜃樓),較容易看到的地點為沿著魚津港的海邊堤防,因此這條長約1公里的道路又稱為「蜃氣樓之路」。

4~6月出現機率最高

根據官方資料,蜃氣樓出現的時機是每年的3~10月期間,尤其是4~6月這3個月份的機率最高,多則4、5次,少則1、2次,出現的時間大多在11:00~16:00左右。

至於蜃氣樓形成的原因,是因為在春天的時候,立山雪水溶化後流入富山灣,在天氣豔陽高照時,因為海面上溫度與海水溫度不同而造成空氣折射,富山市、新湊市等海邊景像被反射到富山灣的另一則,形成了蜃氣樓,而魚津剛好位在富山灣底部,所以成為觀察兩側蜃氣樓的最佳位置;魚津在春天時是出現上位蜃氣樓,就是影像倒立在上方,而冬天則是下位蜃氣樓,也就是影像倒立在

❶雕刻作品《風的地平線－蜃氣樓》為魚津市的新地標／❷巴士下車地點為「海之站蜃氣樓」,裡面也有販售各式名產／❸要看到魚津的蜃氣樓需要運氣(圖片提供:魚津市觀光協會)／❹海之站旁邊的小公園裡面有個蜃氣樓展望之丘

下方。

另外,在停車場與防波堤之間有個雕刻作品為魚津市的新地標,名為《風的地平線－蜃氣樓》,作者大成浩是魚津市出身的雕刻家,他耗費10年歲月才完成這個作品。

263

✉富山縣魚津市釋迦堂1-10-1(魚津市役所) ☎0765-23-1025(觀光課) ◷全日開放 💲自由觀賞 ➡愛之風鐵道魚津站或富山電鐵新魚津站徒步20分鐘;或搭乘市民巴士東迴線(約10分鐘),「海之站蜃氣樓」或「魚津港前」下車徒步3分鐘 ⌛0.5~1小時 🔗www.city.uozu.toyama.jp,點選「観光」→「蜃氣樓」

埋沒林博物館
展示兩千年前的沉睡樹木

魚津的埋沒林博物館裡面展示著2,000年前沉睡在地中的樹木，同時也介紹魚津蜃氣樓的形成原因，對於無緣親眼目睹蜃氣樓的遊客，可以在館內同時觀賞到魚津兩大奇觀。

「埋沒林」顧名思義來說就是被埋沒的樹林，通常因為火山爆發、河川氾濫、地滑或海面上升而形成，埋沒年代從數百年到數萬年都有，在魚津發現的埋沒林，則是2,000年前因河川氾濫及海面上升導致埋沒的杉樹原生林，在興建魚津港時挖掘到許多當時的杉木，而這些被發現的杉木，對於推測過去的周邊環境提供了極人的貢獻。

博物館內的巨蛋館以乾燥方式展示著1989年挖掘到的樹根3座及樹幹1支，主題館有繩文時代的動物標本，3樓為展望台，映像館會播放蜃氣樓與埋沒林相關的影片，水中展示館在水中展示著1952年挖掘到的樹根，樹齡推測超過

❶水中展示館，展示著1952年挖掘到的樹根／❷乾燥展示館展示著1930年所挖掘到的樹根與樹幹／❸外形為半球狀的巨蛋館，室內為半地下式／❹魚津埋沒林博物館可以同時看到魚津的兩大奇觀

500年，杉樹之所以採用水中展示的原因是為了重現當時挖掘的原貌，現在是採用純淨的地下水，所以杉木並不會腐爛。乾燥展示館展示著1930年在興建魚津港時，所挖掘到的樹根2座、樹幹1支，都是相當珍貴的歷史資料。

✉富山縣魚津市釋迦堂814 ☎0765-22-1049 🕐09:00～17:00、12/29～1/1休館 💲￥640、中小學生￥260 ➡愛之風鐵道魚津站徒步20分鐘，或搭乘市民巴士東迴線(約10分鐘)，「海之站蜃氣樓」或「魚津港前」下車徒步3分鐘 ⏱0.5～1小時 🔗www.city.uozu.toyama.jp/nekkolnd

264

長野・富山 の 旅宿

長野及富山為立山黑部的兩側出入口，而最方便作為旅行據點的就是JR松本站及富山站這兩個車站周邊，至於室堂及彌陀原的飯店因為選擇極少，故不多作介紹。

JR松本站周邊

JR松本站是長野縣重要的交通中心，也是立山黑部的入口，再加上松本市區也有徒步可達的景點，所以JR松本站周邊可說是阿爾卑斯路線的方便住宿地點。

SUPER HOTEL

松本天然溫泉

SUPER是公認CP值超高的平價商務旅館，在松本市區有兩間，這間附有天然溫泉「諏訪之湯」，可惜離車站稍遠了點，而且方向也與松本城不同。

➡JR松本站東口徒步8分鐘 ☎0263-31-9000 $單人房￥4980起、雙人房￥6980起 httpwww.superhotel.co.jp（點選「ホテル一覽」→「甲信越」→「松本天然溫泉」）

松本站前

SUPER在松本市區的另外一間旅館，離JR松本站較近，位於繁華街的入口，價格比另一間更為優惠。

➡JR松本站東口徒步3分鐘 ☎0263-37-9000 $單人房￥4,320起、雙人房￥6,280起 httpwww.superhotel.co.jp（點選「ホテル一覽」→「甲信越」→「松本駅前」）

Richmond Hotel松本

Richmond是「￥9,000～15,000」價位極受好評的連鎖飯店，不但早餐豐富又可讓小學生免費加人，松本這間位處市區繁華的百貨商圈，相當便利。

➡JR松本站「東口」徒步4分鐘 ☎0263-37-5000 $單人房￥5,000起、雙人房￥7,000起 httprichmondhotel.jp/matsumoto

265

天然溫泉 梓之湯 dormy inn松本

dormy inn以天然溫泉大浴場以及具有地方特色的早餐而頗受好評，位於松本市區的這間dormy不但價格較優惠，夜間時段還提供免費拉麵作為宵夜，而且交通位置剛好位於前往松本城及松本市立美術館的途中。

➡JR松本站「東口」徒步5分鐘 ☎0263-33-54891 $單人房￥5,990起、雙人房￥7,990起 httpwww.hotespa.net/hotels/matsumoto

Hotel Buena Vista松本

松本站周邊最高級的飯店，美味餐點及景觀房間頗受好評，也附有溫泉大浴池，雖然離車站有點距離，但飯店有提供免費接駁車。

➡JR松本站東口徒步7分鐘 ☎0263-37-0111 💲單人房￥5,800起、雙人房￥9,600起 🌐www.buena-vista.co.jp

JR富山站周邊

和休WAQ concept hotel

房間地板都鋪設榻榻米，相當典型又有特色的和式風格旅館，附有溫泉大浴池，3～12歲兒童加人1人加收￥1,000；另外，房價幾乎不隨著淡旺季而調漲調降，這點也頗為少見。

➡JR富山站南口徒步3分鐘 ☎076-433-3830 💲單人房￥6,800起、雙人房￥12,600起 🌐waqhotel.com

富山EXCEL HOTEL TOKYU

東急飯店集團經營的高級飯店，於2016年8月重新整修，只有在富山這種二線都市才有機會以優惠價格入住。

➡JR富山站南口徒步3分鐘 ☎076-441-0109 💲單人房￥6,900起、雙人房￥10,000起 🌐www.toyama-e.tokyuhotels.co.jp/ja

富山CHITETSU HOTEL

緊鄰JR富山站，與富山地鐵共構，交通位置超便利，美味的早餐也頗受好評。

➡JR富山站南口徒步1分鐘 ☎076-442-6611 💲單人房￥5,000起、雙人房￥7,600起 🌐chitetsu-hotel.com

Comfort HOTEL富山站前

頗受好評的美系連鎖平價商務旅館，位於JR富山站正對面，有免費早餐又可讓小學生免費加人，同時也是阿爾卑斯行李寄送服務的合作旅店。

➡JR富山站徒步2分鐘 ☎076-433-6811 💲單人房￥4,800起、雙人房￥6,600起 🌐www.choice-hotels.jp/hoteltoyama

OARKS CANAL PARKHOTEL 富山

富山市最具代表性的高級飯店，各方面評價都很不錯，位於車站北口，對於想要前往富岩運河環水公園的旅客相當方便。

➡JR富山站北口徒步2分鐘 ☎0120-372-555 💲單人房￥7,700起、雙人房￥12,000起 🌐www.oarks.co.jp/canal

DAIWA ROYNET HOTEL 富山站前

2019年4月新開幕，地點方便，周邊飲食店多，又可讓小學生免費加人。

➡JR富山站北口站徒步3分鐘 ☎076-471-6422 💲單\單人房￥6,800以上、雙人房￥9,800以上 🌐www.daiwaroynet.jp/toyama-ekimae

遊客案內所

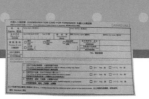

入境記錄卡(正面)　　　　申告書

前往與抵達

旅遊保險

　　若沒有日本的國民健保及保險，看病的費用相當高，所以建議出國前最好要購買足額的旅遊保險，如果是搭乘LCC，因班機的不確定性較高，最好順便投保旅遊不便險。

入境表單

　　到日本旅行必須填寫入境記錄卡及申告書，於入境審查時繳交。飛機上服務人員會提供，可以先寫好以節省時間；入境記錄卡規定需用日文或英文填寫，聯絡地址就填寫日本住宿飯店及名稱，電話也是留飯店電話，如果旅途期會住好幾間飯店，則填寫住最多天那間或最後住的那間飯店都可。

　　申告書，若是同一家族填寫一張即可，如果有攜帶槍砲刀械等違禁品，或是超過免稅範圍的煙酒或物品等，以及超過￥100萬的現金或有價證券，就必須如實申報。

　　2022年10月11日起開放國外旅客自由行之後，入境日本前可以事前到Visit Japan Web填寫入境所需的各種資料，出關時直接出示QR Code掃描就可以節省審查時間；以往填寫紙本方式可以繼續沿用，但是先到網站填寫資料更為省時與方便。

遺失護照

　　護照不慎遺失不用緊張，如果來不及申請補發，可以向最近的駐外館處申請一份「入國證明書」，等回到台灣後再申請；直接在日本當地申請補發，須備妥下列文件：

1.向最近的派出所報案，取得報案證明。

2.到台灣經濟文化駐日代表處申請辦理，並備妥申請護照所需文件。

　　事先準備護照影本1份及2張2吋大頭照(與護照分開保管)，可以加快處理速度。

台灣駐日辦事處

　　日本共有札幌、東京、橫濱、大阪、福岡、那霸6個辦事處。這6個代表處都能受理護照遺失、車禍、搶劫等緊急事故，也可以在LINE加入「外交部領事事務局」的官方帳號，作為緊急事故求助使用。

・ **東京經濟文化代表處(本部)**
　✉東京都港區白金台5-20-2
　☎03-3280-7811
　➡JR山手線「目黑站」

・ **橫濱經濟文化代表處**
　✉橫濱區中區日本大通60朝日生命大樓2F
　☎45-641-7736～8
　➡JR根內線「關內站」

・ **大阪經濟文化代表處**
　✉大阪市西區土佐堀1-4-8日榮大樓4F
　☎06-6443-8481～7

➡地鐵四之橋線「肥後橋站」

· **札幌經濟文化代表處**

✉北海道札幌市中央區北四條西4-1伊藤大樓5F

☎011-222-2930

➡地鐵南北線「さっぽろ站」

· **福岡經濟文化代表處**

✉福岡市中央區櫻坂3-12-42

☎092-734-2810

➡地鐵七隈線「櫻坂」站

· **那霸經濟文化代表處**

✉沖繩縣那霸市內茂地3-15-9 6F

☎098-862-7008

➡單軌電車「縣廳前站」或「美榮橋站」

日常生活資訊

氣候

出國前可以先到日本奇摩網站查詢未來一週氣候，也可下載「tenki.jp」App隨時查詢，日本天氣預測一向很準確，可依據預報結果來決定攜帶的衣物，不過日本天氣是乾冷，和台灣的溼冷不同，所以日本溫度大概要再加個3～5度左右，才與台灣的溫度相似。

電話

日本國際碼為81，台灣國際碼為886。

· **從台灣打到日本**

002+81+日本當地電話(去第一個0)。

· **從日本打回台灣**

001+886+區域碼(去第一個0)+電話(手機號碼去第一個0)。

電壓

日本電壓是100V，和台灣的110V接近，僅差10V不帶轉接器也能使用。

置物櫃

日本各大車站與機場、購物中心、甚至是景點或公園，都設置寄物櫃好方便遊客使

國定假日名稱	日期	備註
元旦	1月1日	
成人之日	1月第二個週一	3天連休
建國紀念日	2月11日	
天皇誕生日	2月23日	
春分之日	春分日	3月20日或3月21日，每年不一
昭和之日	4月29日	
憲法紀念日	5月3日	黃金週。黃金週是3天，但許多企業會再加放4/30～5/2，與4/29昭和之日連成為期一週的假期
綠之日	5月4日	黃金週
兒童之日	5月5日	黃金週
海之日	7月第二個週一	3天連休
山之日	8月11日	
盂蘭盆節	8月15日前後	各公司放假天數不一，但一般會有3～5天的連假
敬老之日	9月第三個週一	3天連休
秋分之日	秋分日	9月22日或9月23日，每年不一
體育之日	10月第二個週一	3天連休
文化之日	11月3日	
勤勞感謝日	11月23日	

用。以JR車站寄物櫃為例，分為小、中、大、特大等4種尺寸，4種尺寸的寬度與深度均為34公分及57公分，小型的高度為40公分、費用￥300；中型的高度為55公分、費用￥400；大型的高度為84公分、費用￥500；特大的高度為103公分、費用為￥600，一般30吋行李箱可以放入大型的寄物櫃。付費方式多採投幣式(都會區有IC卡感應式)，原則上都是使用￥100硬幣，為避免臨時找不到兌幣機，最好事先備妥硬幣。

國定假日

決定出國日期時最好可以避開日本連假，因為飯店價格會比平日貴上許多，尤其是黃金週期間，不但飯店價格漲很大，而且各個景點也都人山人海。(見前頁表格)

消費購物

消費稅

自2014年4月1日起日本消費稅調整為8%，2019年10月起，再調整為10%，不過飲食及餐飲外帶，仍享有8%的減輕稅率(酒精飲料及醫藥品除外)。

免稅服務

日本商店只要貼有「Tax Free Shop」的標示，就表示這間店鋪有針對外國遊客辦理免稅服務，免稅內容分為衣服鞋包、生活家電、手錶首飾等一般物品，以及食品飲料、菸酒藥妝等消耗物品，只要單次購買金額超過￥5,500，就可以辦理手續免除消費稅，而且消耗物品一旦辦理免稅服務後，就不能在日本境內先行使用。

旅遊規畫

購買機票

自助旅行節省經費的三大重點為：機票、住宿、交通，其中價差會高達數倍的就屬機票了，所以只要訂到便宜機票就等於成功了一半。在中部地區只有中部國際機場與小松機場有LCC(廉價航空)。在淡季或非假日期間，LCC比較可能有更低廉的促銷票價。

住宿

利用Jalan、樂天、日本Yahoo及一休等網站預訂日本旅館很方便，有中文操作介面的agoda和hotel.com也頗受好評，這些網站如果加入會員，訂房就會累積點數，可於下次訂房時折抵住宿費用。而交通便利性與住宿價

269

格也通常成正比，如果想要節省住宿費用，除了留意各訂房網站的優惠資訊，選擇在淡季前往或居住交通較為不便的地區，也能省下一筆住宿開銷。

交通票券

中部地區周遊券及優惠票券的最大特色是都有使用路線限制，不像關東或關西皆有發行自由搭乘區域內所有路線的周遊券。因此比較簡單又省錢的方式是，依照各種票券的使用路線及經過景點來安排行程。

行李準備

衣物盡量捲起來或使用收納袋，以減少行李空間。出國5項必備物品為護照、電子機票、現金、信用卡及手機(含行動電源)等，務必隨身攜帶，旅遊書籍及相關資料(包含住宿飯店資料)、相機及其配備、行李秤等也都是

必帶物品，其他物品視個人狀況決定是否攜帶，至於盥洗用品，通常飯店都會提供，除非特殊需求；另外，去程行李較少，如果攜帶兩個以上行李箱，可將小行李箱裝入大行李箱中，移動會比較方便。

隨身藥物

出國最怕身體出狀況，因此像是感冒藥、胃腸藥、OK繃、沙隆巴斯等藥物最好隨身攜帶，如果是液體類藥物登機時請記得託運，不能帶上飛機。

幼童用品

幼童隨行，記得攜帶耳溫槍及幼童用的感冒藥與退燒藥，晚上睡覺保暖用的包巾或大衣也是必須品，如果是冬天前往，帽子、手套、圍巾，這禦寒三寶更是不能少；另外為了避免幼童在飛機上無聊而吵鬧，最好也帶個平常他喜愛的小汽車或娃娃等安撫小物。

如果幼兒年紀太小，可能沒有足夠體力隨著大人四處奔波，最好準備一台好收好放的嬰兒推車，玩累了可隨時在推車上睡覺，而且推車也有空間可放置採買的物品。